Ursula Isbel • Pferdeheimat im Hochland

OMNIBUS

Pferdehof
The Laurels
NACH BRAESIDE
BULLS FIELD
LAURELS PASTURE
ZUR LANDSTRAßE

ZUM WÄLDCHEN
ZUM HEATHERY HILL
BROOKS PASTURE
ZUM NACHBARN MC LAUGHLIN

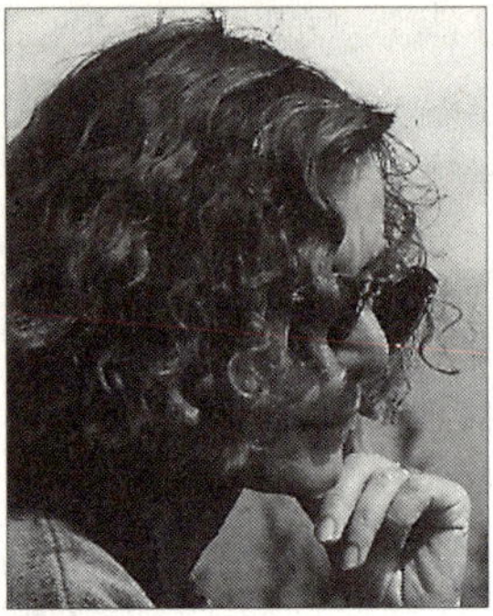
Foto: A. Flammang

DIE AUTORIN

Ursula Isbel, 1942 in München geboren, lebt als freie Autorin und Übersetzerin in einem Dorf im Chiemgau. Schwerpunkt und wichtigstes Anliegen ihrer Arbeit ist der Tierschutz. Sie selbst sagt über ihre Bücher: »Ich hoffe, dass … meine Bücher Freunde für meine Leserinnen und Leser sind. Dass sie ihnen auf dem Weg zum Erwachsenwerden ein Stück Geborgenheit, Hilfestellung und Orientierung geben, ihnen aber auch Liebe und Verantwortung für unsere Mitgeschöpfe ›vorleben‹ können.«

Ursula Isbel

Pferdeheimat im Hochland

Winterstürme, Frühlingsluft

Wo das Gras grüner ist

OMNIBUS

OMNIBUS

Der Taschenbuchverlag
für Kinder und Jugendliche
von Bertelsmann

Band 20534

Von Ursula Isbel ist bei
OMNIBUS erschienen:

Schottischer Sommer/Danny Boy (20121)
Fionas Fohlen/Wechselnde Pfade (20478)

Umwelthinweis:
Dieses Buch wurde auf chlorfrei gebleichtem
Papier gedruckt.

Erstmals als OMNIBUS Taschenbuch November 1998
Gesetzt nach den Regeln der Rechtschreibreform
Sammelband der 1993 und 1995 beim
Franz Schneider Verlag, München, erschienenen Bände
Der Band »Wo das Gras grüner ist« erschien
ursprünglich unter dem Titel »Blühende Heide«

Umschlagfoto: R. Gehman/NGS/Premium
Umschlagkonzeption: Klaus Renner
bm · Herstellung: Stefan Hansen
Satz: Uhl + Massopust, Aalen
Druck: Presse-Druck Augsburg
ISBN 3-570-20534-7
Printed in Germany

10 9 8 7 6 5 4 3 2 1

Winterstürme, Frühlingsluft

Für meine Hündin Nicki,
die treue Gefährtin auf vielen Wegen,
die starb, als dieses Buch entstand.

1

Im Traum war ich wieder in München, in unserem Reihenhaus am Stadtrand, und wartete auf einen Brief von Danny, der nicht kam. Das Leben verlief in seinen alten Bahnen, als wäre ich nie fort gewesen bei Danny, Onkel Scott und den Pferden, mit den Koppeln und Wasserläufen und Bergketten im wechselnden Licht des Tages und der Jahreszeiten, dem Duft der Heide und dem Gesang des Windes. Wie in dem alten schottischen Lied war mein Herz in den Highlands geblieben und im Traum wusste ich, es würde erst zur Ruhe kommen, wenn ich dorthin zurückkehrte.

Mitten in der Nacht wachte ich auf. Der Winterwind rüttelte an den Fensterrahmen und blies seinen eisigen Atem ins Zimmer. Ich wischte mir die Tränen mit Tante Annes Patchworkdecke ab und war froh, so froh, dass alles nur ein Traum gewesen war, dass ich hier in *The Laurels* lag, nicht mehr als eine kurze Wegstrecke von Danny entfernt; dass ich Rascals friedliche Schnarchtöne vom Fußende meines Bettes hörte und das Getrippel der Mäuse und Siebenschläfer im Gebälk.

Der Mond stand kalt und silbern hinter den Fenstern, umgeben vom Kranz der Sterne. Ich sah zu ihm auf und dachte: Vielleicht ist man nicht immer dort zu Hause, wo man geboren ist. Vielleicht gibt es irgendwo eine wirkliche Heimat, die man sich im Leben selbst suchen muss. Ich hatte sie gefunden. Und wenn ich eines Tages gehen musste, würde ich doch immer wieder ins Hochland zurückkehren.

Der Winter war hart in diesem Jahr. Dicht lag der Schnee über den Weiden und Berghängen, gemustert von den Hufen und Krallen der Tiere, die auf der Suche nach Futter durch das Hochmoor streiften: Füchse, Hasen, Dachse, Rotwild, Moorschneehühner und wilde Katzen, die sich, von den Menschen enttäuscht und verjagt, in die Berge zurückgezogen hatten. Auch die Schafe wanderten einzeln und in Gruppen über die Hänge und scharrten wie unsere Pferde im Schnee, denn im Verborgenen gab es noch immer spärliche Grashalme, Moose, Flechten und Kräuter.

Die Weihnachtstage vergingen mit gemütlichen Stunden am Kaminfeuer und einem Paket mit brandneuen Reitstiefeln von Onkel Scott, die herrlich nach Leder dufteten und von einem alteingesessenen Aberdeener Schuster angefertigt waren. Sheila hatte mir einen Pullover gestrickt. Das Beste von allem aber war ein herzförmiger Anhänger aus Bernstein von Danny.

Das Weihnachtsessen krönte ein Plumpudding von Mrs. Tweedie, der recht seltsam schmeckte. Doch das Glück war mir hold, denn ich biss auf einen eingebackenen Ring.

»Das bedeutet, dass du im kommenden Jahr heiraten wirst!«, prophezeite die alte Dame und drohte mir lächelnd mit ihrem gichtgekrümmten Zeigefinger.

Seit langem hatte ich mir einen »richtigen« Winter wie diesen gewünscht, mit Glitzerschnee, Eiszapfen und frostklaren Nächten. Doch wenn wir beim Morgengrauen und in der Abenddämmerung in Schneestürme und klirrende Kälte hinausmussten, um die Pferde zu versorgen, bis unsere

Ohren brannten, die Nase fast abfiel und Hände und Füße trotz Wollsocken, Stiefeln und Fellhandschuhen schmerzten, wünschte ich Tauwetter herbei, sehnte mich nach der Sonne, nach grünem Gras und milden Temperaturen.

»Es wird Zeit, dass der Frühling kommt«, sagte auch Onkel Scott. Das war Anfang Februar, nach einem erneuten Kälteeinbruch, der aus Sibirien stammte. »Je älter ich werde, desto mehr macht mir der Winter zu schaffen. Dann verstehe ich die Leute, die es in den Süden zieht.«

»Bald ist März. Das ist der erste Frühlingsmonat. Im März ist der Winter fast vorbei«, sagte ich, als wäre es eine Beschwörungsformel, die die Macht hatte, den Winter zu vertreiben; und mein Onkel lächelte und schüttelte den Kopf. Er meinte, im Hochland hielte sich das Wetter selten an die üblichen jahreszeitlichen Regeln.

Unsere Pferde ließen den Winter geduldig über sich ergehen, zottelig wie Schafe in ihrem Winterfell. Wenn es zu arg stürmte, drängten sie sich Kopf an Kopf in den Schutzhütten zusammen und wärmten sich gegenseitig. Fiona, die Mutterstute, und Finn, unser einziges Fohlen, verbrachten die rauesten Tage im Stall, zusammen mit dem blinden Nutmeg, mit Ginger und Dandy, der nur schwer Luft bekam, und mit noch ein paar Pferden, die zu alt oder zu schwach waren, um Schnee und Kälte auszuhalten. Sie alle litten unter der mangelnden Bewegung, vor allem der kleine Finn. Sooft es das Wetter zuließ, brachten wir ihn auf die Koppel; dann tobte er wie ein Irrwisch kreuz und quer über *Laurels Pasture*, den sahnefarbenen Schweif hoch erhoben, wälzte sich im Schnee und schlitterte den Abhang zum Bach hinunter, die Beine gegrätscht, sodass mir beim Zusehen die Lachtränen kamen und auf meinen Backen zu Eis erstarrten.

Er war jetzt ein gesundes und kräftiges Hengstfohlen, unser Finn, mein »Bairnie«; er bekam längere Beine, stärkere Knochen und größere Ohren. Auch die Farbe seines Fells veränderte sich; und wenn ich ihn liebte – und das tat ich, obwohl ich wusste, dass ich mich eines nicht allzu fernen Tages von ihm trennen musste –, so liebte ihn Allan, unser Pferdepfleger, wohl noch mehr. Er war es, der in jeder freien Minute mit Bairnie spielte und herumtobte; und sein finsteres Gesicht unter dem schwarzen Haar wurde weich, wenn er unser Hengstfohlen ansah.

»Wenn Onkel Scotts Freund im Frühsommer kommt, um den Kleinen abzuholen, dreht Allan durch«, sagte ich zu Danny. »Du, ich glaube fast, Bairnie ist der Einzige, den er liebt. Eine Freundin hat er wohl nicht und zu Hause gibt's sowieso nur Probleme mit seiner Mutter, die trinkt, und seinen jüngeren Geschwistern, um die sich keiner richtig kümmert.«

Doch Danny hatte eigene Sorgen. Die Lammzeit war gekommen, für einen Schafzüchter die anstrengendsten Monate im Jahr, wie er mir erklärt hatte; und sie dauerte für gewöhnlich vom Februar bis in den Juni hinein.

»Jetzt haben wir schon fast zwei Dutzend Mutterschafe im Stall, die jeden Augenblick lammen können«, sagte er, während wir mit »Mildred«, dem alten schwarzen Auto der MacClintocks, nach Inverness zuckelten, zu einem lange geplanten und ewig verschobenen Kinobesuch. »Das bedeutet, dass jede Stunde einer von uns in den Stall gehen und nachsehen muss, was sich tut.«

»Nachts auch?«, fragte ich.

»Ja, sicher, jedenfalls so bis zwei oder halb drei. Und morgens um sechs geht's dann meistens wieder weiter!«

»Kriegen denn die Schafe ihre Jungen nicht von allein? Ich meine, so eine Geburt ist doch eine natürliche Sache, und früher …«, begann ich, stockte dann aber und begriff, dass ich Unsinn redete, denn auch Stuten kommen bei Fohlengeburten nicht immer ohne Hilfe aus.

»Oft geht's ganz problemlos, aber so eine Geburt kann sich auch über Stunden hinziehen, und dann ist's eine Plage. Manchmal passiert es sogar, dass eins der Mutterschafe einen Kaiserschnitt braucht. Dann müssen wir den Tierarzt holen, damit kommen wir nicht allein klar«, sagte Danny. »Man muss immer damit rechnen, dass etwas schief läuft; wenn der Kopf zuerst kommt, muss man dabei sein und ihn zurückschieben …«

»Der Kopf? Ja, was muss denn zuerst kommen? Das Hinterteil?«, fragte ich verdutzt.

»Nein, die Vorderbeine. Erst die Vorderbeine und dazwischen das Mäulchen; nur so geht's«, erklärte Danny. »Vorgestern hat in diesem Jahr das erste Mutterschaf gelammt – es waren gleich drei kleine Knöpfe, dunkelbraun und weiß gescheckt; aber eins davon hat es nicht geschafft.«

»Was? Drei Junge kann so ein Schaf auf einmal kriegen?«

»Sicher.« Danny runzelte die Stirn und spähte durch die Windschutzscheibe. Als ich seinem Blick folgte, merkte ich, dass wir geradewegs in eine dunkle Wolkenwand hineinfuhren, die verteufelt nach einer Riesenladung Schnee aussah.

Danny machte ein Gesicht wie ein Kapitän, der entschlossen ist, sein Schiff durch Sturm und Wellen zu steuern. Langsam sagte er: »Wenn das alles herunterkommt, bleiben wir unter Garantie stecken. Ich hab nur Sommerreifen drauf und die sind so abgefahren und platt wie Mullahans Schädel. Es wär besser gewesen, wenn wir den Bus genommen hätten, aber wir wollten ja noch die Futtersäcke abholen.«

»Wir hätten Onkel Scott bitten können, die Säcke für euch zu holen«, sagte ich. »Er muss demnächst sowieso nach Mill Farm, um Hafer und Mais zu kaufen.«

Es war noch immer wie ein absolutes Wunder für mich, dass nach der generationenalten Feindschaft zwischen den MacClintocks und den Montroses so eine nachbarschaftliche Hilfe überhaupt möglich war.

»Daran hab ich überhaupt nicht gedacht«, erwiderte Danny, ebenfalls erstaunt. »Ja, du hast Recht; Mom hätte ihn nur darum zu bitten brauchen, er wäre wahrscheinlich losgedüst wie eine Rakete!«

Wir lächelten uns zu und die Wolkenwand kam mir plötzlich freundlicher vor, gewissermaßen rosig angehaucht, obwohl sie innerhalb von zwei Minuten unmöglich die Farbe gewechselt haben konnte.

»Jedenfalls«, meinte Danny und klopfte der röhrenden Mildred besänftigend aufs Armaturenbrett, »kann es immer noch sein, dass er kommen und uns abschleppen muss, falls wir in der Schokolade festsitzen.«

»Hm«, sagte ich. »Dann kann man bloß hoffen, dass eine Telefonzelle in der Nähe ist. Die sind ja selten da, wenn man sie braucht, besonders hier zu Lande. Soll ich beten?«

»Schaden kann's nicht. Ich glaube, wir müssen froh sein, wenn wir's bis Dingwall schaffen. Von dort fahren wir mit dem Bus weiter oder warten ab, was passiert.«

Ich hatte den Kinobesuch schon mehr oder weniger abgeschrieben. »Der Bus fährt erst um sechs«, sagte ich. »Dann kommen wir nur noch in die spätere Vorstellung und erwischen womöglich den letzten Bus zurück nicht mehr.«

Danny seufzte. Jetzt erst bemerkte ich, dass er einen total blau angelaufenen Daumennagel hatte. »Dann müssen wir uns eben in Dingwall ›amüsieren‹«, sagte er und das Wort klang derart komisch in Verbindung mit dem harmlosen kleinen Provinznest, dass wir beide losprusteten und uns kaum mehr beruhigen konnten.

»Dingwall ist der Nabel der Welt!«, sagte Danny schließlich würdevoll und steuerte entschlossen direkt in das dunkle Gebräu hinein.

Ich kam mir vor wie in einem Schlachtschiff, das mit vollen Segeln in ein Windei hineintreibt – oder vielleicht in eine Windhose –, und Danny verkündete mit düsterer Stimme: »Gleich geht's los!«

Kaum hatte er das ausgesprochen, begann es wie verrückt zu schneien. Danny schaltete die Scheibenwischer ein, doch es war, als würde man versuchen, mit einem Regenschirm gegen eine Sturzflut anzugehen: Von einer Sekunde zur anderen war die Windschutzscheibe total verfinstert, so als hätte ein außerirdischer Witzbold eine aufgeschlitzte Daunendecke auf uns herabgeschleudert.

»Phantastisch«, sagte Danny mit Grabesstimme. »Jubel und Frohlocken!« Er lenkte Mildred vorsichtig nach rechts, dorthin, wo vermutlich der Straßenrand war, und schaltete den Motor aus.

Ich musste lachen. »Als ich noch in München war, hätte ich nie gedacht, dass es so schwierig sein könnte, ins Kino zu kommen.«

»Wir müssen froh sein, wenn wir heute Nacht überhaupt

noch irgendwohin kommen«, murmelte Danny. Er kroch zwischen den Sitzen nach hinten und zerrte eine Decke aus dem Kofferraum. »Leider hat die gute alte Mildred keine Standheizung.«

Wir rückten eng zusammen und wickelten uns in die Decke ein, was sehr angenehm war, obwohl sie durchdringend nach Schafen roch. »Es dauert bestimmt nicht lange«, sagte ich zuversichtlich, während es um uns her dunkler und dunkler wurde. »Das ist sicher bloß ein Blizzard oder wie man so was nennt.«

»Hoffentlich«, sagte Danny. »Ich hab keine Lust, so jung schon im Auto zu erfrieren.«

Ich begriff, dass es nicht so komisch gemeint war, wie es klang. »Ist das denn schon mal passiert?«, fragte ich beeindruckt. »Dass jemand im Auto erfroren ist? Hier in den Highlands, meine ich?«

»Sicher«, sagte Danny. »Aber hab keine Angst, Laurie, das passiert höchstens mal mitten in den Bergen und wir sind ja nur drei oder vier Meilen vom ›Nabel der Welt‹ entfernt.«

Ich nickte beruhigt und erwiderte gedämpft in den Rollkragen seines Pullovers: »Wenn's uns hier zu ungemütlich wird, schlagen wir uns halt zu Fuß nach Dingwall durch.« Doch noch während ich das sagte, wurde mir klar, dass wir – falls es weiter schneite – draußen in einer Schneewüste landen würden, in der sich nicht einmal mehr ein Berner Sennenhund zurechtgefunden hätte.

Wenn Danny die gleichen Überlegungen anstellte, sprach er es jedenfalls nicht aus. Er küsste mich auf die Nasenspitze und den Mund und sagte, ich solle mir keine Sorgen machen, es wäre wohl nur eine Schneewolke oder eine kleine Wolkenwand, und ich küsste ihn wieder und dachte, dass wir gar kein Kino brauchten, weil wir selbst mitten in einer Situation steckten, die reif für die Leinwand war: Klappe auf, Szene eins: junges Liebespaar im Auto vom Schneesturm in den schottischen Highlands überrascht …

Im Grunde wäre mir eine weniger abenteuerliche, dafür aber gemütlichere Szene mit Danny am Kaminfeuer lieber gewesen. Meine Freundin Annika dagegen hätte sicher gefunden, dass ich dem Schicksal dankbar sein musste, weil es mir so wunderbare Abenteuer bescherte, und dass ich wieder einmal nicht »krallte«, dass so etwas das pralle Leben in Person war. Ich glaubte sie förmlich sagen zu hören: »Am Kaminfeuer kannst du noch sitzen, wenn du alt bist und mit dem Kopf wackelst.«

»Das werd ich bestimmt einmal meinen Enkelkindern erzählen«, sagte ich zu Danny. »Dass ich mit dir in einem Schneesturm stecken geblieben bin.«

»Unseren Enkelkindern«, verbesserte er. »Ja, das wird sicher eine Sensationsstory sein, denn bis dahin gibt's wahrscheinlich wegen der Klimakatastrophe keinen Winter mehr. Und du wirst ihnen erst mal erklären müssen, was es mit den kleinen, kalten weißen Flocken auf sich hat.«

Dabei kurbelte er vorsichtig das Seitenfenster herunter, um nachzusehen, ob die kalten weißen Flocken noch vom Himmel kamen; und das taten sie zur Genüge. Ein richtiger Schneeberg sackte durchs Fenster herein. Von der Straße war absolut nichts mehr zu erkennen; man sah weder Bäume noch Berge noch Häuser. Wenn wir nicht gewusst hätten, dass der Himmel dort sein musste, wo die Schneeflocken herkamen, hätten wir nicht einmal mehr geahnt, wo oben oder unten war.

»Ich glaube, wir stecken schon bis über die Reifen drin«, sagte Danny und kurbelte die Scheibe rasch wieder hoch.

»Was machen wir, wenn's nicht aufhört?«, fragte ich und wärmte meine eiskalte Nasenspitze an seinem Hals.

»Irgendwann muss es ja aufhören!«

»Wir buddeln uns durch den Schnee«, sagte ich und wusste, dass das Schwachsinn war; denn wenn wir keine Ahnung hatten, in welche Richtung wir uns bewegten und wo die nächste menschliche Behausung war, konnte es passieren, dass wir im Kreis buddelten. Da war es immer noch am sichersten, im Wagen zu bleiben und abzuwarten.

»Wenn es zu kalt wird, lasse ich den Motor an«, sagte Danny. »Wir haben bloß nicht mehr besonders viel Benzin im Tank.« Seine Stimme klang jetzt besorgt.

Ich sah auf die Windschutzscheibe, die immer mehr an die Wand eines Iglus erinnerte, und der Schnee, der bisher immer so eine gemütliche, heimelige Sache für mich gewesen war, etwas, was mit Bratäpfeln, Nikolaus, Schlittenfahren und Weihnachtspostkarten zu tun hatte, erschien mir mit einem Mal bedrohlich.

Ich dachte: Wenn das nicht bald aufhört, sind wir hier im Wagen gefangen und es kann Tage dauern, bis sie uns finden oder bis der verdammte Schnee schmilzt. Und wir haben nichts zu essen dabei, aber wahrscheinlich erfrieren wir, ehe wir verhungern …

Vielleicht hatte Danny den gleichen Gedanken, doch keiner von uns sprach seine Befürchtungen aus.

»Zu Hause wissen sie ja, welche Strecke wir gefahren sind«, sagte er schließlich, wohl um mich zu trösten. »Sie werden die Polizei anrufen, wenn wir nachts nicht zurückkommen, und dann schicken die einen Schneepflug oder irgend so was los.«

»Ja«, murmelte ich. »Falls die Telefonleitungen dann noch funktionieren.«

Es wurde schwärzer um uns her, was ganz natürlich war, denn die Nacht brach herein. Doch es wurde auch zunehmend kälter im Wagen; die Kälte kroch durch die Wolldecke und meine Zehen erstarrten zu Eiszapfen. Schließlich ließ Danny den Motor an und schaltete die Heizung ein, was nicht viel brachte, denn es dauerte ewig, bis sich die kalte Luft erwärmte und dann mussten wir den Motor wieder ausschalten, um Benzin zu sparen.

Die Minuten verstrichen und bald saßen wir in eisiger Finsternis wie in einem Verlies oder auch in einer Gruft, aber der Vergleich gefiel mir nicht. Wir überlegten, ob wir die Innenbeleuchtung einschalten sollten.

»Lieber nicht«, sagte Danny. »Sonst gibt die Batterie womöglich den Geist auf.«

»Aber wie soll uns jemand finden, wenn das Auto total unbeleuchtet ist?«, fragte ich.

Danny kroch wieder nach hinten und begann im Dunkeln unter allerhand Werkzeug, Kartons und Kisten herumzuwühlen, bis er eine Taschenlampe und zwei leere Säcke fand. Die Säcke wickelte er im Schein der Taschenlampe um meine Füße. Dann saßen wir da, froh über den bescheidenen Lichtkegel, versuchten uns gegenseitig zu wärmen und warteten auf wunderbare Hilfe. Und ich dachte über die Macht des Schicksals nach, das mich hierher geführt hatte. So viele Ereignisse waren notwendig gewesen, damit ich den Weg in die Highlands gefunden hatte, zu Onkel Scott und Danny – sollte er hier enden, in einem alten Auto im Schnee am Straßenrand, nur wenige Meilen von einem Nest namens Dingwall entfernt?

Danny drückte meine Hand und hauchte meine Finger an. Da ging es mir durch den Sinn, dass ich mich – wenn ich die Wahl gehabt hätte, hier zu sein oder zu Hause in München, in unserem zentralgeheizten Wohnzimmer, ohne zu wissen, dass es Danny gab – doch immer für dieses neue Leben im Hochland entschieden hätte, für diesen Winterabend im eingeschneiten Wagen, auch wenn der Ausgang dieses Abenteuers ungewiss war.

Wieder kurbelte Danny vorsichtig die Scheibe herunter und richtete den Strahl der Taschenlampe nach draußen. Die Dunkelheit war jetzt vollkommen und keine Schneeflocken glänzten mehr im Lichtschein. Die Luft war klar und trocken. Es hatte zu schneien aufgehört.

»Ich glaub's nicht!«, sagte Danny mit einem derartigen Ton von Verblüffung in der Stimme, dass ich fast hysterisch zu lachen begann.

Was dann folgte, war weniger erheiternd; und ich weiß nicht, wie lange wir durchgehalten hätten, wenn das Glück nicht auf unserer Seite gewesen wäre. Entschlossen, uns irgendwohin durchzuschlagen, krochen wir aus dem Wagen und landeten bis zu den Hüften im Schnee. Danny ging voraus. Er musste sich jeden Schritt mühsam erkämpfen, bahnte uns den Weg mit seinem Körper. Es war wie in einem Alptraum, wenn man zu fliehen versucht und doch kaum vorwärts kommt.

Das Licht der Taschenlampe wurde schwächer, doch über uns riss die Wolkendecke immer mehr auf und gab den nächtlichen Himmel frei. Die Sterne strahlten herab und schimmerten auf dem frisch gefallenen Schnee.

Eine Weile arbeiteten wir uns vorwärts, froh, nicht mehr im Wagen gefangen zu sein. Die Wälle und Schluchten der Schneewüste schienen endlos. Dann aber sahen wir die Äste von Bäumen, ein fast versunkenes Straßenschild, Telefondrähte, schwer von Schnee verhangen, und Danny hielt inne und sagte über die Schulter: »Wenn ich bloß vorher beim Fahren genau aufgepasst hätte, wo wir sind! Aber ich glaube, langsam dämmert's mir. Links müsste bald irgendwo mal ein Haus auftauchen. Schaffst du's noch?«

»Klar«, sagte ich, obwohl mir schon jetzt zu Mute war wie nach einer stundenlangen Bergtour, obwohl ich schwitzte und zugleich fror, obwohl meine Zehen total gefühllos waren und Schnee meine Stiefel füllte. Doch die Sterne strahlten tröstlich und die Luft roch, als wäre die Welt neugeboren.

Für Augenblicke vergaß ich alle Kälte und Anstrengung; und als Danny wieder stehen blieb, um Atem zu holen, legte ich den Arm um seinen Hals, küsste ihn und sagte: »Du, ich hab dich lieb, und ich bin dankbar dafür, dass wir leben und dass es auf der Welt so schön ist!«

Dannys Lippen waren kalt. Ich hatte das komische Gefühl, einer von zwei Schneemännern zu sein, die sich umarmten; und als wir wieder aufsahen, bemerkten wir gleichzeitig das Licht – ein kleines, goldenes Viereck, das durch die Schneewüste strahlte wie der Stern, der den Weisen aus dem Morgenland den Weg gewiesen hatte.

2

Nichts konnte angenehmer und behaglicher sein als das flackernde Feuer im schwarzen Marmorkamin. Ich streckte meine nackten Zehen gegen die Flammen aus, bis sie in Gefahr gerieten, gegrillt zu werden, und ein Strom von Wärme und Dankbarkeit ging durch meinen Körper.

»Ich habe deine Tante gekannt«, sagte die freundliche, schon etwas brüchige Frauenstimme. »Sie war eine reizende Person. Und du siehst ihr so ähnlich!«

Sobald ich nicht aufpasste, versuchten meine Augenlider mich zu überlisten und zuzuklappen. Ich kämpfte mit aller Macht dagegen an und erwiderte etwas Höfliches in grammatikalisch falschem Englisch, was mir meistens dann passierte, wenn ich gestresst oder müde war.

Danny saß neben mir. Auch seine Beine und Zehen waren nackt. Er trug den karierten Morgenmantel des Hausherrn, der ihm viel zu weit war, und nippte an seinem Toddy – einem schottischen Spezialgetränk gegen Grippe und allerhand Notfälle aus Whisky, heißem Wasser, Zitronensaft und Zucker.

Das blau-grüne Karo verschwamm vor meinen Augen. Mrs. MacDudley – oder hieß sie MacDrolly? –, die im Hintergrund auf einem Stuhl saß, begann merkwürdig hin und her zu schwanken. Ich kniff die Augen zu und riss sie gewaltsam wieder auf. Da saß sie plötzlich ganz ruhig und gesittet da, ein Strickzeug in den Händen, und lächelte mir unter ihren blau-grauen Löckchen hervor zu. »... so ein stattlicher Mann!«, hörte ich sie sagen. »Er sollte wieder heiraten.«

Und ich wusste, dass sie Onkel Scott meinte. Dann tat sich eine Tür auf und der Hausherr erschien, ein dicker alter Herr mit gemütlichem Gesicht und bulliger Stimme. Er sagte, er hätte versucht, in *The Laurels* anzurufen, doch das Telefon gäbe keinen Mucks von sich. »Wir sind eingeschneit«, sagte er. »Keinerlei Verbindung zur Außenwelt! Haben wir Lebensmittelvorräte, Katie?« Und er lachte bellend, worauf seine Frau kicherte und etwas von Kartoffeln im Keller sagte.

Ich spürte, wie mein Kopf nach hinten sank, und meine Gedanken verwirrten sich auf verrückte Weise, als hätte jemand an einer falschen Schraube gedreht. Ein paar Leute kamen und sagten, ich müsste sofort nach Hause, um die Pferde aus den Schneemassen zu graben, und ich versuchte loszurennen, doch es ging nicht, weil meine Füße in einer Art Schlamm stecken blieben. Also erhob ich mich in die Luft und begann zu fliegen und es ging, wenn ich auch ziemlich dicht über dem Boden dahinsegelte und die Beine anziehen musste, weil unter mir alles voller Schlamm war.

Ehe ich zur Landung ansetzen konnte, wachte ich auf und entdeckte, dass ich in einem fremden Bett lag. Über mir wölbte sich ein üppig mit Rüschen und Rosenstoff verzierter Betthimmel und ich dachte: Ich träume noch oder vielleicht bin ich auch durchgedreht und halte mich für die Prinzessin auf der Erbse! Und ich zwinkerte ein paar Mal, doch der Betthimmel verschwand nicht. Er war getragen von vier gedrechselten Holzsäulen und meine Zehen berührten etwas, das sich glatt und warm und sehr wirklich anfühlte.

Eine Wärmflasche!, dachte ich erleichtert. Ich bin im Haus von Mr. und Mrs. Macsowieso und wahrscheinlich haben sie mich ins Bett gebracht, weil ich vom Sessel gekippt bin. Aber wo ist Danny und was ist mit den Pferden?

Plötzlich war ich hellwach. Ich setzte mich im Bett auf.

Eine Nachttischlampe verbreitete ihren milden Schein unter einem Schirm mit Rosenmuster. Es klopfte und im dämmerigen Hintergrund des Raumes tat sich eine Tür auf.

Dannys Stimme sagte: »Schläfst du?«

»Nein«, sagte ich. »Jetzt nicht mehr.«

Er kam ins Zimmer und setzte sich zu mir auf die Bettkante und wir umarmten uns, als hätten wir uns eine Ewigkeit nicht mehr gesehen. Dannys Hände waren kalt; ich wärmte sie, indem ich seine Handflächen an meine heißen Wangen legte, und er sagte: »Dieser verdammte Schnee! Es kann Tage oder Wochen dauern, bis er schmilzt, und wie sollen wir zu den Schafen durchkommen?«

Ich fühlte mich schuldig, als mir klar wurde, dass ich nicht an Dannys Schafe gedacht hatte, nur an unsere Pferde. »Allmächtiger!«, sagte ich. »Meinst du, dass sie ersticken?«

»Hoffentlich nicht. Normalerweise kommen sie schon klar. Manchmal stecken sie im Gebirge tagelang irgendwo im Schnee fest, und wenn man sie ausbuddelt, sind sie noch ganz in Ordnung. Aber zu lange darf es natürlich nicht dauern, sonst verhungern sie. Und unsere Mutterschafe … ein paar von ihnen werden bald ihre Lämmer bekommen, und das schaffen sie bei diesem Wetter im Freien bestimmt nicht.«

»Aber du hast doch gesagt, dass ihr die Mutterschafe in den Stall gebracht habt«, erwiderte ich.

»Einen Teil schon, aber nicht alle. Es sind sicher noch ein Dutzend auf dem *Heathery Hill,* bei denen es bald so weit sein kann.«

Ich streichelte seinen Nacken und wusste nicht, wie ich ihn trösten sollte. Dabei machte ich mir selbst Sorgen um unsere Pferde. Wie sollte Onkel Scott, der ganz allein im Haus war, bis zur Koppel durchkommen, um ihnen Futter zu bringen? Allan konnte ihm nicht helfen. Solange die Straßen nicht frei waren, saß er zu Hause fest – genau wie Danny und ich bei den MacDudleys.

»Habt ihr keinen Schneepflug?«, fragte ich nach einer düsteren Pause.

»Nein, natürlich nicht. Nur so ein Dreieck aus Holz, das am Traktor befestigt wird. Damit kann man die Auffahrt ums Haus herum räumen«, erwiderte Danny. »Mein Vater hat es gebaut. Aber bei derartigen Schneemassen ist das ein Witz, damit kommt man nie durch. Es gibt natürlich Farmer mit Schneepflügen in unserer Gegend, aber man muss schon froh sein, wenn sie helfen, die Straßen und Zufahrten zu räumen.«

Sein Gesicht sah so blass und sorgenvoll aus; ich hätte eine Menge darum gegeben, wenn ich gewusst hätte, wie ich ihm Mut machen sollte. Dannys Familie lebte von der Schafzucht; die Schafe waren ihr Kapital. Sie konnten es sich nicht leisten, einen Teil der Herde oder zu viele Lämmer zu verlieren.

Annika fiel mir ein, die mir immer eingeschärft hatte, positiv zu denken und daran zu glauben, dass sich alles zum Guten wenden kann, was auch passiert, und dass jede Schwierigkeit im Leben ihren Sinn hat.

»Lass uns einfach daran glauben, dass wir Glück haben«, sagte ich nach einer Weile. »Dass eure Schafe alles heil überstehen und der Schnee bald schmilzt, dass Onkel Scott zu den Pferden durchkommt und dass ihr keins von euren

Lämmern verliert. Wir können im Augenblick nichts tun, aber vielleicht hilft es, wenn wir Vertrauen haben.«

»Vertrauen in wen?«, fragte Danny, der wie ich zum Schwarzsehen neigte und die Meinung vertrat, dass einem im Leben nichts geschenkt wird. Die MacClintocks mussten sich ja auch mühsam durchbeißen, seit Dannys Vater gestorben war – und nicht erst seitdem. In ihrer Lage musste es lächerlich erscheinen, sich auf ein gütiges Schicksal zu verlassen, wenn kein Geld mehr in der Kasse war, eine Schafseuche drohte oder der Sturm das Dach abdeckte; wenn die Bank die Schuldzinsen erhöhte oder der alte Traktor wieder einmal seinen Geist aufgab und ungewiss war, ob sich das erforderliche Ersatzteil noch irgendwo auftreiben ließ.

Ich wusste inzwischen, dass Danny so manche schlaflose Nacht über Geldsorgen gebrütet hatte, und es kam mir ungerecht vor, dass die einen im totalen Überfluss leben und allein für eine Armbanduhr eine Summe ausgeben können, die andere nicht in Jahren harter Arbeit verdienen. Menschen wie Danny schufteten tagtäglich, und doch blieb ihnen kaum genug zum Leben. Manchmal fragte ich mich, wer schuld an dieser Ungerechtigkeit sein mochte. Waren es die Reichen und Mächtigen, die dafür sorgten, dass die Güter dieser Welt nur wenigen gehörten und nicht fair verteilt wurden? »Sie werden sich scheußliche Sorgen um uns machen«, sagte ich schließlich.

Danny nickte. »Man kann's nicht ändern. Aber morgen früh wird die Landstraße sicher geräumt, dann können wir nach Hause fahren. Falls es nachts nicht noch mal zu schneien anfängt. Dann kommen sie nicht so schnell durch.«

Ich wusste, dass es keinen Sinn hatte, mich aufzuregen,

weil wir ja vorerst doch nichts tun konnten; und trotzdem regte ich mich auf. Danny, der ja selbst wahrlich genug Probleme hatte, versuchte mich zu trösten, indem er sagte: »Dein Onkel kommt schon irgendwie klar, es ist schließlich nicht sein erster Hochlandwinter mit den Pferden. Und eure Pferde sind lang nicht so weit vom Haus entfernt wie unsere Schafe. Sie sind auf den Koppeln, wo sie Schutzhütten haben, nicht irgendwo in den Bergen verstreut …«

»Es geht ja nicht nur um unsere Pferde«, erwiderte ich schwer. »Es geht auch um euch …« Ich zögerte. »Aber du, ich denke, wenn ihr finanziell nicht mehr zurechtkommt – Onkel Scott wäre sicher bereit, euch zu helfen …«

Noch ehe ich es ausgesprochen hatte, wusste ich, dass ich einen Fehler begangen hatte. Im Schein der Nachttischlampe sah ich Dannys Gesicht finster und verschlossen werden. Er entzog mir seine Hand, wandte das Gesicht ab und sagte: »Hör bloß auf damit! Du weißt genau, dass ich von deinem Onkel nie Geld annehmen würde – das wäre das Letzte, eher würde ich alles verkaufen. Wir sind keine Almosenempfänger! Und Mom – glaubst du wirklich, dass sie sich derart von ihm abhängig machen würde?«

»Nein«, erwiderte ich rasch. »Natürlich nicht. Sei nicht böse.« Und er schüttelte den Kopf und sagte: »Ist schon gut.« Doch ich begriff, dass ich ihn in seinem Stolz verletzt hatte. Er stand auf und murmelte: »Ich geh mal runter und frag den alten MacDudley, ob das Telefon wieder funktioniert. Sie haben mir auf dem Wohnzimmersofa ein Bett hergerichtet.«

Ich hätte mich am liebsten selbst in den Hintern getreten. Hastig schob ich die Bettdecke zurück und sagte: »Ich komme mit.«

Barfuß tappte ich hinter Danny her die Treppe hinunter, über einen roten Läufer, der mit wild ineinander verschlungenen Blüten und Ranken gemustert war. In der Tür zum Wohnzimmer stand Mr. MacDudley. Mit seinem weißen Schnurrbart, den grauen, gesträubten Haaren und den roten Äderchen im Gesicht sah er aus wie der leibhaftige Weihnachtsmann, doch die Worte, mit denen er uns empfing, erinnerten mehr an eine Kassandra.

»Es hat wieder angefangen zu schneien«, sagte er.

Einmal habe ich jemanden sagen hören, in unseren europäischen Großstädten gäbe es kein richtiges Wetter mehr, sie wären von einer Glocke aus Schmutz und Abgasen umgeben und abgeschirmt. Doch hier im Hochland hatten wir jede Menge Wetter, oft mehr, als uns lieb sein konnte.

Einen Tag und zwei Nächte saßen wir im Haus der MacDudleys fest, ohne Verbindung nach draußen, denn das Telefon funktionierte weiterhin nicht, und wir hatten keine Ahnung, was mit Onkel Scott und Dannys Mutter und Schwester und den Pferden und Schafen passiert war.

In meinem ganzen Leben werde ich Schnee nie wieder mit harmlosen, freundlichen Augen sehen können; er wird künftig immer etwas Bedrohliches für mich haben, wie offenes Gewässer für einen Menschen, der als Kind beinahe ertrunken ist.

Das gemütliche Märchenbild von Frau Holle, die ihre Betten ausschüttelt, war plötzlich zum Alptraum geworden. Ich fing an, die wirbelnde Masse weißer Flocken zu hassen und hasste sie von Stunde zu Stunde mehr, während wir am Fenster standen und hinaussahen, in den Garten der MacDudleys, der eine glitzernde Wüste aus Hügeln und

Tälern war, aus der nur vereinzelt eine Baumkrone hervorragte. Stumm hielten wir uns an den Händen und ich hätte weinen mögen über Dannys blasses, angespanntes Gesicht, während die MacDudleys auf rührende Weise versuchten, uns Mut zu machen.

Anfangs funktionierte wenigstens das Radio noch, doch es war kein großer Trost, denn wir hörten immer neue Hiobsbotschaften von eingeschneiten Dörfern und Autofahrern, die auf Hochlandstraßen stecken geblieben waren und nicht versorgt werden konnten, weil man nicht zu ihnen durchkam. Dann aber fiel auch der Strom aus und wir saßen bei Kerzenschein im Wohnzimmer. Mrs. MacDudley pries ihren Küchenofen, der auch mit Holz und Kohle beheizt werden konnte.

»Da sieht man mal wieder, wie weit man mit der modernen Technik kommt!«, sagte Mr. MacDudley befriedigt. »Das Alte ist doch meistens das Beste, das, worauf man sich verlassen kann.«

Ich versuchte die Gedanken an Onkel Scott und die Pferde und Schafe zu verdrängen, so gut es ging. Sobald sie mir in den Sinn kamen, rollte eine Welle der Panik auf mich zu. Danny ging es noch schlechter als mir, ich spürte es genau und wusste doch nicht, wie ich es ändern sollte. Ich konnte nur seine Hand halten und schickte dabei immer wieder das gleiche stumme Stoßgebet zum Himmel: Lieber Gott, mach, dass es zu schneien aufhört. Lieber Gott, mach, dass Onkel Scott und Shee und Dannys Mutter und die Pferde und Schafe alles gut überstehen …

Abends flößten uns die MacDudleys Whisky ein; sie wussten sich wohl nicht mehr anders zu helfen mit zwei solchen

Elendsgestalten. Später saßen Danny und ich dicht aneinander geschmiegt in einem Sessel am Fenster und schliefen schließlich ein, müde vor Sorge und vom Whisky.

Das alte Ehepaar ließ uns dort sitzen. Sie hielten es sicher für einen Segen, dass wir schliefen und für ein paar Stunden alles vergessen konnten, was uns bedrückte. Doch irgendwann in dieser Nacht, als ich gerade von einem ekelhaften Monster träumte, das hinter unseren Pferden her war, schüttelte mich jemand und flüsterte meinen Namen.

Ich fuhr hoch; mir war, als käme ich mit einem Aufzug in rasender Geschwindigkeit aus einem Bergstollen an die Oberfläche gefahren. »Hilfe!«, sagte eine schrille kleine Stimme, die sich vor Aufregung verhaspelte. »Der Yeti! Wir müssen sie vor ihm verstecken – schnell, sonst ist es zu spät ...«

Das schrille Stimmchen war mein eigenes; ich hatte es kaum begriffen, da hörte ich Danny wispern: »Laurie, was redest du da? Wach auf! Es schneit nicht mehr!«

Ein Fenster war hochgeschoben. Jemand hatte eine Kerze angezündet, die im kalten Luftzug flackerte. Der Mond schien auf eine endlose Wüste, auf silberne Täler und Zuckerhüte, unter denen sich Sträucher und Bäume verbergen mochten. Alles war sehr still und glitzerte wie das Reich der Schneekönigin im Märchen. Die Luft war rein und trocken, der Himmel sternenklar.

Ein paar Stunden später, als der Morgen graute, kamen die ersten Räumfahrzeuge.

3

»Jedes Mal, wenn ich einen derartigen Winter erlebe«, sagte mein Onkel, »schwöre ich mir, dass ich hier alles aufgebe, mich auf eine südliche Insel zurückziehe und meine Lehrerpension in Ruhe und Faulheit genieße. Und dann kommt der Frühling wieder und alles ist vergessen – oder beinahe alles.«

Er zwinkerte mir über seine Pfeife hinweg zu. Ich dachte an die Schneekatastrophe der vergangenen Woche und konnte ihn verstehen. »Außerdem«, fuhr er fort, »muss ich ja weitermachen, es bleibt mir gar nichts anderes übrig. Was würde sonst aus den Pferden? Manchmal denke ich, ich kann nicht mal in Ruhe sterben – es ist, als würde ich ein Haus voll unmündiger Kinder zurücklassen.«

»Wenn dir etwas zustoßen sollte«, sagte ich, »bin immer noch ich da. Ich kümmere mich schon um die Pferde. Und Allan und Danny würden mir helfen.«

Noch während ich es aussprach, kamen mir Zweifel. Ich dachte: Keiner von uns hat das Geld, um die Wagenladungen von Futter, den Tierarzt und unseren eigenen Lebensunterhalt zu bezahlen. Doch mein Onkel, als hätte er meine Gedanken erraten, lächelte mir zu und sagte: »Ich weiß, Laurie; aber dazu gehört mehr als nur guter Wille. Natürlich könnte ich dafür sorgen, dass du die nötigen Mittel bekämst, um hier einmal alles zu übernehmen …«

Er streckte die schmalen, knochigen Hände gegen die Flammen des Kaminfeuers aus und spreizte die Finger. »Du bist noch so jung. In deinem Alter hat man für gewöhnlich noch keine klaren Vorstellungen von der Zukunft. Und im Sommer sollst du ja wieder nach Hause zurückfahren.«

Ich erschrak. Das klang, als hätten meine Eltern mit Onkel Scott telefoniert und darauf bestanden, dass ich zum vereinbarten Zeitpunkt heimkam und eine »ordentliche« Ausbildung machte. Ich wusste, wie wichtig das für meine Mutter war – wichtiger, so schien es mir, als dass ich mich glücklich fühlte.

»Haben sie … haben sie angerufen und gesagt, dass ich zurückkommen muss, wenn das Jahr um ist?«, fragte ich mit gepresster Stimme.

Doch mein Onkel schüttelte den Kopf. »Nein«, sagte er, »das haben sie nicht. Und wenn du hier bleiben willst – wenn du wirklich länger bei mir bleiben möchtest –, werde ich alles tun, um dich dabei zu unterstützen.« Er richtete sich auf und sah mir voll ins Gesicht. »Du sollst dich frei entscheiden, Laurie. Aber du musst auch wissen, dass ich dich gern hier behalten würde.«

Ein warmes Gefühl durchrieselte mich. Ich sprang auf, kauerte mich vor ihm nieder und schlang beide Arme um seine Knie. »Ach, ich möchte so gern bleiben!«, sagte ich leidenschaftlich. »So gern! Es ist das, was ich mir am allermeisten wünsche!«

Sein hageres Gesicht wurde weich. Umständlich legte er die Pfeife beiseite und strich mir mit der Hand übers Haar. »Das ist schön«, sagte er. »Dann sind wir uns ja einig. Die Frage ist nur, was dein Vater und deine Mutter dazu sagen werden.«

Ich sah zu ihm auf und versuchte, das Gefühl von Freude und Hoffnung festzuhalten, in das sich schon wieder Zweifel mischten. »Mutter will, dass ich eine Ausbildung mache und später mal einen ›ordentlichen‹ Beruf ergreife.«

»Ich denke, das muss man verstehen«, erwiderte er mit

einem halben Lachen. »Und Pferdewirtin ist in ihren Augen wohl kein ordentlicher Beruf?«

»Na ja, nicht übermäßig«, gab ich zu. »Es wäre ihr sicher lieber, wenn ich Bankkauffrau oder Anwaltssekretärin oder so etwas werden würde. Möglichst etwas mit Pensionsberechtigung.« Und ich musste lachen, obwohl ich die Sache im Grunde nicht allzu komisch fand.

»Die meisten Eltern denken wohl so; ich kenne das aus meiner Arbeit als Lehrer. Man muss ihnen zugute halten, dass sie ihren Kindern eine gesicherte, sorgenfreie Zukunft wünschen. Nur vergessen sie dabei leicht, dass ein Beruf, der wenig Geld einbringt und auch gesellschaftlich nicht so anerkannt ist, manchmal glücklicher und zufriedener macht als ein gut bezahlter Job oder gar eine glänzende Karriere. Und darauf kommt es schließlich an.«

»Ich wollte, du könntest meiner Mutter das klarmachen«, sagte ich.

»Das klingt ja nicht besonders hoffnungsvoll! Aber vielleicht sollten wir deine Eltern einladen, uns mal zu besuchen? Es könnte doch sein, dass sie hinterher anders über die Arbeit mit Pferden denken – deine Mutter vor allem. Was hältst du davon?«

Meine Eltern in *The Laurels* – das war etwas, was ich mir nur schwer vorstellen konnte. Zögernd nickte ich.

»Ja, vielleicht, es könnte eine Möglichkeit sein. Nur ... ich weiß nicht so recht, ob sie sich entschließen würden, das Geld für die Reise auszugeben. Sie zahlen noch immer die Raten für unser Haus, weißt du, und müssen deshalb ziemlich sparen.«

Onkel Scott nickte. »Sicher. Aber im Sommer gibt es doch jetzt ausgesprochen billige Flüge von Deutschland nach Edinburgh. Und hier wären die beiden natürlich meine Gäste. Ich werde sie demnächst mal anrufen und ihnen den Vorschlag machen. Vielleicht überlegen sie es sich ja.«

Ich malte mir aus, wie es sein würde, wenn meine Eltern für ein paar Wochen hierher kämen, weg aus ihrem engen Reihenhaus und dem Alltagstrott, in die prickelnde Luft und das ständig wechselnde Licht der Highlands, in die Weite des Hochmoors und der Berge und den Duft des schottischen Sommers. Ob sie anders über mich und meine Zukunft dachten, wenn sie mein neues Leben mit Onkel Scott und den Pferden kennen lernten – und Danny?

Mir war, als gehörten die beiden in eine andere Welt, die ich zurückgelassen und abgestreift hatte wie ein Kleid, dem man entwachsen ist. Und doch sehnte ich mich auch danach, ihnen alles zu zeigen, ihnen begreiflich zu machen, dass ich hier all das gefunden hatte, was ich suchte.

Plötzlich kam mir ein anderer Gedanke. Ich stand auf, schob Rascal, der sich inzwischen auf dem von mir angewärmten Platz niedergelassen hatte, ein Stück zur Seite und setzte mich wieder.

»Sie werden Tim mitbringen wollen, falls sie überhaupt kommen«, sagte ich und es klang, als handelte es sich nicht um meinen Bruder, sondern um eine ansteckende Krankheit wie Masern oder Windpocken.

Wir mussten beide lachen.

Onkel Scott erwiderte augenzwinkernd: »Deinen Bruder, meinst du? Den müssen wir wohl in Kauf nehmen. Wir setzen ihn gleich am ersten Tag auf Rae oder Owlie, dann ist er für den Rest des Aufenthalts außer Gefecht gesetzt.«

»Im Krankenhaus, meinst du wohl«, verbesserte ich und

prustete los, denn der Gedanke an meinen großsprecherischen Bruder, der wie beim Rodeo auf dem buckelnden Rae saß, heiterte mich ungeheuer auf.

»Im Frühling«, sagte mein Onkel, der mit seinen Gedanken schon wieder bei der Arbeit war, »müssen wir die Schutzhütten erweitern und stabiler machen. Wir haben unverschämtes Glück gehabt, dass die Pferde alle vor dem Schnee Unterschlupf gefunden haben und dass die Schutzdächer nicht unter der Last eingebrochen sind.«

Ich nickte. »Ja, und dass auf der windabgewandten Seite noch genügend Luft hineingekommen ist, sonst wären sie unter den Schneewehen womöglich erstickt.«

Unsere Pferde hatten immerhin fast dreißig Stunden in den Schutzhütten gestanden, bis Onkel Scott es geschafft hatte, einen Schneepflug zu organisieren, der den Weg zur Koppel räumte. Erst dann, am Morgen, als ich von den MacDudleys zurückkam, konnten wir die Herde in den Stall holen und mit Futter versorgen; und es grenzte an ein Wunder, wie gut sie die Schneekatastrophe überstanden hatten.

Weniger Glück hatte Danny mit seinen Schafen. Einundzwanzig trächtige Muttertiere waren tot aus den Schneemassen geborgen worden, mehr als ein Dutzend Tiere wurden noch vermisst, denn der Schnee war erst teilweise weggeschmolzen. Immerhin gab es noch eine kleine Hoffnung, dass sie sich irgendwo in einer Felsspalte auf dem *Heathery Hill* verkrochen hatten.

Ich hatte Danny nicht wieder gesehen, seit wir mit einem Räumfahrzeug nach Hause zurückgebracht worden waren, denn die Tage waren vom Morgengrauen bis in die Dunkelheit hinein mit wilder Geschäftigkeit gefüllt. Die Mac-

Clintocks teilten ihre Zeit zwischen der Suche nach den vermissten Schafen und der Arbeit im Stall, wo bis zur Schneeschmelze möglichst viele Muttertiere untergebracht waren; die restliche Herde drängte sich auf den inzwischen geräumten Weiden ums Haus. In *The Laurels* ging es ähnlich zu: Unsere Pferde standen im Stall, solange die Koppeln eine Schneewüste waren, und das bedeutete eine Menge Mehrarbeit, nicht zuletzt wegen des täglichen Ausmistens.

So mussten wir uns auf Telefongespräche beschränken, Danny und ich. Obwohl er den Verlust der Schafe nur kurz erwähnt hatte, hörte ich am Klang seiner Stimme, dass er sich Sorgen machte. Nachts lag ich oft wach, dachte an ihn und fragte mich, wie ich ihm helfen sollte; und mehr als einmal unterdrückte ich den Impuls, mich an Onkel Scott zu wenden und ihn um Rat zu fragen. Seit die alte Feindschaft zwischen ihm und den MacClintocks überwunden war, kam es mir ganz natürlich vor, ihn um Hilfe zu bitten. Und doch wusste ich, dass Danny das nicht gewollt hätte.

Auch jetzt ging mir all das wieder durch den Kopf. Ich starrte in die Glut des Kaminfeuers, als könnte von dort eine Lösung kommen, und dachte: Warum können wir Menschen nicht längere Zeit in Frieden leben? Warum müssen dauernd irgendwelche Probleme auftauchen, die uns davon abhalten, glücklich und unbeschwert zu sein? Annika hätte wahrscheinlich lebensklug gesagt: Damit wir etwas lernen und in unserer Entwicklung weiterkommen, statt fett und faul und zufrieden hinter dem Ofen zu versauern.

Ich unterdrückte einen Seufzer und hörte Onkel Scott sagen: »Was ist los mit dir, Lass? Gerade hast du noch gelacht und jetzt machst du ein Gesicht wie Tweedie, wenn sie Unheil aus den Teeblättern liest. Ist's noch immer wegen deiner Mutter?«

Ich schüttelte den Kopf. Rascal leckte mit seiner warmen Zunge meinen Handrücken, hingebungsvoll und mütterlich, als wollte er mich trösten; doch vielleicht war es auch nur das Salz auf meiner Haut, das ihm schmeckte, oder etwas, was Tierforscher so nüchtern als »soziales Kontaktverhalten« bezeichnen.

Im Geiste bat ich Danny um Verzeihung und sagte mit einer Mischung aus Schuldbewusstsein und Erleichterung: »Es ist wegen Danny und der Schafe. Die Schafe der MacClintocks, weißt du. Sie haben bei dem Schneesturm einen Teil ihrer Herde verloren. Einundzwanzig Tiere sind umgekommen und es werden noch mehr als ein Dutzend vermisst. Die Hoffnung, dass sie noch leben, wird von Tag zu Tag geringer und dabei ... ja, den MacClintocks geht's finanziell nicht besonders gut, das weißt du vielleicht ...«

»Ja«, erwiderte Onkel Scott ruhig, »das weiß ich. Hier wissen die Leute viel voneinander. Und es ist kein Geheimnis, dass die MacClintocks sehr zu kämpfen haben. Ich weiß auch das mit den Schafen. Moragh ... Mrs. MacClintock hat mir davon erzählt. Wir haben gestern miteinander telefoniert.«

»Oh!«, sagte ich ziemlich verdutzt. Mehr fiel mir nicht ein, aber ich war froh, dass er es letztlich nicht von mir erfahren hatte, sondern von Dannys Mutter selbst.

Eine Weile schwiegen wir. Das ausgebrannte Holz im Kamin zerfiel und verglühte und mein Onkel sagte unvermittelt: »Jetzt könnte ich noch eine Tasse Kaffee vertragen.«

Langsam standen wir auf und gingen in die Küche, wo

Kater MacDuff das Sahnekännchen vom Schrank geangelt hatte. Es war zu Boden gefallen und zerbrochen, doch von der Sahne war keine Spur mehr zu sehen. Der Kater saß auf dem Fensterbrett, putzte sich unschuldsvoll und tat, als wüsste er von nichts; doch weder meinem Onkel noch mir war nach Strafpredigten zu Mute.

Onkel Scott sagte nur: »In diesem Haus werden die Tiere bald ganz das Regiment übernehmen«, und ich fegte die Scherben zusammen und warf sie in den Mülleimer.

Während ich Tassen und Teller und die Zuckerschale aufs Tablett stellte – Sahne hatten wir ja jetzt keine mehr –, hörte ich meinen Onkel sagen: »Ich habe mir auch schon den Kopf zerbrochen, wie man ihr ... ihnen ... helfen könnte, ohne ihren Stolz zu verletzen.« Er brühte den Kaffee auf und fügte nachdenklich hinzu: »Jedenfalls werde ich morgen gleich nach der ersten Fütterung mit Allan zum *Heathery Hill* gehen und nach den vermissten Schafen suchen. Das ist eine nachbarliche Hilfe, die sie sicher nicht ablehnen werden.«

»Nein«, erwiderte ich. »Bestimmt nicht.«

»Aber selbst wenn wir noch ein paar der Schafe lebend bergen können«, fuhr mein Onkel fort, während ich ihm mit dem Tablett ins Wohnzimmer folgte, »löst das die Probleme der MacClintocks nicht. Ich habe schon überlegt ...« Er verstummte und stellte die Kaffeekanne auf das runde Tischchen aus Mahagoni, das zwischen den Sesseln vor dem Kamin stand. »Ich frage mich, ob es ihnen vielleicht helfen würde, wenn ich ihnen ein Stück Land abkaufe.«

Ein Stück Land abkaufen! Das klang nicht übel. Ja, je länger ich darüber nachdachte, desto besser gefiel mir die Idee. Der Verkauf von Land war eine rein geschäftliche

Sache, etwas, das nichts mit Almosen zu tun hatte und daher auch Dannys Stolz und den seiner Mutter und Schwester nicht verletzen konnte. Sie hatten Land genug; und Bargeld war genau das, was sie am dringendsten brauchten.

»Ja, mach das doch, Onkel Scott!«, sagte ich. »Das ist eine absolut göttliche Idee, echt!«

»Na ja, warten wir's erst mal ab«, erwiderte er zweifelnd. »Ich fürchte, sie könnten merken, welche Absicht dahinter steckt. Das Stück Land, an das ich gedacht habe, ist nämlich Moorgebiet und deshalb nicht sehr viel wert. Wir müssten es wenigstens teilweise trockenlegen. Das wissen die MacClintocks natürlich auch. Der Preis, den ich ihnen dafür biete, darf also nicht zu hoch sein – aber natürlich auch nicht zu niedrig, sonst wäre die Aktion ja sinnlos. Du siehst also, es wäre eine Art Eiertanz und weit davon entfernt, göttlich zu sein.«

Zum zweiten Mal an diesem Abend unterdrückte ich einen Seufzer. Dann aber musste ich beinahe lachen, denn ich dachte: Wenn ich so weitermache, werde ich eine von diesen sauertöpfischen Tanten, die ständig über die Härte des Schicksals klagen und darüber, dass das Leben voller Stolpersteine ist.

Freilich, das konnte es manchmal wirklich sein, voller Stolpersteine. Doch manchmal war es auch glatt wie die Oberfläche eines Sees an einem windstillen Sommertag. Beides gehörte wohl dazu – doch das ist eine der Gesetzmäßigkeiten, die man nur widerstrebend begreift. Solange man jung ist, hat man meist den Anspruch ans Leben, dass es ein einziger Sonnenspaziergang sein sollte, ein Maitag mit Kirschblüten und Maikäfern und rosaroten Wolken.

Vielleicht, so dachte ich tiefsinnig an diesem Winterabend vor dem Kaminfeuer, ist das ja der erste Schritt zum Erwachsenwerden: dass man begreift, dass es auch eine andere Seite gibt – mit Geldsorgen, Krankheit, Schneekatastrophen und Trennungen.

Und eine Stunde später, als ich im Bett lag und meine Füße an Rascals Rücken wärmte, glaubte ich auch zu wissen, was der zweite Schritt zum Erwachsenwerden ist: der, diese beiden Seiten des Lebens, die helle und die dunkle, anzunehmen. Und ich zog die Patchworkdecke bis zu den Augen hoch, weil meine Nasenspitze so kalt wie ein Bananensorbet war, murmelte »Amen« und schlief ein.

4

Und ich sage immerrr wiederrrr: Es ist ein Wunderrr! Ein rrreines Wunderr und sonst garrr nichts! Dieserrr Mann ist von unserem Herrrgott selbst vorrr dem sicheren Tod bewahrt worrrden, so wahrrr ich hier stehe …« Mrs. Kirkish sah mich herausfordernd an und zog ihre braune Jerseyhose hoch, deren Hosenboden schon fast bis zu den Kniekehlen hing.

Sie hatte mir eine lange und höchst dramatische Geschichte von einem weitläufig Verwandten erzählt, der bei der Schneekatastrophe in einer Schneewehe – oder war es eine Lawine gewesen? – vergraben war und den die Rettungsmannschaften nach zwei Tagen und einer Nacht unversehrt wieder ausgegraben hatten.

»Echt unglaublich!«, erwiderte ich pflichtschuldigst zum

zehnten Mal und versuchte zur Haustür zu gelangen, aber sie schnitt mir den Weg ab, hielt mich am Ärmel meines Anoraks fest und erzählte, welche Gefühle ihren Großneffen George in jenen Stunden und Minuten zwischen Leben und Tod bewegt hatten, und dass er geschworen hatte, nach Lourdes zu pilgern und dort hundert Kerzen anzuzünden, falls er je wieder das Licht des Tages sehen und heil und gesund auf seinen zwei Beinen herumlaufen konnte.

»Mrs. Kirkish«, warf ich schüchtern ein, als sie eine kurze Pause machte, um Atem zu holen, »ich muss jetzt gehen ...«

Doch sie war so voller Mitteilungsdrang, dass sie meinen Einwand total überhörte, denn jetzt musste ich auch noch erfahren, was Großneffe George zu den Reportern gesagt hatte, die eigens aus Edinburgh gekommen waren, um ihn zu interviewen, und dass die Geschichte unter der Schlagzeile *Wunderbare Rettung eines Mannes aus Inverness – »Ich war sechsunddreißig Stunden lebendig begraben«* auf der zweiten Seite des *Scotsman* erschienen war.

»Phantastisch«, sagte ich verzweifelt.

In diesem Augenblick klingelte durchdringend das Telefon und rettete mich aus Mrs. Kirkishs Klauen. Es war Danny.

»Danny!«, rief ich. »Du, ich wollte gerade zu dir rüberreiten. Sind Onkel Scott und Allan schon zurück? Haben sie eure Schafe gefunden?«

»Nur drei«, Dannys Stimme klang trübselig. »Und die sind tot.«

Ich wusste nicht, was ich darauf erwidern sollte. Im Hintergrund schaltete Mrs. Kirkish den Staubsauger ein. Es klang wie ein mittlerer Düsenjäger. MacDuff flüchtete aus dem Wohnzimmer und strich mir um die Beine.

»Soll ich kommen?«, schrie ich.

»Warum schreist du so?«, fragte Danny. »Und was ist das für ein Lärm bei euch? Ist ein Hubschrauber auf eurem Dach gelandet?«

»Nein«, sagte ich. »Es ist bloß Mrs. Kirkish mit dem Staubsauger. Sie ...«

Der Türklopfer knallte. Ich rief: »Hilfe! Jetzt kommt auch noch jemand. Hoffentlich ist es nichts Unangenehmes, Mrs. Tweedie oder so. Die halte ich heute nicht aus. Also, pass auf, ich komme, sobald ...«

Wieder mischte sich das Poltern des Türklopfers in das Staubsaugergeheul. Ich musste meine Ohren anstrengen, um Danny zu verstehen, der sagte: »Nein, jetzt nicht, Laurie; ich muss die toten Schafe wegbringen. Es ist scheußlich, aber einer muss es ja tun. Hast du abends Zeit?«

»Ja«, sagte ich hastig. »Aber ich ruf dich vorher noch mal an, so gegen sechs.«

Ich legte den Hörer auf und wollte zur Tür rennen, stolperte über den Kater und klammerte mich in letzter Minute an einem Mantel fest, der an der Garderobe hing, worauf der Garderobenständer zu wanken begann.

Mrs. Kirkish hatte den Staubsauger ausgeschaltet und streckte ihren wuschligen grauen Terrierkopf durch die Wohnzimmertür. »Es ist Besuch gekommen!«, verkündete sie. »Drrrraußen steht ein Wagen. Und was fürrr einerrr!«

Ich öffnete die Haustür. Auf der Schwelle standen eine Frau und ein Mann in langen Pelzmänteln und mit einem Windhund an der Leine. Mein Bruder hätte wahrscheinlich gesagt, dass sie wie Geldsäcke aussahen, aber ich fand, dass der Mann ein gutmütiges Gesicht hatte. Die Frau war so stark geschminkt, dass ich mir nur schwer vorstellen konnte, wie ihr wirkliches Gesicht unter all der Farbe aussehen mochte.

Sie fragten nach Mr. Montrose und ich sagte, mein Onkel wäre gerade unterwegs.

»Wir sind Freunde von Mrs. Browning«, erklärte der Mann. »Unser Name ist Mulford.«

Blitzartig kam mir die Erinnerung, dass Mrs. Browning bei Dannys und meinem Besuch in Edinburgh angekündigt hatte, sie wollte uns ein befreundetes Ehepaar vorbeischicken, das sich ein Pferd aussuchen und vielleicht auch einen größeren Betrag für unseren Gnadenhof spenden würde.

Ich unterdrückte einen Seufzer, obwohl ich wusste, dass wir für jede Spende dankbar sein mussten – falls die beiden wirklich so großzügig waren, wie Mrs. Browning glaubte.

Die Dame sagte: »Wir kommen aus der Nähe von Carlisle, dicht an der englisch-schottischen Grenze. Es ist schrecklich hier mit dem Schnee; ganze Dörfer waren ja von der Außenwelt abgeschnitten, nicht wahr?«

Höflich bat ich die beiden hereinzukommen.

Mrs. Kirkish machte sich im Flur zu schaffen; sie tat, als müsse sie dringend auf einer Kommode Staub wischen, und beobachtete neugierig aus den Augenwinkeln, wie ich Mr. und Mrs. Mulford die Mäntel abnahm und einen freien Haken an unserer überfüllten Garderobe suchte.

Sie folgten mir ins Wohnzimmer, wo es schrecklich aussah. Teppiche waren zusammengerollt, die Stühle umgekehrt auf den Esstisch gestellt; Onkel Scotts zerfledderte Zeitungen und Zeitschriften lagen in einem unordentlichen Haufen vor dem Kamin, gekrönt von ein paar abgenagten Knochen, und mitten in all dem Durcheinander thronte der vorsintflutliche Staubsauger.

Ich entschuldigte mich, aber Mr. und Mrs. Mulford sagten, das sei nicht weiter schlimm, sauber gemacht müsse nun einmal werden und sie wären ja auch so unangemeldet hereingeplatzt.

Der Windhund zerrte an der Leine und versuchte zu den abgenagten Knochen zu gelangen, und Mrs. Kirkish kam wie eine Fee auf Zehenspitzen ins Wohnzimmer geschwebt und entfernte diskret den Staubsauger, während ich die Esstischstühle auf den Boden stellte und die Fenster schloss.

Endlich konnten wir uns setzen. Die Dame duftete wie ein Rosengarten. Sie trug einen apricotfarbenen Overall und ich kam mir mit meinen schmutzigen Jeans, dem Schlotterpulli und der Aura von Pferdemist und Hundegeruch wie Kohlhiesels Tochter vor.

»Wir wollten uns hier ein Pferd aussuchen«, erklärte Mr. Mulford, während sein Hund sich seufzend unter dem Tisch niederließ. »In unserem Stall ist noch ein Platz frei. Es darf ruhig ein älteres, angeschlagenes Pferd sein. Mrs. Browning hat uns so begeistert erzählt, welch großartige Arbeit Ihr Onkel hier leistet ...«

»Mrs. Browning hat ja solches Glück mit Myrddin gehabt!«, fiel Mrs. Mulford ein. »Sie liebt das Pferd über alles und es ist ein so wunderschönes, edles Tier, wirklich!«

Mrs. Kirkishs Kopf erschien wieder im Türrahmen. »Ich koche Tee!«, verkündete sie. »Oder wollen die Herrrschaften lieberrr Kaffee?«

Das Ehepaar Mulford sagte, sie wollten uns keine Umstände machen, aber Tee wäre sehr angenehm, und ich merkte, dass Mrs. Mulford in ihrem modischen Overall fror, denn es war kalt im Wohnzimmer. Ich entschuldigte mich für einen Augenblick, ging hinaus und bat Mrs. Kirkish im Flüsterton, Feuer im Kamin anzumachen, und sie rollte mit den Augen und fragte mich, ob ich gesehen hätte, dass die beiden mit einem echten Rrrrolls-Rrrroyce hier vorgefahren wären, und was sie denn wollten?

»Eins von unseren Pferden«, sagte ich düster und trug den Sherry ins Wohnzimmer, der für Gäste reserviert war; den setzte ich Mr. und Mrs. Mulford vor und rief dann in *Braeside* an, um Onkel Scott aufzutreiben.

»Er und Allan sind vor etwa fünf Minuten losgefahren«, sagte Dannys Mutter. »Sie müssten gleich zu Hause sein, Laurie. Wann besuchst du uns denn mal wieder?«

»Vielleicht heute Abend«, erwiderte ich hastig. »Wenn nichts dazwischenkommt!«

Als ich ins Wohnzimmer zurückkam, kniete Mrs. Kirkish vor dem Kamin und zündete trockenes Reisig an, wobei sie den Mulfords von ihrem Großneffen George erzählte, der um ein Haar in einer Schneewehe erstickt war.

Die Mulfords lauschten ihrem bodenständigen Dialekt und dem rollenden »r«, sichtbar entzückt, auf eine waschechte Schottin gestoßen zu sein. Mrs. Mulford wärmte ihre Hände an der Teetasse und MacDuff kam hereinstolziert, warf dem Windhund unter dem Tisch einen verächtlichen Blick zu und ließ sich zwischen Staubtüchern, Möbelpolitur und einer Schublade voll unerledigtem Schriftwechsel, von Onkel Scott unter ein Kissen verbannt, auf dem Sofa nieder.

Endlich brannte das Feuer im offenen Kamin und Mrs. Kirkish verschwand, selig, ihre Sensationsstory vor einem so erlauchten Publikum losgeworden zu sein. Die Mulfords wollten etwas über meine Arbeit auf dem Pferdehof hören und ich erzählte ihnen, wie ich hierher gekommen war und *The Laurels* mit all seinen Tieren lieben gelernt hatte. Da wurde auch Mrs. Mulfords maskenhaftes Gesicht lebendiger und ihr Mann sagte, es sei ein Glück, dass es noch junge Leute gäbe, die sich für etwas engagierten und einen Sinn in ihrem Leben fanden, gerade bei dieser »Null-Bock-Generation«, für die Drogen so oft der Ersatz für ein sinnvolles Dasein wären.

Er hatte all die üblichen Vorurteile von Menschen, die keinen persönlichen Kontakt mit meiner Generation haben und ihre Informationen über die »Jugend von heute« aus den Medien beziehen. Trotzdem mochte ich ihn und fand es schade, dass er kinderlos war. Er gehörte wohl zu den Leuten, die nur für ihre Arbeit lebten; und auch Arbeit kann in meinen Augen zu einer Art Droge werden, die am Sinn des Lebens vorbeiführt und schließlich mit Krankheit und frühem Tod endet.

Dann kam Onkel Scott, nass bis zu den Oberschenkeln und mit rot gefrorenem Gesicht. Ich merkte ihm an, dass er eigentlich gern seine Ruhe gehabt hätte und wenig erbaut von dem überfallartigen Besuch war. Doch nachdem sich die Mulfords mehrfach entschuldigt hatten, wurde er etwas gnädiger und ging nach oben, um sich umzuziehen, während Dart und Rascal den Windhund umkreisten, der mit eingeklemmtem Schwanz und jämmerlich rundem Rücken zitternd dastand.

»Lasst ihn in Ruhe!«, sagte ich. »Er fürchtet sich vor euch, der arme Kerl. Seid lieb zu ihm!« Und als Dart zu knurren begann, brachte ich die beiden in die Küche und schloss sie dort ein. Dann kam Onkel Scott die Treppe herunter. Er trug sein bestes Tweedjackett und ich war froh, dass ich alles ihm überlassen konnte und nicht mitgehen musste, wenn die Mulfords sich eines unserer Pferde aussuchten.

»Aber gib ihnen nicht Dandy!«, sagte ich beschwörend. »Und auch Ginger nicht. Und Nutmeg! Und Fiona muss wenigstens noch bleiben, solange Bairnie so jung ist, und …«

Da lächelte er und sagte, ich könnte unbesorgt sein, er würde keine Entscheidung fällen, ohne mich vorher zu fragen.

Mehr konnte ich nicht erwarten. Einigermaßen beruhigt ging ich in die Küche und drängte die Hunde zurück, die schon hinter der Tür warteten, bereit, ihr Herrschaftsgebiet gegen den mageren Eindringling zu verteidigen, der das Wohnzimmer mit Beschlag belegt hatte. Der geputzte Boden war voll mit schmelzenden Schneeklumpen, die Dart und Rascal an Bauch und Pfoten hereingetragen hatten. Rasch fegte ich sie zusammen und wischte nach, um Mrs. Kirkishs Tierliebe nicht auf eine zu harte Probe zu stellen und mir die Predigt zu ersparen, dass die »beasties« bei diesem Wetter nichts in der Küche zu suchen hätten.

Eine Viertelstunde später hörte ich, wie mein Onkel mit den Mulfords das Haus verließ. Die Hunde knurrten und mein Herz sank. Ich wandte mich vom Fenster ab, während die Haustür ins Schloss fiel, und dachte: Wen werden sie aussuchen? Doch nicht Bairnie? Nein, er war noch zu klein und Onkel Scott hatte ihn ja schon einem Freund versprochen. Oder Brownie? Ach, nur nicht eins von den Ponys …

Und mir wurde klar, dass ich kein einziges unserer Pferde hergeben wollte, nicht einmal Rae oder Owlie, so schwierig und aggressiv sie auch manchmal sein mochten. Und doch bedeutete es Platz für ein neues Pferd, wenn sich für eines unserer Tiere ein liebevolles neues Zuhause fand, ein Pferd, dem ohne unsere Hilfe Leiden und Tod drohten.

Abschiednehmen und Neubeginn, das war ja die stets wiederkehrende Melodie des Lebens, gerade auch hier in *The Laurels*. Mit dem Verstand hatte ich es längst begriffen, doch mein Herz wehrte sich noch immer dagegen. Und mir fiel eine Zeile von Hermann Hesse ein, die ich einmal gelesen und nicht vergessen hatte: *Es muss das Herz bei jedem Lebensrufe bereit zum Abschied sein und Neubeginn …*

Ich blieb in der Küche, als sie ins Haus zurückkehrten, und wartete, bis Onkel Scott die Tür öffnete, die Hunde zur Seite schob und sagte: »Sie haben sich für Primrose entschieden und ich wäre damit einverstanden, sie ihnen zu geben. Was meinst du dazu, Lass?«

Primrose, die sanfte, ängstliche Schimmelstute, die es so liebte, einsame Streifzüge am Südhang des *Heathery Hill* zu unternehmen! Von der Freiheit des Hochlands sollte sie nun wieder zurück in die Enge eines Stalls, in ein weniger ungebundenes Leben auf einer kleineren Weide, zu fremden Pferden und Menschen!

Ich brachte kein Wort heraus. Es wäre mir wie Verrat vorgekommen, wenn ich Ja gesagt hätte. Doch ich nickte, wandte mich ab, damit Onkel Scott mein Gesicht nicht sah, und fuhr mir heimlich mit dem Handrücken über die Augen.

Sekundenlang stand er noch auf der Schwelle; dann schloss er sacht die Tür und ging zu den Mulfords ins Wohnzimmer, um die näheren Einzelheiten mit ihnen zu besprechen. Ich aber blieb zurück und wünschte, er hätte mich nicht gefragt.

5

An dem Tag, an dem sie Primrose abholten, fuhr ich nach Inverness. Ich wusste, es war feige, aber ich wollte einfach nicht mit ansehen müssen, wie die alte Stute in den Wagen geladen und weggebracht wurde.

Onkel Scott versicherte mir, dass sie es bei den Mulfords gut haben würde, und ich hoffte, dass es stimmte. Wenn die erste harte Zeit der Umstellung vorbei war, die Angst vor dem Neuen, Unvertrauten, das Heimweh überwunden – denn ich bin sicher, dass auch Pferde Heimweh haben können, so wie jedes Lebewesen, das sich an einen Ort gebunden fühlt –, dann würde der Besitz der Mulfords hoffentlich ein gutes neues Heim für Primrose sein, in dem man sie liebte; ihr letztes Zuhause, das auch sie noch lieb gewinnen konnte.

Ich träumte mehrere Nächte von ihr und es waren keine angenehmen Träume; einmal stand sie am nördlichen Gatter, mit blutigen Fesseln und Schaum vor dem Maul, weil sie den langen Weg von der Grenze nach *The Laurels* zurückgelaufen war; ein andermal machte ich mich selbst auf, sie zu holen, und musste dabei wie der Held im Märchen über Berge gehen, Seen durchschwimmen und die mühsamsten Hindernisse überwinden, bis ich schließlich schweißgebadet aufwachte und mich so zerschlagen fühlte, als hätte ich eine zehnstündige Bergtour hinter mir.

Jessie machte die Sache nicht besser. Sie brach in Tränen aus, als sie nach der Schneeschmelze wieder zu uns kam und erfuhr, dass Primrose nicht mehr bei uns war. Ich hatte nie geahnt, dass sie gerade an Primrose besonders hing und den heimlichen Traum hegte, sie eines Tages zu kaufen, wenn sie arbeitete und eigenes Geld verdiente.

»Warum hast du mir das nie gesagt?«, fragte ich unglücklich, doch sie weinte nur noch mehr und schüttelte den Kopf. Da nahm ich sie in die Arme und wir weinten gemeinsam, weil wir nichts mehr ändern konnten.

Eine gute Seite schien die Sache jedoch zu haben, wie ja alles im Leben seine zwei Seiten hat: Die Mulfords spendeten eine größere Summe für unseren Pferdehof. Von diesem Geld wollte Onkel Scott den MacClintocks das Stück Moorland abkaufen, das an *Laurels Pasture* grenzte.

Der Haken an der Sache war nur, dass Danny sich wütend gegen dieses Geschäft wehrte; nicht, weil das Stück Land ihm viel bedeutet hätte – für die Schafzucht konnte es ja nicht genutzt werden –, sondern weil er sich an dem Verdacht festbiss, der Handel hätte nur etwas mit »Mildtätigkeit« zu tun, wie er es nannte.

»Was wollt ihr bloß mit diesem sauren Boden?«, fragte er mich. »Damit kann keiner etwas anfangen, es sei denn, man legt die ganze Moorwiese trocken. Und das ist viel zu aufwendig für den Preis, den MacMonster uns geboten hat.«

Der abfällige Name war wie ein Symbol für all die alten Vorurteile, die ich für überwunden gehalten hatte. Zum ersten Mal war ich richtig wütend auf Danny. »Sei doch nicht so verdammt stur!«, sagte ich heftig. »Ich begreif deinen falschen Stolz nicht, echt, Danny. Übrigens – wenn du etwas von Pferden verstehen würdest, wüsstest du, dass gerade die Ponys auch sehr gern mageres Futter von sauren Moorweiden fressen, sie brauchen es sogar, sagt Onkel Scott. Ich hab die Ponys im Sommer oft beobachtet, wie sie am Bach standen, wo euer Moorland anfängt, um zu grasen.«

Danny erwiderte nichts. Er sah mich nur mit finsterem, verstocktem Blick an und ich merkte, wie es hinter seiner Stirn arbeitete. »Du hast deinen Onkel überredet, uns das Land abzukaufen, weil du weißt, dass wir die Schafe verloren haben«, warf er mir vor. »Gib doch zu, dass es so abgelaufen ist!«

»Ist es nicht«, sagte ich wahrheitsgemäß. »Die Idee kam von ihm selbst. Und das Geld haben wir von den Leuten, die Primrose gekauft haben. Sie haben Geld für unseren Pferdehof gestiftet und ich finde wirklich nichts dabei, wenn es Onkel Scott jetzt dazu verwendet, neues Weideland für die Pferde zu kaufen. Land ist heutzutage sehr kostbar, das weißt du genau, ganz gleich, ob es sauer ist oder nicht. Er muss schließlich dafür gradestehen, dass wir etwas Sinnvolles mit den Spenden anfangen, die wir bekommen. Also hör endlich auf, dich anzustellen, als müsstest du Almosen von ihm annehmen!«

»Du verstehst mich nicht!«, warf Danny mir vor.

Und ich sagte: »Ja, weil's da nichts zu verstehen gibt. Und wenn du deine Mutter davon abhältst, Onkel Scott das Land zu verkaufen, dann … dann rede ich nie mehr ein Wort mit dir!« Mein Herz begann bei dieser ungeheuerlichen Drohung heftig zu klopfen. Ich wusste, dass es für mich selbst mindestens genauso schlimm sein würde wie für Danny, wenn wir wegen dieser Sache ernsthaften Streit bekamen.

»Das würdest du wirklich?«, fragte Danny nach einer unheilvollen Pause.

Ich sah an ihm vorbei, nickte aber.

»Aha«, sagte er mit gepresster Stimme. »Da sieht man's mal. Sehr interessant. Ich hab gedacht, ich bin dir wichtig.

Aber wenn du wegen jeder Kleinigkeit … wenn ich dir nicht mal so viel wert bin, dass du zu mir hältst und versuchst mich zu verstehen …«

Wir starrten uns an wie zwei Todfeinde. »Echt, jetzt reicht's mir aber!«, sagte ich. »Das hat doch alles nichts mit meinen Gefühlen für dich zu tun! Ich würde immer zu dir halten, das weißt du genau, aber wenn du dir vor lauter Starrsinn und Dickschädeligkeit selber schadest und in deinem verdammten Stolz nicht mehr siehst, was gut für dich und deine Mutter und Shee ist, wenn du lieber alles aufgibst, nur weil du nicht mal was annehmen kannst, dann …«

»Aha!«, schrie er und funkelte mich an. »Da haben wir's ja endlich! Annehmen! Dein Onkel will unser Land nur kaufen, um uns zu helfen, und ich soll seine Hilfe annehmen. Das ist ja so verdammt gütig von ihm, ich soll wohl noch vor ihm auf die Knie fallen und seine Füße küssen, wie? Aber da habt ihr euch getäuscht. Ehe ich so was mache, verkaufe ich lieber ganz *Braeside*! Mein Vater würde sich im Grab umdrehen, wenn er wüsste, dass ich mich auf so einen windigen Handel einlasse! Willst du, dass ich alle Selbstachtung verliere? Willst du das?«

Jetzt wurde es mir wirklich zu viel. Ich hatte nie gedacht, dass der sanfte Danny so stur und borniert sein konnte. »Hör auf mit dem Schwachsinn!«, schrie ich. »Hör sofort auf damit! Ich kann's nicht mehr hören, es nervt mich unheimlich! Du bist so verbohrt, dass es dir total die Optik verzogen hat! Mein Onkel will euch ein Stück Land abkaufen, weil er es für die Pferde brauchen kann, das ist alles, und du machst ein Operndrama draus! Natürlich will er euch auch damit helfen; gut, ich geb's ja zu, aber was ist daran so schlecht? Der Handel ist für beide Seiten vorteilhaft, für euch und für ihn; geht das nicht in deinen schottischen Dickschädel hinein? Und du stehst da und tust, als hätte er dich zutiefst in deiner Ehre gekränkt! Ja, in welcher Zeit leben wir denn, allmächtige Tante? Im Mittelalter?«

Danny gab keine Antwort. Er warf mir nur einen mörderischen Blick zu, drehte sich um und stampfte davon wie ein wild gewordener Büffel, der die Prärie mit seinen Hufen pflügt.

Ich wollte ihm nachrufen, er solle umkehren, damit wir in Ruhe über alles reden konnten, und dass wir nicht zulassen durften, dass wir wegen einer so lächerlichen Meinungsverschiedenheit im Streit auseinander gingen. Doch ich brachte kein Wort heraus, stand nur mit hängenden Armen da und ließ ihn gehen und dachte trotzig: Er muss einsehen, dass er im Unrecht ist; er muss wenigstens den ersten Schritt tun. Hol's der Teufel, ich laufe ihm nicht nach!

Er wird kommen, dachte ich. Er wird kommen und sagen, dass es ihm Leid tut, und wir werden uns wieder versöhnen.

Doch eine Ahnung sagte mir, dass es lange dauern würde.

6

Dann begann »die dannylose, die schreckliche Zeit«. Meine Tage waren bestimmt vom Warten auf ein Zeichen von ihm. Wenn das Telefon klingelte, stürzte ich in die Halle und nahm zitternd den Hörer ab in der Erwartung, seine Stimme zu hören, doch er war es nie; und jedes Mal durchfuhr mich die Enttäuschung wie ein Stich und ließ mich schlaff und hoffnungslos zurück. Wenn ich draußen auf den Koppeln arbeitete, hielt ich vergeblich Ausschau nach ihm. Nachts lag ich stundenlang wach, lauschte dem Märzwind, der über die Bergketten brauste, und dem heimlichen Ruf der Nachtvögel, und die Sehnsucht nach Danny ließ mich nicht zur Ruhe kommen.

Morgen, dachte ich stets, morgen wird er anrufen oder vor der Tür stehen! Doch er rief nicht an und er kam nicht.

Ich begriff nicht, dass der sanfte Danny so stur und hart sein konnte. Was mir jedoch am meisten zu schaffen machte, waren die Zweifel an seinen Gefühlen für mich. Wenn er mich wirklich liebte, wie konnte er es dann so lange ohne mich aushalten? Dass ich es selbst ohne ihn aushielt, wenn auch nur schwer, dass ich ebenso wenig bereit war, zu ihm zu gehen, daran dachte ich damals nicht. Ich wartete nur darauf, dass er den ersten Schritt tat. In gewisser Weise war ich wohl ebenso starrköpfig wie er.

Ich verfasste einen langen Brief an Annika und schrieb mir meinen Kummer und meine Enttäuschung von der Seele. Onkel Scott gegenüber erwähnte ich nichts von dem Streit. Noch immer wusste ich nicht recht, wie er zu Danny stand, und wollte deshalb nichts tun oder sagen, was ihn gegen Danny einnehmen konnte.

Vermutlich sprach mein trauriges Gesicht Bände und mein verändertes Verhalten musste jedem auffallen, der nicht blind und taub war.

»Du bist so blass und schweigsam«, sagte Onkel Scott eines Morgens beim Frühstück, drei Tage nach dem Streit. »Du wirst doch nicht krank sein? Oder vielleicht brauchst du einfach mal ein paar Tage Abwechslung. Wie wär's mit einer Fahrt nach Edinburgh? Mrs. Browning würde sich bestimmt freuen, wenn du sie mal wieder besuchen würdest!«

Ich ahnte, welche Überwindung ihn dieser Vorschlag kostete, denn er mochte Mrs. Browning nach wie vor nicht besonders und hasste es, ihr verpflichtet zu sein.

Für mich war der Gedanke scheußlich, allein nach *Arundel Lodge* zu fahren, wo ich mit Danny zusammen glücklich gewesen war. Edinburgh würde mir ohne ihn wie feindliches Land vorkommen, das wusste ich genau. Ich wäre um keinen Preis der Welt hingefahren.

»Mir fehlt nichts!«, beteuerte ich. »Und ich mag nicht wegfahren. Wenn hier einer ein paar Tage Ferien braucht, dann bist du es. Willst du nicht mal deinen Freund in Aberdeen besuchen? Allan und ich halten hier schon die Stellung, wenn Jessie uns hilft.«

Doch er wollte nichts davon hören. Schließlich stellte er mir keine Fragen mehr; er ahnte wohl den Grund für meine gedrückte Stimmung. Vielleicht erzählte ihm auch Dannys Mutter von dem Streit, als er eines Abends mit ihr zum Essen nach Ullapool fuhr.

In dieser Nacht schlief ich noch weniger als sonst. Als ich meinen Onkel kurz nach Mitternacht nach Hause kommen hörte, wäre ich am liebsten aus dem Bett gesprungen, um ihn zu fragen, ob Mrs. MacClintock etwas über Danny gesagt hatte, über Danny und mich. Doch ich zwang mich, liegen zu bleiben, und bekam am folgenden Morgen beim Frühstück vor Spannung keinen Bissen hinunter, bis Onkel Scott sagte: »Ich soll dir von Mrs. MacClintock Grüße ausrichten; du möchtest doch mal wieder bei ihnen vorbeischauen.«

Mein Herz klopfte wie verrückt. Er warf mir über seine

Zeitung hinweg einen flüchtigen Blick zu und ich gab einen erstickten Laut von mir, tauchte eilig mit dem Kopf unter den Tisch und fütterte Dart und Rascal mit meinem Marmeladenbrot.

Als ich wieder hochkam, kratzte Onkel Scott den Rest Orangenmarmelade aus dem Glas. »Ich habe auch über das Stück Land mit ihr gesprochen, das an unser Grundstück grenzt«, fuhr er beiläufig fort. »Das Moorland, das ich kaufen wollte; du erinnerst dich doch?«

Und ob ich mich erinnerte! Stumm nickte ich und er sagte: »Offenbar ist in *Braeside* deswegen eine Familienfehde ausgebrochen. Der Junge will nicht, dass das Land verkauft wird, während seine Mutter und seine Schwester wohl nicht abgeneigt wären. Sie brauchen das Geld ja wahrhaftig dringend und mit der Moorwiese können sie nichts anfangen.« Er nahm einen Schluck Kaffee und sagte noch beiläufiger: »Dieser Danny scheint ein ordentlicher Dickschädel zu sein.« Und es klang seltsamerweise durchaus nicht kritisch, eher anerkennend.

Alles, was ich herausbrachte, war ein Krächzen.

Onkel Scott war freundlich genug, so zu tun, als wüsste er nicht, dass ich abwechselnd rot und blass wurde und dass meine Hände zitterten, bis ich sie in die Hosentaschen steckte.

Dann kam zum Glück Mrs. Tweedie und beklagte sich wortreich über die Wetterlage im Allgemeinen und das raue schottische Klima im Besonderen. Ich nutzte die günstige Gelegenheit und versuchte mich zu verdrücken, doch mein Onkel hielt mich an der Tür zurück und sagte, er hätte vor, am folgenden Tag auf die Shetlandinseln zu fahren.

»Da soll eine Ladung Ponys verschifft werden, die offenbar in üblem Zustand sind, und wir haben ja jetzt wieder einen Platz frei, seit Primrose fort ist.«

»Was, noch ein Pony?«, mischte sich Mrs. Tweedie ein. »Du solltest lieber langsam etwas reduzieren, Junge, statt dauernd neue Pferde dazuzukaufen. Du wirst schließlich nicht jünger!«

»Danke«, sagte Onkel Scott trocken. »Du baust mich unheimlich auf, Tweedie.«

Ich verließ die Küche und schlüpfte in meinen Regenumhang und die Gummistiefel. Die Hunde folgten mir hinaus in den Stall, wo ich den Allzwecksattel aus der Sattelkammer holte. Allan bastelte an einer Boxwand herum und ich wunderte mich, dass er gekommen war, denn heute war sein freier Tag; doch vielleicht hielt er es ja zu Hause nicht aus.

Dandy kam mir entgegen und zupfte an meinen nassen Haaren, während ich ihn aufzäumte und sattelte. Er liebte es, wenn die Hunde bei einem Ausritt mitkamen; dann musste ich immer aufpassen, dass er nicht zu übermütig wurde und versuchte, mit ihnen um die Wette zu laufen. Nutmeg, der trotz seiner Blindheit stets merkte, wenn ich in der Nähe war, kam und bettelte um einen Leckerbissen, und dann trabte auch Bairnie daher, schmutzig bis über die Ohren, und wollte spielen.

Wir müssen den Mist wegbringen, dachte ich, als mein Blick auf den Berg von Pferdeäpfeln in der Nähe der Schutzhütte fiel. Es war schon wieder mindestens eine Wagenladung. Onkel Scott hatte vorgehabt, zum Frühling eine kleine Anzeige in das Lokalblatt zu setzen, dass sich jeder Gartenliebhaber bei uns Pferdemist als Dünger holen konnte. Doch bis jetzt war nichts daraus geworden und der Misthaufen hinter dem Nebengebäude wurde immer höher. Außerdem hatten die Schneemassen einen Teil der Sträucher, die die Hecken bildeten, umgeknickt. Überall wo man hinsah, wartete Arbeit. Mir fehlte nur der richtige Schwung, etwas anzupacken; so ritt ich mit schlechtem Gewissen los und verschob alles auf morgen.

»Wir reiten zum alten Friedhof«, sagte ich zu Dandy und den Hunden. Dabei wusste ich genau, dass ich diesen Weg nur wählte, weil er an *Braeside* vorbeiführte.

Wir kamen zum Efeubaum, der wie ein verwunschener Riese in den Regenschleiern stand. Die Berge waren so vollkommen vom Dunst verhüllt, als wären sie nie da gewesen und als sollten sie auch nie wieder auftauchen.

Obwohl ich wusste, dass es sinnlos war, schwang ich mich von Dandys Rücken und steckte die Hand in den Hohlraum im Baumstamm, der früher einmal, in der ersten Zeit unseres Kennenlernens, Dannys und mein heimlicher Briefkasten gewesen war. Doch kein Brief war darin, keine Nachricht von ihm; nur eine Ansammlung von Zweigen und Federchen, die mir verrieten, dass ein Tier hier begonnen hatte, ein Nest für seine Jungen zu bauen.

Ich wandte mich ab. Mein Herz klopfte schwer und schmerzhaft vor Trauer und Enttäuschung und zum ersten Mal kam die Furcht in mir auf, es könne für immer aus sein zwischen Danny und mir, er könnte mich nicht mehr lieben.

Der Gedanke, nie wieder seine Hand zu halten und seine Lippen zu spüren, ihn nicht mehr umarmen zu können und von ihm umarmt zu werden, tat fast körperlich weh. Er war so schlimm, dass ich davor zurückzuckte wie vor einem

Schlag, und die Angst fuhr mir in die Beine und machte mir weiche Knie, sodass ich Schwierigkeiten hatte, mich wieder in den Sattel zu schwingen.

Das Ende unserer Liebe war so unvorstellbar wie der Tod oder das Ende dieser Welt, und doch ließ mich die Angst, die wie eine Vorahnung war, nicht los. Ich betete darum, Danny zu begegnen, wenn ich an *Braeside* vorüberritt. Doch als wir das Wäldchen verließen und das Haus in der Mulde in Sicht kam, waren weder Danny noch seine Mutter noch Shee im Garten oder auf den Schafweiden, und *Braeside* lag verlassen im Nieselregen.

Nicht einmal Nessie war da, um sich mit wütendem Gebell gegen den Zaun zu werfen, als Rascal und Dart den Weg entlangliefen; und ich dachte, dass sich alles gegen mich verschworen hatte.

Die dunklen Gedanken verfolgten mich hartnäckig, während ich weiterritt, Dandys nickenden Kopf vor mir. Vielleicht, so dachte ich, hat Danny ja hinter einem der Fenster gestanden und mich vorüberreiten sehen, vielleicht ist er absichtlich nicht herausgekommen. Und dann: Wenn alles aus ist zwischen uns, mag ich nicht länger in den Highlands bleiben, dann muss ich fort von hier, zurück nach München.

Ich ließ meinen Tränen freien Lauf, denn keiner konnte mich sehen. Selbst wenn mir jemand begegnet wäre, hätte er wohl gedacht, dass mein Gesicht nur vom Regen nass war.

Schon sangen die Drosseln in den Bäumen; die Meisen verständigten sich mit hellen Rufen über die Wiesen hinweg, die noch braun vom Schnee und Frost waren. Die Stare waren zurückgekehrt und staksten wie aufgezogenes

Blechspielzeug auf den Schafweiden herum. Es roch nach aufgebrochener Erde und Vorfrühling. Wie sehr hatte ich mich nach diesem Frühling gesehnt! Jetzt, wo seine ersten Vorboten auch in die Highlands kamen, konnte ich mich nicht daran freuen.

Ich ritt einen anderen Weg nach *The Laurels* zurück, an der Landstraße entlang, um nicht noch einmal an *Braeside* vorüberzumüssen. Er soll nicht glauben, dass ich ihm nachlaufe, dachte ich trotzig, so, als hätte Danny wirklich hinter einem Fenster gestanden und mich vorüberreiten lassen, als wäre die dunkle und schmerzhafte Vermutung inzwischen zur Tatsache geworden.

Nachts träumte ich, dass sich auf dem Stück Moorland zwischen *The Laurels* und *Braeside* eine Erdspalte aufgetan hatte, so tief, dass man den Grund nicht mehr sah, und zu breit, um die Kluft mit einem Pferd zu überspringen. Da wusste ich, dass ich nicht mehr zu Danny hinüberkonnte und er nicht mehr zu mir herüber, genau wie im Lied von den zwei Königskindern, in dem es heißt: *Sie konnten zusammen nicht kommen, das Wasser war viel zu tief.*

7

Am nächsten Morgen erwachte ich mit schmerzendem Kopf und total verspannten Muskeln, so, als hätte ich am Abend zuvor zu viel getrunken und die Nacht unter einer Brücke verbracht. Onkel Scott hatte schon gefrühstückt und war bereit zum Aufbruch, als ich nach unten kam. Er bat mich ihm zu helfen, den Anhänger am Rover festzumachen, und während wir vor dem Haus herumwerkelten, kam der Briefträger, der Postie, und brachte mir einen Brief.

Einen Augenblick lang hoffte ich, er wäre von Danny; doch dann sah ich die deutschen Briefmarken und Annikas Schrift auf dem Umschlag und steckte ihn hastig in die Gesäßtasche meiner Jeans.

Nachdem Onkel Scott losgefahren war, fütterte ich die Hunde und braute mir eine Tasse starken Kaffee in der unbestimmten Hoffnung, dass er mir helfen könnte, diesen Tag zu überstehen.

Annikas Antwort auf meinen Klagebrief war vier Seiten lang. »Ihr seid«, so schrieb sie gnadenlos in ihrer unverblümten Art, »zwei bomfortionöse Idioten, euch wegen einem derartigen Scheißkram so in die Wolle zu kriegen!«

Nach dieser freundlichen Einführung ließ ich den Brief sinken und starrte düster in meine Kaffeetasse. Sie hatte Recht, das wusste ich, aber manchmal verträgt man gerade die Wahrheit am schlechtesten.

»Ich hoffe«, schrieb sie weiter, »dass ihr euch inzwischen wieder zusammengerauft habt. Wenn nicht, reitest du gefälligst sofort (dreifach rot unterstrichen) zu Danny hinüber und redest mit ihm. Sag, dass es dir Leid tut und dass er dir wichtiger ist als dieser Schwachsinn mit dem komischen Sumpfloch ...«

Niemals!, dachte ich. Kommt nicht in Frage! Das mach ich nie im Leben! Und ich steckte Annikas Brief in die Sofaecke unter einen Berg schmutziger Socken, die Onkel Scott gehörten, ohne ihn zu Ende zu lesen. Dann stürmte ich aus dem Haus und zog draußen auf der Treppe im Laufen meine Gummistiefel an, was bewirkte, dass ich den Halt verlor und mir das Steißbein auf der mittleren Stufe prellte.

Ich schimpfte, bis ich außer Atem war, und benutzte sämtliche unfeinen und verbotenen Ausdrücke, die mir einfielen. Das erleichterte mich und es ging mir etwas besser, als ich schließlich mit schmerzendem Hinterteil ums Haus herum zum Futterschuppen hinkte. Dort hatte ein Spatzenpaar angefangen sein Nest unter dem Dachvorsprung zu bauen.

Ich war schon mitten in der Fütterung, als Allan kam. Wir arbeiteten schweigend, während hinter dem *Heathery Hill* die Sonne aufging und höher stieg und der Wind die nächtlichen Dunstwolken vertrieb. Mrs. Kirkish winkte uns vom Flurfenster aus zu; ich hatte völlig vergessen, dass heute ihr Putztag war.

Ein zweites Frühstück mit selbst gebackenen Haferplätzchen erwartete Allan und mich in der Küche, und in meinem Zorn und Elend und meiner Ratlosigkeit tat es mir gut, die Tassen auf dem Tisch zu sehen. Mrs. Kirkishs grauer Wuschelkopf tauchte unter der Treppe auf, wo sie ein Mäusenest aufgestöbert hatte, das sie triumphierend wie eine Jagdtrophäe hochhielt.

»Jemand hat für dich angerufen«, sagte sie, als ich frisch geduscht und mit nassen Haaren aus dem Badezimmer kam.

Mein Herz schlug einen Purzelbaum, halb selig und halb erschrocken, rutschte dann aber sofort wieder in den Keller zurück, wo seit Tagen sein Daueraufenthaltsort war.

»Eine Lass«, sagte Mrs. Kirkish. »Sheila von *Braeside*. Du möchtest zurrrückrrrufen, hat sie gesagt.«

Ich murmelte etwas Undeutliches und merkte, dass Allan mir einen Seitenblick zuwarf. Er saß auf einem Küchenstuhl und rieb seine kalten Hände und ich fragte mich plötzlich, ob sein Gesicht unter der Fülle schwarzer Haare immer so schmal und bleich war, seine Kinnladen immer so fest aufeinander gepresst, oder ob ich ihn heute mit anderen Augen sah. Wenn man selbst Kummer hat, ist man vielleicht auch offener dafür, die Probleme anderer wahrzunehmen.

Zum Glück sorgte Mrs. Kirkish für Unterhaltung, denn weder Allan noch ich waren besonders redselig. Ihr Redefluss plätscherte ungehört an mir vorbei; mich beschäftigte die Frage, was Sheila von mir gewollt haben mochte. Vielleicht hatte Danny sie gebeten mich anzurufen?

Schließlich hielt ich die Ungewissheit nicht länger aus. Ich ging in die Halle und umkreiste das Telefon wie ein Hund seinen Knochen. Was sollte ich machen, wenn Danny abnahm? Einfach ganz kühl nach Shee verlangen? Oder sofort auflegen? Oder nur meinen Namen nennen und abwarten, was er sagte? Wenn er mich aber einfach abhängte? Beim bloßen Gedanken an diese Möglichkeit wurden meine Knie weich.

Ehe ich noch eine Entscheidung getroffen hatte, kam Allan aus der Küche. Ohne lange zu überlegen, sagte ich: »Tust du mir einen Gefallen? Könntest du für mich in *Braeside* anrufen und nach Sheila verlangen?«

Seine schwarzen Augenbrauen trafen sich über der Nasenwurzel. Wenn er sich wunderte oder ahnte, worum es ging, so sagte er es jedenfalls nicht. Er nickte nur kurz und erwiderte: »Ja, mach ich. Wie ist die Nummer?«

Ich sagte sie ihm und er wählte, während ich angstschlotternd daneben stand. Wir warteten eine Weile. Dann hörte ich, sehr leise und fern, Danny »Hallo« sagen.

Dieses Wort genügte, um mein Herz und meinen Magen in totalen Aufruhr zu versetzen und meine Knie endgültig in Wackelpudding zu verwandeln. Ich sah mich nach einem Stuhl um.

Allan sagte: »Kann ich Sheila sprechen?« Dabei sah er an mir vorbei, was ich ungeheuer rücksichtsvoll von ihm fand.

Danny erwiderte etwas, was ich nicht verstand, und wir warteten wieder.

Dann gab Allan mir den Hörer und ich nickte ihm zu und sagte mit einer Stimme, die mir selbst fremd war: »Hallo, Shee, bist du's? Hier ist Laurie.«

Atemlos erwiderte sie: »Oh, Laurie, was ist bloß los mit dir? Warum kommst du nicht mehr? Hast du Streit mit Danny?«

Ich schluckte. »Ja«, sagte ich dumpf. »Gewissermaßen. Hat er dir nichts gesagt?«

»Keinen Ton. Aber das ist typisch für ihn. Er schleicht herum wie ein Nachtgespenst und ich merke, dass es ihm schlecht geht, aber wenn ich ihn frage, was ihm fehlt, beißt er mich fast und rückt einfach nicht mit der Sprache heraus.«

Ihre Worte waren wie himmlisches Manna, wie Balsam auf meine wunde Seele. Danny schlich herum und es ging ihm schlecht – diese Beschreibung traf haargenau auf mich zu!

»Was ist denn passiert?«, fragte Sheila. »Oder möchtest du auch nicht darüber reden?«

»Doch«, sagte ich. »Warum nicht? Wir sind uns in die Haare geraten, weil … Also, du weißt doch, dass mein

Onkel euch das Stück Moorland an der Grenze zu unserer Koppel abkaufen möchte, und Danny meint …«

Ich hörte Sheila am anderen Ende der Leitung tief seufzen. »Aha«, sagte sie. »Das ist es also! Jetzt ist mir alles klar. Dieser elende Holzkopf! Er würde lieber sterben als nachgeben und sieht vor lauter Sturheit nicht mehr, was gut für uns ist.«

Seltsamerweise vertrug ich es plötzlich nicht, genau das über Danny zu hören, was ich ihm vorgeworfen hatte. Zu meiner eigenen Überraschung fing ich an, ihn zu verteidigen. »Er hat eben seinen Stolz«, sagte ich. »Nach der ewigen Feindschaft zwischen euch und den Montroses ist es kein Wunder, wenn er Onkel Scott gegenüber misstrauisch ist. Er denkt, wir brauchen das Land in Wirklichkeit gar nicht, weißt du, und mein Onkel will es nur kaufen, um euch zu helfen …«

Sheila unterbrach mich. »Ich weiß, was er denkt«, sagte sie. »Wir haben es oft genug durchgekaut. Echt, ich mag Danny, er ist lieb und man kann sich auf ihn verlassen und all das – aber sein Starrsinn kann einem manchmal wirklich auf den Geist gehen! Mom sagt das auch, sie sagt, er ist wie Pa, der wäre lieber verhungert, als von jemandem etwas anzunehmen.« Sie holte hörbar Luft. »Und jetzt wartet er wohl darauf, dass du den ersten Schritt tust?«

»Ja«, erwiderte ich verbissen. »Aber da kann er lange warten!«

Sheila kicherte. »Na, du bist wohl auch nicht gerade von der sanften, nachgiebigen Sorte! Jeder von euch wartet jetzt also darauf, dass der andere wieder angewackelt kommt. Was Danny angeht, kann ich dir nur sagen, dass ihm eher der Bart dreimal um den Ben Nevis herumwächst, als dass er sich dazu aufrafft, zu dir zu gehen und dich um Verzeihung zu bitten.«

»Das braucht er auch nicht«, sagte ich. »Ich meine, da gibt's nichts zu verzeihen. Es genügt, wenn er kommt.«

»Nicht mal das schafft er!«, prophezeite seine Schwester. »Laurie, ich kenne Danny schon mein ganzes Leben lang und er hat's noch nie fertig gebracht, nach einem Streit auf den anderen zuzugehen, auch wenn ihm die Sache noch so sehr zusetzt.«

»Dann wird's aber Zeit, dass er es lernt«, sagte ich, noch immer verbissen.

Wir schwiegen eine Weile. Dann sagte Sheila: »Soll ich mal mit ihm reden? Wäre dir das recht?«

Ich nickte heftig. »Ja«, sagte ich. »Bitte!«

»Gut, ich tu's, aber ich kann dir gleich sagen, es wird nichts nützen. Weißt du, manchmal denke ich, er straft sich selbst am meisten mit seiner Dickköpfigkeit. Jedenfalls macht's ihm bestimmt keinen Spaß, dass ihr böse aufeinander seid. Es geht ihm schlecht, das weiß ich, aber er kann eben nicht aus seiner Haut heraus …«

Blitzartig kam mir die Erkenntnis, dass es bei mir ähnlich war: Auch ich strafte mich selbst mit meiner verbiesterten Vorstellung, dass Danny auf mich zukommen musste und nicht ich auf ihn.

Ich tat den Mund auf, um etwas zu sagen, da tauchte Mrs. Kirkish in der Küchentür auf und begann den Türknauf von außen zu polieren, als gäbe es im ganzen Haus nichts anderes zu tun.

»Ich …«, sagte ich. »Also, ich muss mir das alles durch den Kopf gehen lassen. Vielleicht schreib ich ihm ja.«

»Fein«, erwiderte Sheila. »Und ich versuche ihm gut zu-

zureden. Ich rufe dich dann in den nächsten Tagen wieder an. Mach's gut, Laurie.«

»Du auch, Shee«, sagte ich. »Und danke!«

Plötzlich fühlte ich mich wie neugeboren. Noch vor zehn Minuten war ich mit schleppendem Schritt aus der Küche geschlichen, jetzt ging ich leichtfüßig wieder hinein und mein Herz hüpfte wie ein Frosch auf einer Frühlingswiese. Es war nicht, wie ich befürchtet hatte – Danny litt genauso wie ich unter unserem Streit und in meinem Hang zur Schwarzseherei hatte ich mir nur wieder einmal selbst das Leben schwer gemacht und mir eingebildet, ich würde ihm nichts mehr bedeuten.

Zu Mrs. Kirkishs Entzücken hatte ich unversehens einen Mordshunger und vertilgte die restlichen Haferplätzchen sowie drei Honigbrote, zwei Bananen und einen Apfel. Dann ging ich hinaus und bereitete den Kleietrank für die Pferde vor, die an Dämpfigkeit litten.

Mir war, als hätte ich einen Riesensack voll schwerer Steine mit mir herumgeschleppt, den mir plötzlich eine gute Fee abgenommen hatte. Alles würde wieder in Ordnung kommen, das wusste ich jetzt; auch wenn mir noch völlig unklar war, wie das gehen sollte.

8

Nachmittags tauchte Jessie nach längerer Zeit wieder einmal auf, um uns zu helfen. Es war nicht so, dass sie nicht kommen wollte, im Gegenteil. Nur fanden ihre Eltern, dass sie nicht genug für die Schule tat, und hatten ihr praktisch verboten, »ständig zu den Gäulen zu rennen«, wie sie das nannten.

»Echt, ich bin manchmal so sauer auf sie, dass ich am liebsten abhauen würde«, sagte Jessie verbittert zu mir und Allan. »Wenn ich bloß wüsste, wohin ich gehen soll!«

»Vielleicht könntest du zu uns kommen und hier mitarbeiten«, erwiderte ich; und es war kaum heraus, da wurde mir auch schon klar, dass ich Schwachsinn redete, denn Jessie war noch minderjährig und ihre Eltern hätten sie innerhalb von vierundzwanzig Stunden hier aufgestöbert und unter großem Palaver wieder nach Hause zurückgeholt. Das war so sicher wie das Amen in der Kirche.

Ausnahmsweise mischte sich Allan ein und ließ sich zu einem Kommentar herbei. »Hätte keinen Sinn«, sagte er. »Solange du nicht volljährig bist, können sie alles mit dir machen.«

»Nicht alles!«, sagte Jessie und blies entrüstet ihre Pausbacken auf. »Gewisse Rechte hat man ja schließlich auch noch.« Und dann fügte sie ziemlich unlogisch hinzu: »Aber hier in *The Laurels* würden sie mich natürlich sofort finden und zwingen, wieder heimzugehen.«

»Darauf kannst du dich verlassen«, bestätigte Allan.

Flüchtig dachte ich an Mrs. Browning in Edinburgh, aber die wäre vermutlich auch nicht bereit gewesen, ein Schulmädchen bei sich aufzunehmen, das von zu Hause ausgerissen war.

»Schlagen sie dich?«, fragte ich. Zu meiner Erleichterung sagte Jessie, das denn doch nicht; ihr Vater hätte ihr früher zwar ab und zu eine Ohrfeige gegeben, doch das hätte ihm dann selbst gleich wieder Leid getan.

»Aber sie sind so autoritär!«, sagte sie. »Solange ich die Füße unter ihren Tisch strecke, muss ich tun, was gut für mich ist, sagen sie, also das, was sie für richtig halten.«

»Wahrscheinlich sind sie selber so erzogen worden«, meinte ich. »Ich hätte nur eigentlich gedacht, dass heutzutage keiner mehr so mittelalterliche Erziehungssprüche draufhat.«

»Bei uns in Schottland schon«, behauptete Jessie. »Du solltest mal sehen, wie autoritär hier die meisten Eltern sind! Ist das bei euch in Deutschland anders?«

»Größtenteils schon«, sagte ich, bekam dann aber gewisse Zweifel, als ich an meine Mutter dachte. »Jedenfalls tun die meisten sehr modern und aufgeschlossen und all das, aber wenn's darauf ankommt, üben sie auch ganz schön Druck auf einen aus. In Bezug auf Schule und Ausbildung sind sie oft gnadenlos.«

»Ich werde meine Kinder jedenfalls einmal total frei erziehen!«, verkündete Jessie entschieden.

»Hoffentlich«, sagte ich. »Ich hab mal eine Studie gelesen, nach der die meisten Menschen jede Menge von dem an ihre Kinder weitergeben, was ihre Eltern bei ihnen falsch gemacht haben. Nicht bewusst, meine ich, aber sie tun's.«

Jessie schüttelte heftig den Kopf. »Ich nicht, darauf kannst du dich verlassen. Ich mache alles ganz anders als meine Eltern!«

Während wir arbeiteten, kam starker Wind auf. Jessie erzählte, im Radio wären Frühlingsstürme angesagt worden. Die Pferde waren unruhig und streitsüchtig und Allan bekam von Owlie einen solchen Tritt gegen das Schienbein, dass er sich vor Schmerzen krümmte.

Wir brachten ihn ins Haus und legten ihn aufs Küchensofa und in meiner Aufregung machte ich ihm einen Umschlag mit Onkel Scotts teurem Whisky. »Wird's besser?«, fragte ich.

Allan nickte mit blassem Gesicht und zusammengebissenen Zähnen.

»Ich muss los«, sagte Jessie. »Mein Bus fährt in zehn Minuten.«

Aber sie blieb und stand weiter in der Küche herum und war fast ebenso blass wie Allan.

Ich bot Allan an, den Rest Whisky zu trinken, der noch in der Flasche war, zur Schmerzbetäubung sozusagen, aber er weigerte sich; also kochte ich ihm Tee, tat vier Löffel Zucker hinein und stellte die Tasse neben ihn auf den Tisch.

Draußen wurde es schon dunkel. Mrs. Kirkish war längst nach Hause gefahren, doch Onkel Scott war noch nicht zurück. Ich lauschte angestrengt auf das Motorengeräusch des Rovers vor dem Haus, aber nur der Wind war zu hören, der von Stunde zu Stunde stürmischer wurde.

Jessie sah auf die Uhr und sagte: »Jetzt ist mein Bus weg!« Dann klingelte das Telefon. Es war Onkel Scott. »Ich hab eine Panne gehabt«, sagte er. »Bei Aviemore. Irgendwas mit dem Getriebe.« Seine Stimme klang erschöpft. »Natürlich können sie's heute nicht mehr reparieren.«

»Oh, verdammt!«, erwiderte ich, was nicht besonders hilfreich war.

»Ist Allan noch da?«, fragte er.

»Ja«, sagte ich. »Er hat von Owlie einen Tritt gekriegt und liegt auf dem Küchensofa.«

Mein Onkel stöhnte. »Ich weiß nicht, wie ich hier wegkommen soll!«, sagte er ziemlich verzweifelt. »Ich versuch schon dauernd, einen Leihwagen zu bekommen, der stark genug für den Anhänger ist, aber nichts klappt; es ist wie verhext.«

»Und das Pony, das du gekauft hast?«, fragte ich. »Was ist mit ihm?«

»Es sind zwei«, sagte er. »Sie stehen jetzt hier auf einer Wiese. Aber sie sind in erbärmlichem Zustand und müssten dringend in den Stall … Und es scheint hier nichts und niemanden zu geben, wo ich sie vorerst unterstellen kann.«

Sonst war er immer der Starke, der in jeder Situation wusste, was zu tun war. Ich spürte, dass er plötzlich hilflos war und sich Unterstützung von mir erhoffte, dass ich diesmal wirklich gefordert war.

Ohne lange zu überlegen, sagte ich: »Ich schicke dir Danny, Onkel Scott. Sein Auto wird's schon irgendwie schaffen, er transportiert ja auch gelegentlich Schafe mit dem Anhänger. Wo genau bist du?«

»In der Autoreparaturwerkstatt«, sagte er. Seine Stimme klang erleichtert. »Es gibt nur eine hier, sie ist nicht schwer zu finden. Ich rufe in einer halben Stunde noch mal an, um zu hören, ob es klappt. Danke, Laurie.« Und schon hatte er aufgelegt.

Wieder einmal machte ich die Erfahrung, dass es Zeiten im Leben gibt, wo das Schicksal eingreift und uns einen Schubs versetzt, vielleicht auch einen Tritt in den Hintern, sodass wir Dinge tun, gegen die wir uns normalerweise mit Händen und Füßen sträuben würden. Ohne auch nur einen Moment zu zögern, wählte ich die Nummer von *Braeside.*

Lange meldete sich niemand und ich dachte: Danny, lass mich nicht im Stich! Was mache ich bloß, wenn keiner zu Hause ist? Sie können doch nicht alle fort sein!

Ich wartete und wartete, und als ich den Hörer schon auflegen wollte, war da endlich Dannys Stimme, die atemlos und ungeduldig »Hallo?« sagte.

Ich wollte etwas erwidern, aber meine Kehle war wie zugeschnürt. Nur ein krächzender kleiner Kiekser kam heraus und Danny sagte ein zweites Mal »Hallo?«, noch ungeduldiger als vorher.

Nach einem neuen Anlauf klappte es endlich. »Danny?«, sagte ich. Es klang piepsig wie eine frisch geschlüpfte Graugans. Dann wartete ich und jetzt war es Danny, dem es die Stimme verschlug. Eine Weile horchten wir nur beide in den Hörer hinein und nach einer kleinen Ewigkeit sagte Danny ziemlich leise und schwach: »Oh, Laurie, du bist's. Ich ... ich war gerade im Stall, deshalb hat's so lange gedauert.«

Es schien Jahre her zu sein, seit wir normal miteinander geredet hatten, unbefangen und ohne lange zu überlegen. Mein Gehirn weigerte sich hartnäckig, sich irgendeine scharfsinnige oder wenigstens lockere Antwort einfallen zu lassen; es war wie ein Käfer, der sich vor Schreck tot stellt, wenn jemand ihn berührt. Die Vorstellung, dass Danny wartete und vielleicht schon dachte, ich hätte aufgelegt, machte die Sache nicht einfacher.

»Bist du noch da?«, fragte er.

»Ja«, sagte ich. »Mehr oder weniger.« Was offenbar witzig war, denn Danny lachte ein bisschen zittrig und ich war so froh, ihn lachen zu hören, dass mein Kopf plötzlich wieder funktionierte wie ein Computer, der ans Stromnetz angeschlossen wird.

»Ich rufe an«, sagte ich, »weil ... wegen Onkel Scott.« Danny sollte keinesfalls denken, dass ich ihm nachlaufen wollte! »Er hat heute zwei Ponys gekauft und ist in Aviemore hängen geblieben. Irgendein Schaden am … am Motor.« Das Wort für Getriebe fiel mir auf Englisch nicht mehr ein, obwohl Onkel Scott es erwähnt hatte.

»Aha«, murmelte Danny und seine Stimme kam mir irgendwie enttäuscht vor.

»Er braucht dringend Hilfe«, fügte ich hinzu. »Der Rover ist in der Reparaturwerkstatt, aber heute kann er nicht mehr gerichtet werden und die Ponys müssen in den Stall und keiner leiht Onkel Scott einen Wagen, mit dem er den Hänger zurückbringen kann, und Allan ist von Owlie getreten worden …« Jetzt musste ich erst einmal Luft holen.

»Und da hat er dich gebeten, mich anzurufen?«, fragte Danny in hörbarem Erstaunen.

»Nein«, sagte ich. »Hat er nicht. Aber er klang ziemlich fertig und wusste nicht weiter, und da dachte ich … da bist du mir eingefallen. Ihr transportiert doch auch manchmal Schafe herum und habt so ein Ding hinten am Auto, ein – hm …« Natürlich hatte ich keine Ahnung, was Anhängerkupplung auf Englisch heißt.

Doch Danny schien zu wissen, was ich meinte, denn er fragte nicht lange, sondern sagte nur: »Mal sehen, ob Mildred es schafft. Bei uns lammen zwar gerade zwei von den Mutterschafen, aber Mom kann sich um sie kümmern. Wo ist dein Onkel?«

Ich sagte ihm, was ich wusste, und das war wenig genug; und wir verabschiedeten uns höflich wie zwei Fremde. Als ich aufgelegt hatte, spürte ich das dringende Bedürfnis, mich zu setzen. Ich ging in die Küche, wo es wie in einer Kneipe roch.

Allan war gerade damit beschäftigt, den Whiskyumschlag abzunehmen. Sein Bein war feuerrot und dick geschwollen und Jessie äußerte die düstere Vermutung, dass er sich das Schienbein oder das Wadenbein gebrochen haben könnte.

»Onkel Scott hat eine Panne gehabt …«, begann ich; da klingelte das Telefon wieder.

Mein Onkel konnte es kaum sein, denn es war noch keine halbe Stunde seit seinem ersten Anruf verstrichen. Also bat ich Jessie hinzugehen und ließ mich auf einen Stuhl plumpsen.

»Was?«, sagte Allan. »Verdammt! Und ich sitze hier mit diesem Klumpfuß! Was ist mit dem Shettie, das er mitbringen wollte?«

»Es sind zwei«, erwiderte ich. »Sie sind alle in Aviemore und der Rover kann heute nicht mehr repariert werden und Danny von *Braeside* hat versprochen hinzufahren und den Anhänger mit den Ponys zu holen, obwohl seine Schafe lammen und er nicht weiß, ob sein Auto es schafft …«

Jessie erschien wieder im Türrahmen. »Es waren meine Eltern. Sie kommen und holen mich«, sagte sie mit einem Gesicht, als würde sie den Überfall eines feindlichen Indianerstammes ankündigen. »Sie sind sauer, weil ich nicht zur versprochenen Zeit zu Hause aufgetaucht bin.«

Allan erklärte, er müsse jetzt losfahren, und versuchte aufzustehen. Dabei wurde sein Gesicht so grün, dass ich erschrak und ihm ziemlich scharf befahl sitzen zu bleiben. »Du kannst jetzt unmöglich mit dem Moped losdüsen«, rief ich. »Nicht mit diesem Bein! Onkel Scott würde dir das nie erlauben, wenn er da wäre. Du bleibst heute Nacht einfach hier. Ich mache dir ein Bett zurecht, wir haben Platz genug.«

Doch das wollte er nicht. »Ich muss nach Hause«, sagte er mit verbissener Miene. Da schaltete sich Jessie ein und meinte, ihre Eltern könnten ihn heimbringen, es sei ja schließlich nur ein kleiner Umweg.

Ich vermutete, dass Allans Mutter zurzeit wieder zu viel trank und dass Allan sich um sie kümmern wollte oder seine Geschwister nicht über Nacht allein lassen konnte. Also schwieg ich, hielt den Umschlag unters kalte Wasser und wickelte ihn noch einmal um Allans Bein. Dann fiel mir ein, dass noch nicht alle Pferde gefüttert waren; also fuhr ich wieder in meine Stiefel, zog den Anorak über und bat Jessie, Onkel Scott Bescheid zu sagen, dass Danny ihn holte, falls er anrief, solange sie noch im Haus war.

Draußen war es inzwischen richtig dunkel geworden. Ich schaltete das Licht über dem Stalltor ein und half mir mit dem dürftigen Schein der Taschenlampe, während ich die restlichen Futtereimer zur Koppel karrte.

Der Wind war kalt. Meine Nase lief und meine Augen tränten. Die Pferde waren ungeduldig wegen der Verzögerung. Sie pufften mich in den Hintern, sodass ich fast mit der Nase voran im geschroteten Mais landete. Ich drohte Rae mit der Faust, weil er versuchte eine zusätzliche Futterration zu ergattern, indem er Bonnie und Nutmeg von ihren Eimern verdrängte, und schrie ihn an; und es wunderte mich ungeheuer, dass er sich von einem Rumpelstilzchen wie mir beeindrucken ließ und mit gereiztem Schnauben in der Dunkelheit verschwand.

Heute Abend sehe ich Danny!, dachte ich. Er wird Onkel Scott hier abliefern und uns sicher helfen, die Ponys auszuladen, und wir werden uns wieder sehen – endlich …

Jessie tauchte im Lichtkreis der Taschenlampe auf und sagte, ihre Eltern wären gekommen, sie würden jetzt losfahren und Allan mitnehmen.

»Dein Onkel hat noch mal angerufen«, sagte sie. »Er war total froh, dass Danny ihn abholt.«

»Kommst du morgen?«, fragte ich.

»Klar, und wenn ich mich aus dem Fenster abseilen muss. Ich will doch die neuen Ponys sehen!«

Eine Viertelstunde später stand ich unter der Dusche und wusch mir die Haare, die staubig waren wie alte Streu und auch so rochen. Und noch während ich unter dem plätschernden Wasser stand und mir der Schaum übers Gesicht lief, hörte ich drunten die Hunde anschlagen.

Sie kommen!, dachte ich. Hilfe! Sie sind schon da!

9

Sie hatten die Laderampe bereits heruntergelassen, als ich aus dem Haus stürzte, den Pullover verkehrt herum angezogen und barfuß in den Gummistiefeln. Der Wind wirbelte mir das nasse Haar ins Gesicht.

Danny stand am Fuß der Rampe. Ich sah seine schmale Gestalt undeutlich zwischen meinen Haarsträhnen im Schein der Hauslampe und war so froh, dass es fast wehtat.

Ich lief die Treppe hinunter. Aus dem Anhänger kam Gepolter. Danny hob den Kopf und sah mir entgegen, doch es war nicht hell genug, um den Ausdruck auf seinem Gesicht zu erkennen.

»Hallo«, sagte ich, schüchtern wie ein Schulmädchen bei der ersten Verabredung, und dann standen wir voreinander. Danny sagte kein Wort. Er streckte nur die Hand aus, als wollte er mich berühren, zog sie aber rasch wieder zurück. Ich war voller Sehnsucht, ihn zu umarmen, und tat es doch nicht.

Es dauerte nur einen Augenblick; dann erschien Onkel Scott mit dem ersten Pony auf der Schwelle des Anhängers. Sein schrilles, angstvolles Wiehern schnitt mir ins Herz. Es sah sich um, als wüsste es nicht, in welche Richtung es flüchten sollte.

Langsam und vorsichtig ging ich die Laderampe hinauf und nahm das armselige kleine Klappergestell in Empfang, dieses Jammerbild eines Shetlandponys, mit verklebten Augen und einem Fell wie Stechginster am Rand einer Mülldeponie. Ich sah die schlecht verheilten Wunden an seiner Brust, die nicht genäht oder behandelt worden waren und von einem Stacheldrahtzaun stammen mochten. Denn noch immer gibt es Pferdebesitzer, die ihre Koppeln mit Stacheldraht einzäunen, obwohl doch jeder wissen müsste, dass sich die Pferde damit die schlimmsten Verletzungen zufügen können. Eine Welle von Angst ging von ihm aus; ich spürte es förmlich, als ich die Hand auf seinen Hals legte.

»Führst du's runter, Lass?«, sagte mein Onkel. »Ich hole das andere.«

»Armes Tierchen«, murmelte ich, während ich das Shetty sanft die Rampe hinunterschob. »Hab keine Angst! Alles wird gut ...«

Und Danny stand unten und sah uns entgegen. Er sah müde und schmutzig aus, das erkannte ich jetzt, und seine blonden Haare standen wild in alle Richtungen, aber keiner hätte mir besser gefallen können als er, nicht einmal James Dean, wenn er vom Grabe auferstanden und in seiner Wildlederjacke und seinem Sportwagen daneben aufgetaucht wäre.

Das Pony, erschöpft und verängstigt wie es war, stolperte und hätte mich mitgerissen, wenn Danny nicht zugepackt und es festgehalten hätte. Er stemmte sich gegen das dünne kleine Pferd, und seine Hand, die kalt war vom eisigen Wind, berührte die meine am Rücken des Shettys. Über uns erklang das Poltern von Hufen und Onkel Scotts tiefe, beruhigende Stimme.

»Es kann sich kaum noch auf den Beinen halten«, sagte Danny leise.

Gemeinsam führten wir es über den kiesbestreuten Weg und an der Giebelseite des Hauses entlang, vorbei am alten Wintergarten; Danny links und ich rechts. Hinter uns folgte Onkel Scott mit dem zweiten Pony, das schwarz war und fast mit der Dunkelheit verschmolz.

Das Shetty, das wir führten, war ein Schecke, weiß mit schwarzem Gesicht und Hals und schwarzen Flecken auf den Flanken. Seine Kruppe war verklebt und starrte von altem, längst getrocknetem Kot und es stank. Ich dachte, dass es vielleicht die Räude hatte und sicher voller Ungeziefer war, doch ich zog meine Hand nicht zurück.

»Gleich sind wir im Stall«, sagte ich tröstend. »Gleich hast du's geschafft.«

»Meinst du, es versteht Deutsch?«, fragte Danny mit einem Lächeln in der Stimme und hinter uns sagte Onkel Scott fast gleichzeitig: »Ich will sehen, dass Dr. Drury gleich morgen vorbeikommt und die beiden untersucht. Sie müssen vor allem eine Tetanusspritze kriegen; ich bezweifle, dass sie jemals ordentlich geimpft worden sind. Außerdem muss natürlich erst mal festgestellt werden, ob sie eine ansteckende Krankheit haben. Um die Hufe muss Willie Winkie sich kümmern. Sie sehen total verwahrlost aus.«

In der Hetze dieses Tages hatte ich vergessen, Vorbereitungen für die Ponys zu treffen. Zum Glück kümmerte sich Allan um den Stall und sorgte dafür, dass immer zwei oder drei der Boxen eingestreut waren.

Danny wartete, während wir die Shettys unterbrachten. Sie ließen die Köpfe hängen und standen allein in dem sauberen Stall mit dem milden Licht, denn alle anderen Pferde waren wieder draußen auf den Koppeln, jetzt, wo der Frühling kam. Ich musste die Tränen zurückdrängen, so Leid taten sie mir; doch ich sah auch, wie müde Onkel Scott sein musste. Seine Bewegungen waren langsamer als sonst und sein Rücken schien zu schmerzen, denn er ging ein wenig krumm.

Schon seit langem wusste ich, wie sehr die Eindrücke auf den Viehmärkten ihm zusetzten, all das Elend, das er dort mit ansehen musste, ohne es ändern zu können. Es war immer eine seelische Strapaze für ihn und diesmal hatte er einen besonders langen, anstrengenden Tag hinter sich.

»Du kannst ins Haus gehen«, sagte ich zu ihm. »Ich kümmere mich um die beiden. Auf dem Herd steht ein Topf mit Gemüsebrühe und Jessie hat frische Scones mitgebracht.«

Er nickte und bedankte sich und sagte, er wäre wirklich ziemlich abgespannt. »Aber gib ihnen nur wenig Futter, nur eine Hand voll Hafer und ein bisschen gequetschten Mais. Morgen können sie dann etwas Mash bekommen. Und pass auf, dass sie nicht zu viel und zu hastig trinken; sie sind völlig erschöpft.«

Dann lud er Danny noch ein, mit ins Haus zu kommen

und einen Teller Suppe mit ihm zu essen, doch Danny wollte heim.

»Ich kann Mom nicht zu lange mit den Schafen allein lassen«, sagte er. »Heute Nacht werden vielleicht noch ein paar Lämmer geboren und Shee lernt für eine Prüfung.«

Doch er blieb noch im Stall, während Onkel Scott ging, und sah zu, wie ich Jodtinktur auf die Wunden des Schecken tupfte und bei beiden Ponys die Temperatur maß. Der Schecke hatte wirklich etwas Fieber, wenn auch nicht beunruhigend hoch. Danny meinte, das könnte harmlos sein und von der Angst und den Anstrengungen dieses Tages kommen. Er half mir, die Shettys zu füttern und zu tränken. Sie fraßen und tranken gierig, schienen auf mehr zu hoffen und wirkten jetzt ein bisschen ruhiger, geborgen im Frieden unseres Stalles, in dem die ersten Frühjahrsfliegen, aus dem Schlaf aufgeschreckt, um die Lampen surrten. Hinter den Fenstern funkelten Sterne am blank gefegten Nachthimmel.

»Ich frag mich immer wieder«, sagte Danny, während er das schwarz-weiße Shetty streichelte, »wie man Tiere so übel behandeln kann. Dabei hat mir dein Onkel erzählt, dass es Pferde gibt, die noch in viel schlechterem Zustand sind als die beiden hier. Er war ziemlich fertig, weißt du.«

Ich nickte. »Das ist er immer, wenn er von Pferdemärkten kommt.«

Danny folgte mir in die Sattelkammer, wo ich Filzdecken aus dem eingebauten Schrank holte. Während ich sie den Ponys auflegte, lehnte er an einem Pfeiler der Stallgasse und beobachtete mich, wie ich ihre Fesseln nach Schwellungen abtastete und leise mit ihnen redete. Sie schienen jetzt ganz zufrieden zu sein und begannen zu dösen. Ich schloss die Boxtüren hinter mir.

Danny sagte: »Ich muss jetzt los. Laurie?«

»Ja?«, fragte ich, sah ihn an und hätte ihn gern zurückgehalten.

»Tut mir Leid, dass ich so verdammt stur war!«

»Mir auch«, erwiderte ich. »Ich meine, ich war auch stur.«

»So stur wie ich kannst du gar nicht sein«, sagte er.

»Pah!«, machte ich. »Wetten, dass ich noch sturer bin?« Und wir fingen zu kichern an und lachten und lachten, umarmten uns und drehten uns auf der Stallgasse im Kreis und standen schließlich ganz still da, weil uns schwindlig war und weil wir uns küssten. Mein Körper war voller Seligkeit darüber, ihn wieder zu spüren, seinen vertrauten Geruch zu riechen, von ihm gehalten zu werden und ihn zu halten. Es war ein Gefühl wie nach Hause kommen.

»Ohne dich war's scheußlich«, murmelte Danny in mein nasses Haar. »Ich hab's kaum ausgehalten.«

»Und ich wäre beinahe nach Hause gefahren«, sagte ich.

»Was?« Er hielt mich von sich ab und sah mich mit einem so entsetzten Ausdruck an, dass ich wieder lachen musste.

»Nein, das stimmt natürlich nicht, aber ich dachte … ich hab gedacht, wenn du mich nicht mehr liebst, kann ich auch nicht mehr in den Highlands bleiben.«

Sein Gesicht wurde ernst. »Hast du das wirklich geglaubt? Dass ich dich nicht mehr lieb haben könnte?«

»Ich war nicht sicher«, sagte ich und drückte seine schmutzige Hand mit meiner schmutzigen Hand gegen meine Wange. »Ich hatte plötzlich solche Zweifel. Ich dachte, wenn du mich noch lieben würdest, könntest du's gar nicht aushalten, so lange nichts von dir hören zu lassen.«

Wie immer, wenn ich aufgeregt war, brach meine ganze englische Grammatik in sich zusammen und wurde zu einem furchtbaren Kauderwelsch. Doch es war mir egal und Danny lachte auch nicht; er sagte ernst: »Das Gleiche hab ich mich auch gefragt – wie du's so lange ohne mich aushalten konntest.«

Er strich mit dem Zeigefinger sacht die Kontur meiner Oberlippe nach. »Weißt du, manchmal tu ich mir mit meinem schottischen Dickschädel selbst am meisten weh, aber so bin ich nun mal, ich kann's nicht ändern.«

Das war genau die Art Bemerkung, die mich immer und bei jedem auf die Barrikaden bringt. »So ein Schwachsinn!«, sagte ich hitzig. »Man kann sich sehr wohl ändern, man muss es bloß wollen! Ich hab mal gelesen, dass wir genau dazu auf der Welt sind, um immer wieder dazuzulernen und uns zu verändern und an unseren Schattenseiten zu arbeiten. Also sag so was nie wieder!« Und ich hielt ihm die Faust unter die Nase.

Danny gab keine Antwort, doch er sah betroffen aus; und ich kannte ihn gut genug, um zu wissen, dass er darüber nachdenken würde. Die Shettys hatten über der Trennwand zwischen ihren Boxen die Köpfe aneinander gelehnt, als wollte eines Trost in der Nähe des andern finden. Wir löschten das Licht und traten hinaus in die sternenklare Nacht. Der Wind trug den Geruch des Frühlings über die Berge und Hügel. Von der Koppel kam Pferdegewieher, leise und verhalten, sonst war es sehr still. Über dem *Heathery Hill* stand der Mond. Es war Vollmond und der silbern beglänzte Hügel sah so überirdisch schön aus, dass es fast wehtat.

Eine Weile standen wir schweigend da und sahen zu ihm

hinüber. Für einen Moment erwartete ich fast, das Feenvolk zwischen den windzerzausten schwarzen Bäumen tanzen zu sehen.

»Ich muss gehen«, sagte Danny schließlich halblaut und ich begleitete ihn zu seinem Wagen. Onkel Scott hatte den Anhänger losgemacht. Hinter dem Küchenfenster brannte Licht.

Wir umarmten uns ein letztes Mal, ehe Danny ins Auto stieg. Ich spürte, wie ungern er mich verließ, und hätte ihn am liebsten zurückgehalten. Doch genauso wie ich für unsere Pferde verantwortlich war, war er es für seine Schafe.

Ich wartete, während er auf dem Hofplatz wendete und vorsichtig die Schmalstelle zwischen dem Anhänger und den Lorbeerbüschen passierte. Die dunklen Bäume der Auffahrt verschluckten den roten Schein von Mildreds Rücklichtern rasch, doch ich hörte noch das Knirschen der Reifen auf dem Kies.

Morgen, dachte ich, morgen werden wir uns wieder sehen. Und ich rannte die Vortreppe hinauf und umarmte den Nächstbesten, der mir in die Quere kam: den Kater MacDuff, der überfallartige Gefühlsausbrüche nicht leiden konnte und fauchend die Flucht ergriff.

10

Jetzt kam der Frühling mit aller Macht – oder vielleicht war ich erst nach der Versöhnung mit Danny fähig, seine Zeichen richtig wahrzunehmen. Noch vor Anbruch der

Morgendämmerung begannen die Vögel ihre Lieder zu schmettern: Amseln und Drosseln zuerst, dann Rotkehlchen und Zaunkönige und all die anderen, die ich nicht kannte. Die Wildtauben gurrten unter dem Dach des Futterschuppens, die Stare balzten und ahmten vielerlei Vogelstimmen nach. Nachts bellten die Dachse, und MacDuff und seine Widersacher strichen ums Haus und erfüllten die Luft mit ihren wilden Gesängen.

Veilchen blühten unter dem Apfelbaum und ein zartgrüner Schimmer breitete sich über den Berghängen aus. Bald waren die Koppeln ein einziges Sumpfland. Jeder Huftritt der Pferde hinterließ tiefe Löcher, aus denen Quellen hervorsprudelten oder kleine Tümpel entstanden. Wie Erdschweine sahen sie aus, unsere Pferde, doch keiner fand Zeit, sie richtig zu striegeln. Allan musste sich wegen seiner Fußverletzung auf die notwendigsten Arbeiten beschränken, auch wenn die Knochen zum Glück heil geblieben waren. Jessie durfte nur noch selten zu uns kommen und Onkel Scott und ich schufteten vom Morgengrauen bis zum Einbruch der Nacht.

Trotzdem waren es wunderbare Tage. Frühlingsdüfte erfüllten die Luft. Überall begannen Gras und Blätter zu sprießen, die Pferde machten Luftsprünge und Kapriolen. Bairnie wusste vor Übermut und Lebenslust kaum, was er anstellen sollte.

Als ich an einem Nachmittag zum ersten Mal wieder barfuß ging und das Gras so unbeschreiblich weich und kühl unter meinen Fußsohlen spürte, glaubte ich zu wissen, wie den Pferden zu Mute war. Heimlich, hinter dem Futterschuppen, wo keiner mich sah, schlug ich einen Purzelbaum und umarmte den Stamm einer jungen Birke; und mir war, als könnte ich den Saft unter der silbrigen Rinde pulsieren fühlen.

Die ersten Schmetterlinge kamen taumelnd aus ihren Winterquartieren, die Lerchen waren zurückgekehrt und schwirrten mit ihren sehnsüchtigen Trillern wieder über Koppeln und Weiden. Regen und Sonnenschein wechselten so rasch wie das Spiel von Licht und Schatten auf den Hügelketten.

In unserer spärlichen Freizeit machten Danny und ich Spaziergänge durchs Hochmoor oder ich besuchte ihn in *Braeside* und er spielte mir auf der neuen Blechflöte vor, die ich ihm zu Weihnachten geschenkt hatte.

Ich fand, dass sein Spiel immer besser wurde, aber er selbst war unzufrieden. »Ich müsste viel mehr üben«, sagte er. »Musik machen, das ist eins von den Dingen, die mir wichtig wären. Ich wünsch mir so, dass ich irgendwann nicht mehr nur die Atempausen zwischen der Arbeit dazu benutzen kann, das Leben ein bisschen zu genießen – dich zu sehen, zum Beispiel, musizieren oder auch mal eine Reise machen ...«

Sein Gesicht nahm einen sehnsüchtigen Ausdruck an und ich wurde traurig, wie immer, wenn ich sah, wie sehr er schuften musste und wie wenig es ihm und seiner Familie einbrachte. Doch immerhin waren die MacClintocks jetzt ihre schlimmsten Geldsorgen los, denn auf der Rückfahrt von Aviemore hatten sich Onkel Scott und Danny über den Verkauf des Moorlandes geeinigt und mein Onkel hatte bereits damit angefangen, den Koppelzaun hinter *Laurels Pasture* zu versetzen.

Die beiden Shettys standen jetzt allein auf einer Koppel, bis wir sicher sein konnten, dass sie keine ansteckende

Krankheit hatten. Sie wurden von Tag zu Tag rundlicher und munterer, und wir hatten angefangen sie zu entwurmen und ihr Fell gegen Ungeziefer mit einem Puder zu behandeln, der von Will, dem Schäfer, stammte. Die alten Hufeisen waren entfernt und ihre Hufe sauber beschnitten. Wir nannten das schwarze Pony Polly und das scheckige Daisy Duck wegen seiner langen Wimpern und weil es einen so verführerischen Augenaufschlag hatte.

»Natürlich hab ich wieder einmal ein Pferd mehr nach Hause gebracht, als ich eigentlich wollte«, sagte Onkel Scott eines Abends. »Es ist immer das Gleiche – am liebsten würde ich sie alle mitnehmen, wenn ich sie so vernachlässigt und hoffnungslos dastehen sehe. Ich komme mir auf den Pferdemärkten jedes Mal wie ein Richter vor, der über Tod oder Leben entscheidet. Diesmal sollten wieder die meisten der Ponys zum Schlachten nach Frankreich verschickt werden. Wenn sie bloß endlich mit diesen mörderischen Lebendtransporten aufhören würden! Die Tierschutzvereine machen immer wieder Eingaben in Brüssel, um zu erreichen, dass den Tieren vor ihrem Tod wenigstens die Tortur erspart wird, tagelang quer durch Europa gekarrt zu werden. Wenn man sie in einheimische Schlachthöfe bringen, dort töten und das Fleisch dann in Kühlwagen weitertransportieren würde, könnte man den Tieren eine Unmenge Elend und Leid ersparen.«

Er stand auf, trat ans Fenster und sah in die Dunkelheit hinaus. »Und dann die Streiks der Zöllner«, fuhr er fort. »Dabei gehen immer wieder tausende von Mast- und Schlachttieren an den Grenzen auf schlimmste Weise zu Grunde, weil sie oft mehrere Tage und Nächte in den Lastautos verbringen müssen – ohne Wasser und Futter, ohne sich bewegen zu können. Sie trampeln sich gegenseitig tot, verhungern und verdursten, werden wahnsinnig in dieser Enge und Hitze – und doch scheint es keinen zu geben, der dafür die Verantwortung übernimmt und bereit ist, Gesetze zum Schutz dieser armen Kreaturen zu erlassen.«

»Solange lebende Tiere auf dem Fleischmarkt viel mehr Geld einbringen als tote, wird es schwer sein, etwas zu ändern«, sagte ich bedrückt. »Vater hat mir kürzlich einen Artikel aus einer deutschen Zeitschrift ausgeschnitten und geschickt, in dem ein Foto von einem Pferd war, das total entkräftet neben einem Lastwagen am Boden lag. Es hat Unmengen von Wasser getrunken, weil es auf der Nonstoptour von Polen nach Italien weder getränkt noch gefüttert wurde. Dabei musste es nach dieser kurzen Pause, in der das Foto gemacht wurde, wieder in den Transporter und hatte noch einen Leidensweg von weiteren tausend Kilometern vor sich, ehe es endlich sterben durfte.«

Das Bild war mir tagelang nicht aus dem Sinn gegangen und hatte mich bis in meine Träume verfolgt – vielleicht auch deshalb, weil es mich an Puck erinnerte, meinen Liebling aus Habermanns Stall, der wohl ein ähnliches Schicksal durchgemacht hatte.

Onkel Scott sagte: »Manchmal könnte man an den Menschen verzweifeln, Laurie. Tiere wären niemals fähig, uns so viel Leid und Unrecht anzutun, wie wir es unseren Mitgeschöpfen Tag für Tag zufügen.«

»Danny meint, dass all das Unrecht auf uns zurückfällt«, sagte ich schwer. »Er meint, das, was wir den Tieren und der Natur antun, wird uns schließlich selbst treffen und vernichten, wenn wir nicht sehr bald schon unsere Fehler erkennen und einen neuen Weg einschlagen.«

Mein Onkel wandte sich zu mir um. Im Lampenschein war sein Gesicht düster. »Ihr seid noch jung«, erwiderte er. »Ihr könnt hoffen und an eine Umkehr glauben. Ich kann es nicht mehr.«

Ich war traurig und ratlos, wie immer nach solchen Gesprächen, und als ich später noch ins Freie ging und die Umrisse der beiden Shetlandponys sah, die im Mondlicht dösten und langsam mehr Fett auf die Rippen bekamen, war das nur ein schwacher Trost. Ich wusste, dass tausende anderer Tiere keinen Platz wie diesen fanden, niemanden, der sie vor der Qual der letzten Reise errettete. Dass viele Pferde und Kühe in diesem Augenblick auf den Ladeflächen von Schiffen, Transportern und Zügen standen, sich gegenseitig tottraten, verhungerten und verdursteten …

Was sind das nur für Menschen, die es fertig bringen, Tiere so durch die Gegend zu transportieren, die ihre Klagen nicht hören, sich gegen die angstvollen, verzweifelten Blicke ihrer Augen verhärten können?, dachte ich. Und ich fragte mich, ob wir nicht alle mitschuldig waren – alle, die nicht protestierten, die Fleisch aßen, sich nicht um dieses Unrecht kümmerten, das wir denen antaten, die uns schutzlos ausgeliefert waren. Und mir fiel eine Mahnung von Franz von Assisi ein, die ich einmal gelesen und nicht wieder vergessen hatte: *Tut den Mund auf für die Stummen und führt die Sache derer, die verlassen sind.*

Noch am selben Abend setzte ich mich hin und schrieb einen Protestbrief gegen den Transport lebender Schlachttiere an den Hochkommissar für Landwirtschaft in Brüssel, Mr. Ray Macsharry, in der Rue de la Loi 200. Die Adresse hatte ich mir aus einer Zeitschrift herausgesucht, die Onkel Scott jeden Monat von einer englischen Tierschutzorganisation bekam.

Ich nahm mir vor, alle Leute, die ich kannte, darum zu bitten, ebenfalls Protestbriefe loszuschicken. Vielleicht bewirkte es etwas. Es war jedenfalls besser, als diesem Unrecht und dieser Grausamkeit tatenlos zuzusehen, dachte ich und ging mit etwas ruhigeren Gefühlen ins Bett.

Am nächsten Morgen, als ich in die Küche kam, saß Onkel Scott schon am Tisch und sagte: »Da lag Post für dich unter meinen Socken.« Und er hielt mir lächelnd Annikas Brief hin.

»Danke«, sagte ich. »Den hatte ich total vergessen.«

Während ich Kaffeewasser aufsetzte, las ich Annikas Brief zu Ende. Sie schrieb, sie würde mich nun wie geplant über Ostern besuchen, und zwar schon in der zweiten Aprilwoche.

»Drei Wochen kann ich bleiben«, stand da. »Ich hab den ganzen Urlaub genommen, der mir jetzt zusteht, und dazwischen sind ja auch die Osterfeiertage. Der Typ im Reisebüro hat mir gesagt, dass ich von London aus gleich einen Bus nach Inverness nehmen kann, das ist billiger als mit der Bahn. Holst du mich ab?«

Ich schluckte ein paar Mal. Annikas Besuch war zwar schon seit Beginn meines Schottlandsjahrs locker geplant gewesen, doch ich hatte nie mit Onkel Scott darüber gesprochen. Infolgedessen wusste ich auch nicht, wie er dazu stand, ein Mädchen für drei Wochen in seinem Haus aufzunehmen, das er nicht kannte. Konnte ich ihn einfach so vor vollendete Tatsachen stellen?

Ich beschloss ihn gleich jetzt zu fragen, doch da klingelte

das Telefon und dann erschien Mrs. Kirkish, noch während Onkel Scott telefonierte. Fünf Minuten später stand Mrs. Tweedie vor der Tür und verkündete, es wäre höchste Zeit für den Frühjahrsputz und sie sei gekommen, um die Fenster zu putzen, worauf Mrs. Kirkish fast im Viereck sprang.

»Sie ist viel zu alt, um an den Fenstern herrumzukletterrrn!«, vertraute sie mir am Fuß der Treppe in durchdringendem Flüsterton an. Ihre Backen waren rot vor mühsam verhaltenem Zorn. »Sie will mich zwingen, die Fensterrr unterr ihrrrem Kommando zu putzen. Nurrr überrr meine Leiche! Die Fensterrr putze ich, wenn ich es fürrr rrrichtig halte, nämlich nächste Woche!«

Ich gab mir Mühe, sie zu beruhigen, und riet ihr, wie geplant ihre Arbeit zu tun und Mrs. Tweedie ruhig wursteln zu lassen. »Sie gibt sowieso spätestens nach dem ersten Fenster auf«, sagte ich, »oder fällt noch vorher von der Leiter.«

»Die?«, sagte Mrs. Kirkish mit blitzenden Augen. »Die beißt lieberrr ins Grrras als aufzugeben!«

Ich verließ das Haus, ohne den Fortgang der Schlacht abzuwarten. Onkel Scott war damit beschäftigt, das Entwurmungsmittel unter Daisys und Pollys Futter zu mischen; auch bei Bairnie und einigen anderen Pferden war wieder eine Wurmkur fällig, wozu wir sie auf eine getrennte Koppel bringen mussten. Er stand im Eingang zum Futterschuppen, und während ich die Eimer auswusch, überlegte ich, wie ich meinem Onkel die Sache mit Annika möglichst schonend beibringen konnte.

»Streiten sie wieder?«, fragte er. Offenbar hatte er Mrs. Tweedies Landung mitbekommen.

Ich musste lachen. »Ja. Tweedie behauptet, sie muss unbedingt die Fenster putzen, und du kannst dir ja vorstellen, was Mrs. Kirkish dazu sagt.«

Mein Onkel brachte das Wurmmittel außer Reichweite der Hunde, die ihre Nasen immer in alles steckten, was nur irgendwie essbar aussah oder roch. »Dann ist es wohl am besten, heute nicht zu dicht an der Hausmauer entlangzugehen, wenn eine der beiden Damen aus dem Fenster fällt oder sie sich gegenseitig hinausstoßen«, sagte er trocken. Und die Vorstellung von Mrs. Kirkish, die wie Batman in ihrer ausgebeulten Jerseyhose aus einem Fenster gesegelt kam, war so irrsinnig komisch, dass ich mich vor Lachen fast verschluckte.

Auch Onkel Scott schmunzelte. »Am besten räumen wir das Feld und fahren heute mal nach Dingwall zum Mittagessen«, sagte er. »Ich lade dich ein.«

Ich strahlte ihn an, erfreut über die Abwechslung, und dachte dabei, dass das die beste Möglichkeit war, ihm von Annikas Besuch zu erzählen.

»Aber dann muss ich Mrs. Kirkish Bescheid sagen, dass sie nicht kochen soll. Sie wird beleidigt sein.«

»Wir werden's überleben«, erwiderte er. »Außerdem kann sie ja gern für heute Abend oder morgen vorkochen, das soll uns nur recht sein.«

Allan behandelte Nutmeg, die sich irgendwo einen Riss an der Flanke zugezogen hatte, mit einer Spülung aus Seifenwasser. Die alte Stute war ja blind und verfing sich öfter in einer der Brombeerranken, die hartnäckig immer wieder durch die Zäune wuchsen. »Zum Glück hat sie noch ein Jahr Impfschutz gegen Tetanus«, sagte er. »Sonst müssten wir Dr. Drury kommen lassen.«

Heute Abend sehe ich Danny!, dachte ich, während ich mit der Mistgabel eine Portion dampfender Pferdeäpfel auf die Schubkarre beförderte. Ich sang vor mich hin und die Arbeit, bei der ich sonst immer Rückenschmerzen bekam, ging mir wunderbar leicht von der Hand.

Dandy und Ginger standen in meiner Nähe und sahen mir wohlwollend zu. In den Hecken schwirrten und flöteten kleine Vögel, die dort ihre Nester bauten, und die ersten gelben Blumen blühten auf der Moorwiese, die Onkel Scott den MacClintocks abgekauft hatte.

Auf dem *Heathery Hill* weideten Dannys Schafe wie Wattetupfen im Heidekraut und Moos, das von Tag zu Tag grüner wurde und im Sonnenlicht smaragdfarben glänzte. Schon krabbelten Spinnen und Käfer geschäftig auf ihren geheimnisvollen Wegen durchs Gras. Maulwürfe und Kaninchen hatten ihre unterirdischen Wühlarbeiten wieder aufgenommen, sodass die Koppeln von Löchern und Erdhügeln durchsetzt waren. In den Bäumen gurrten Wildtauben, die Spechte trommelten ihre Botschaften über das Land und Bairnie machte Luftsprünge und schlug vor Übermut mit den Hinterbeinen aus.

Die Luft roch nach Pferdemist und Veilchen, nach Moorwasser und feuchter Erde, nach Schafen und dem zarten Apfelduft der jungen Heckenrosenblätter.

Hinter dem Haus stand Mrs. Kirkish und ließ ihre Wut an den Teppichen aus, dass es nur so staubte. Ich sah ihr zu und fragte mich, ob der Frühling für sie nur aus Hausputz und Reinigungsmitteln bestand oder ob auch sie seinen Zauber noch spüren konnte.

11

Annika kam an einem Donnerstag.

Ich hatte vor, den Bus nach Inverness zu nehmen und sie abzuholen, doch es war einer von jenen Tagen, an denen alles anders läuft als geplant. Drei der Pferde hatten über Nacht ein Stück Koppelzaun umgestoßen, waren ausgebüxt und mussten eingefangen werden. Onkel Scott und Allan reparierten den Zaun, Willie Winkie sollte kommen und vom WWF, dem World Wildlife Fund, hatten sich für den Nachmittag eine Frau und ein Mann angesagt. Der Besuch war wichtig und sollte von Onkel Scott höchstpersönlich herumgeführt werden.

Schließlich war es zu spät für den Sechs-Uhr-Bus und Allan erklärte sich bereit, mich mit dem Rover zum Bahnhof zu fahren. Notgedrungen nahm ich das Angebot an, obwohl ich seinen Fahrstil kannte und fürchtete. Er hatte die Angewohnheit, wie ein Henker durch die Landschaft zu düsen. Wer sich ihm in den Weg stellte, war des Todes.

Auf dem Weg nach Inverness dachte ich an meine eigene Ankunft im Hochland und die Fahrt nach *The Laurels* neben Allan mit dem finsteren Gesicht und der schwarzen Lederkluft, einen Kartoffelsack unter meinen Füßen. Das lag jetzt fast schon ein Dreivierteljahr zurück.

Acht Monate meines Hochlandjahres waren schon verstrichen, dahingegangen wie im Flug, und die Zeit, die mir blieb, wurde immer kürzer. Und als wäre dieser Gedanke an sich nicht schon unangenehm genug gewesen, tauchte auch noch eine Sanduhr vor meinem geistigen Auge auf. Ich sah den Sand aus der einen Hälfte des Glases in die andere rinnen, langsam, aber unerbittlich; während das eine Glas sich füllte, leerte sich das andere immer mehr.

Ich versuchte mich damit zu trösten, dass meine Eltern nicht abgeneigt zu sein schienen, uns über Pfingsten zu besuchen. Onkel Scott hatte ihnen eine teure halbe Stunde lang am Telefon zugeredet; und wenn sie kamen, konnten wir sie auch erweichen, mich länger bleiben zu lassen, da war ich fast sicher.

Ich klammerte mich am Armaturenbrett fest, während Allan um ein Haar ein Moorschneehuhn überfuhr, das die Tollkühnheit hatte, vor ihm die Straße zu kreuzen. Es flatterte in letzter Sekunde mit wildem Gegacker ins Gebüsch.

»Rette sich, wer kann!«, sagte ich. »Der Rächer vom *Heathery Hill* ist unterwegs!«

Noch vor ein paar Monaten hätte Allan mich nach einer solchen Bemerkung bestimmt aus dem Auto geworfen. Jetzt brachte er ein schwaches Lächeln zu Stande und erwiderte: »Wir haben nicht mehr viel Zeit.«

»Wenn wir einen Unfall bauen, schaffen wir's erst recht nicht«, sagte ich. »Außerdem dachte ich, du liebst Tiere.«

Er gab keine Antwort, fuhr aber eine Spur langsamer. Ich zog einen Schraubenschlüssel unter meinem Hinterteil hervor, auf dem es sich unbequem saß, und fragte mich, wie es sein würde, Annika nach so langer Zeit wieder zu sehen. Bestimmt hatte ich mich in diesem Dreivierteljahr verändert. Ob sie die Gleiche geblieben war? Und plötzlich kamen mir Zweifel, ob wir uns noch so gut verstehen würden wie früher.

Auf dem sonst ländlich ruhigen Busbahnhof von Inverness wimmelte es von Ostertouristen. Allan war im Rover geblieben. Ich bahnte mir einen Weg zwischen Menschen mit Koffern, Rucksäcken und Kinderwagen und sah mich nach dem Bus aus London um, doch er war noch nicht angekommen. Unter den Leuten, die auf ihn warteten, bemerkte ich auch einen ehemaligen Schulfreund von Danny, den ich flüchtig von einem Fest kannte. Vergeblich versuchte ich mich an seinen Namen zu erinnern.

»Ist Danny-Boy als Einsiedler in die Berge gegangen?«, fragte er mich. »Hab ihn seit Monaten nicht mehr gesehen.«

»Er hat so viel Arbeit mit den Schafen«, sagte ich. »Sie lammen seit Februar.«

Dann kam der Bus. Mit klopfendem Herzen sah ich ihm entgegen. Und plötzlich stand Annika vor mir, mit ihrem Rucksack und einem unförmigen Stoffbeutel, der wie der Hafersack eines Pferdes aussah, die Haare total kurz geschnitten und in einem alten Anorak ihres Bruders, der ihr bis zu den Knien reichte.

»Laurie!«, sagte sie. »Allmächtiger Großmufti, du bist ja gewachsen!« Und ich musste lachen, denn es erinnerte mich an die Tanten meiner Kindheit, die jedes Mal, wenn sie mich sahen, in begeisterte Ausrufe über mein wunderbares Wachstum ausbrachen.

Wir umarmten uns. Dabei kamen mir die Tränen – so rasch wechselt man manchmal zwischen Lachen und Weinen! – und ich roch ihren vertrauten Geruch, der sich nicht verändert hatte.

»Verdammt!«, sagte sie. »Jetzt fang ich doch glatt noch an zu heulen! Hast du ein Sacktuch?«

Sie liebte es also noch immer, altmodische Ausdrücke zu benutzen, »Sacktuch« statt Taschentuch, und es kam mir fast seltsam vor, wieder meine Muttersprache zu hören und drauflosreden zu können, ohne überlegen zu müssen.

»Hier«, sagte ich und zog ein Taschentuch aus meiner Jacke. »Aber es ist schon ein bisschen gebraucht.«

»Macht nix, das bleibt in der Familie.« Sie schnaubte heftig in das Papiertuch und musterte mich dabei mit ihren hellen Augen, während die Leute uns anrempelten und jemand mir seinen Koffer in die Kniekehlen stieß.

»Lass uns bloß verschwinden«, sagte ich. »Es ist so stökig hier.«

»Stökig« war ein Ausdruck, den wir beide nur untereinander verwendeten. Das Wort kommt aus dem Schwedischen und bedeutet so viel wie unaufgeräumt. Eine von uns beiden hatte es irgendwo einmal gelesen und seitdem gehörte es mit einigen anderen Ausdrücken, die sonst kaum einer verstand, zu unserer Privatsprache.

Ich nahm Annika den Hafersack ab, der voll gestopft war wie eine unförmige Wurst, und wir hakten uns unter und gingen durch die schmale Strothers Lane, überquerten die Academy Street und kamen zu der Ecke, wo Allan mit dem Rover auf uns wartete.

Unterwegs bereitete ich Annika schonend auf Allan vor. Ich riet ihr, es nicht persönlich zu nehmen, falls er sie in seiner umwerfend liebenswürdigen Art behandelte.

»Du hast mir ja geschrieben, dass er ein Zombie ist«, sagte sie. »Aber pass mal auf, du wirst dich wundern, wie entwaffnend ich auf ihn wirke, wenn ich meinen Charme spielen lasse. Ein Blick von mir, und er schmilzt wie Zitroneneis an der Sonne.«

»Zitroneneis?«, sagte ich. »Gletscherspalten-Sorbet mit Tollkirschen-Krokant!«

Wir brachen in Gekicher aus und alles war wie früher, so, als wären wir nie getrennt gewesen. Allan saß noch hinter dem Steuer; er hatte die Scheibe heruntergekurbelt und sah in die Ferne mit einem Gesicht, so edel und finster wie ein griechischer Rachegott.

Annika drückte meinen Arm und flüsterte: »Au verdammt, der ist ja richtig schön!«

Ich wollte schon den Mund auftun und erwidern, dass sie sich nicht von seinem Äußeren blenden lassen sollte, da fiel mir ein Spruch ein, den ich irgendwo gehört hatte: »Wie außen, so innen.« Und zum ersten Mal fragte ich mich, ob nicht auch Allans Inneres schön war. Vielleicht war die Art, wie er sich verhielt, nur ein Schutz, eine harte Schale, die er sich zugelegt hatte, um nicht verletzt zu werden.

So schwieg ich und dachte, dass Annika selbst herausfinden sollte, was sie von Allan zu halten hatte. Vielleicht würde sie ihn mit ganz anderen Augen sehen als ich. Wir hatten nicht immer den gleichen Geschmack und das gleiche Urteil, wenn es um andere Menschen ging.

Allan ließ sich nicht dazu herbei, auszusteigen. Er nickte Annika nur kurz zu und wartete weiter hinter dem Steuer, bis wir das Gepäck im Kofferraum verstaut hatten.

Dann klemmten wir uns beide auf den Beifahrersitz und ich sagte: »Allan, das ist meine Freundin Annika«, und Annika sagte: »Hallo, Allan«, oder so ähnlich, während er etwas Undeutliches murmelte. Die Hand gaben sie sich nicht.

Während Allan den Zündschlüssel drehte, sagte ich zu Annika: »Aufgepasst und festgeklammert! Jetzt beginnt die rasende Fahrt der tollkühnen Hochländer in ihren fliegenden Kisten.«

Sie kicherte und Allan startete wie ein Rennfahrer und hielt mit quietschenden Reifen vor der nächsten Ampel.

Wir mussten aufpassen, dass wir nicht mit den Nasen gegen die Windschutzscheibe prallten.

»Hast du einen Rettungsring mitgebracht?«, fragte ich.

Da kicherte Annika noch mehr und ich sah aus den Augenwinkeln, wie Allans Lippen schmal wurden. Heimlich versetzte ich Annika mit dem Ellbogen einen Rippenstoß; und sie schien zu verstehen, wurde schlagartig ernst und begann mir von ihrem Praktikum in einem Fotoatelier zu erzählen, von gemeinsamen Schulfreunden und einem Typ, in den sie vorübergehend schwer verliebt gewesen war und der sich als absolut »horrormäßiger Stinkmolch« entpuppt hatte, wie sie das nannte.

»Du hast ein Glück mit deinem Danny!«, sagte sie.

»Ich weiß«, sagte ich.

»Ich bin schon ganz wild darauf, ihn kennen zu lernen. Und deinen Onkel … und die Pferde und alles!« Sie spähte aus dem Fenster und versuchte mit den Augen die Dämmerung zu durchdringen, in der die Umrisse vereinzelter Baumgruppen, Bachläufe und Hügel schwarz wie Tuschzeichnungen auftauchten und versanken.

Allan sagte während der ganzen Fahrt kein Wort, und wenn ihn unser aufgeregtes, pausenloses Palaver in einer fremden Sprache nervte, ließ er es sich jedenfalls nicht anmerken. Er fuhr sogar etwas vorsichtiger als sonst. Vielleicht fürchtete er, wir könnten plötzlich in zweistimmiges Gekreische ausbrechen oder ihm unversehens ins Steuer fallen. Auf die Idee, dass Annika ihm gefiel und dass er sich von seiner besten Seite zeigen wollte, kam ich nicht einmal im Traum; alles andere wäre mir eher in den Sinn gekommen als das.

Annika war tief beeindruckt von Onkel Scotts Haus.

»He, du hast mir nie geschrieben, dass es aussieht wie die Kulisse in einem englischen Gruselfilm!«, rief sie entzückt, während wir aus dem Rover stiegen.

»Das ist bloß, weil der Mond so komisch scheint«, erwiderte ich.

Und wirklich, der Mond verbreitete an diesem Abend einen fast überirdischen, milchigen Glanz, der das Haus wie eine Aura oder eine Glocke umhüllte, die Fenster geheimnisvoll blitzen ließ und den Efeu am Mauerwerk in dunklen Pelz verwandelte.

Allan kam nicht mehr mit ins Haus. Er düste auf seinem Moped davon, noch ehe wir uns richtig dafür bedanken konnten, dass er uns in seiner Freizeit durch die Gegend kutschiert und dabei sogar unser Leben geschont hatte.

Annika sah ihm nach und sagte: »Er sieht aus wie dieser Typ in dem alten Film aus den Südstaaten. *Vom Winde verweht,* meine ich.«

»Clark Gable?«, sagte ich. »Kann ich nicht finden. Der hat mir nie gefallen. Außerdem hat er Segelfliegerohren.«

»Was?«, sagte sie und es klang fast empört. »Allan hat Segelfliegerohren?«

Ich schüttelte den Kopf. »Allan nicht. Clark Gable. Und dann hab ich immer gefunden, dass er aussieht, als ob er nicht bis drei zählen könnte. Clark Gable, meine ich«, fügte ich sicherheitshalber hinzu.

Im Wohnzimmerkamin brannte Feuer und die Leute vom WWF hatten leere Gläser und volle Aschenbecher hinterlassen. Dart und Rascal begrüßten Annika wie eine alte Bekannte, was mich nicht wunderte, denn alle Hunde mögen Annika.

Onkel Scott zeigte sich in seinem Tweedjackett von der

besten Seite; er sah fast wie ein Schlossherr aus und sagte, es sei schön, dass jetzt mehr Leben ins Haus käme.

»Es ist sicher nicht immer leicht für Laurie, mit einem alten Knacker wie mir zusammenzuleben«, meinte er.

»Hör bloß auf!«, sagte ich. »Du weißt genau, wie glücklich ich bei dir bin. Und du bist kein alter Knacker!«

»Das ist nur fishing for compliments«, sagte Annika in ihrer unverblümten Art. Man merkte, dass ihr Englisch ziemlich eingerostet war.

Ich schob ein halbes dutzend Pilzpasteten aus dem Supermarkt in den Backofen, während Annika nach oben ging, um ein paar Sachen auszupacken. Als Mitbringsel hatte sie für Onkel Scott und mich Pulswärmer gestrickt. Seine waren bunt geringelt, die meinen aus schrill türkisfarbener Wolle mit Perlchen – »gegen das raue schottische Klima«, wie sie sagte. Onkel Scott freute sich; er zog die Pulswärmer sofort über seine Handgelenke und ich dachte, dass Annika wieder einmal, bewusst oder unbewusst, die richtige Idee gehabt hatte, weil mein Onkel seit einigen Monaten häufig über kalte Hände klagte.

Ich bekam noch vier Münchner Brezen, die ich mir sehnlich gewünscht hatte, und aß drei davon sofort auf. Obwohl sie schon etwas trocken waren, kamen sie mir doch köstlicher vor als ein Menü in einem exklusiven Feinschmeckerlokal.

Während des Abendessens redete Annika munter drauflos; dabei war ihr Englisch womöglich noch dürftiger als meines bei meiner Ankunft im vergangenen Sommer. Immer wieder musste ich ihr mit einem Wort auf die Sprünge helfen und merkte dabei erst richtig, wie vertraut mir die englische Sprache inzwischen geworden war.

»Du redest schottischen Dialekt«, sagte Annika später zu mir, als wir im Wohnzimmer vor dem Kaminfeuer saßen und Wein tranken, den Onkel Scott zur Feier von Annikas Ankunft aus dem Keller geholt hatte. »Wie du das ›r‹ rollst!« Und sie ahmte mich nach: »horrrsss«, was aus ihrem Mund eher nach einer Halskrankheit klang als nach einem Pferd.

Onkel Scott strahlte. Er sagte, über meine Aussprache hätten sich schon viele gewundert, und wenn ich noch einige Zeit hier bleiben könnte, würde mich bald jeder für eine waschechte Schottin halten.

Ich war zutiefst geschmeichelt. Der Wein »löste unsere Zungen«, wie es so schön heißt, und wir redeten über Gott und die Welt, wobei ich immer wieder für Annika übersetzen musste. Onkel Scott taute mehr und mehr auf. Er erzählte von seinen Anfängen mit dem Gnadenhof und seinem Entschluss, die Tätigkeit als Lehrer aufzugeben, weil sie ihn krank gemacht hatte und weil er das herrschende Notensystem für unsinnig hielt. Damit gewann er Annikas Herz vollends.

Wir lagen kaum im Bett, da sagte sie schon: »Du bist ein ekelhafter Glückspilz! Von so einem Onkel kann man bloß träumen, echt, Laurie!« Es klang fast vorwurfsvoll. »Meine beiden Onkel sind langweilig wie der Teufel und finden die Jugend von heute unhöflich und zügellos.«

Wir schliefen beide in meinem Zimmer. Mrs. Kirkish hatte mir am Vortag geholfen, das Bett aus dem benachbarten Zimmer abzubauen und neben meinem wieder aufzustellen. Natürlich hätten in Onkel Scotts großem Haus genug freie Räume für Annika zur Verfügung gestanden, aber ich hatte mich so darauf gefreut, jeden Abend mit ihr reden zu können und morgens neben ihr aufzuwachen, genau wie in alten Zeiten, wenn wir ein Wochenende zusammen auf dem Land bei Annikas Großeltern verbrachten.

»Und jetzt erzähl von Danny!«, sagte Annika.

Mitternacht war längst vorbei und doch waren wir beiden noch hellwach und redeten von vergangenen und zukünftigen Tagen. Der Mond schien durch die Fenster und Rascal, der am Fußende meines Bettes lag, schnaufte friedlich und klopfte ab und zu halb im Schlaf mit dem Schwanz aufs Laken, wenn wir einen unserer Kicheranfälle hatten.

In dieser Nacht sang auch die Nachtigall; die erste, die ich in diesem Jahr hörte, und Annikas erste Nachtigall überhaupt. Sie saß aufrecht im Bett und sagte: »Das hab ich mir immer gewünscht – mal eine Nachtigall zu hören, eine echte; nicht bloß auf der Schallplatte oder im Fernsehen. Jetzt möchte ich einschlafen – solange sie noch singt.«

Und wir waren still und lauschten andächtig. Dann schlug eine zweite Nachtigall. Der Gesang kam vom Grundstück der MacLaughlins, das verwildert und von Gestrüpp überwachsen war und den seltensten Vögeln Unterschlupf bot. Wie Danny sagte, war es ein Stück Erde, das zu seinem Ursprung zurückgekehrt war, wo nicht mehr die Menschen regierten, sondern die Tiere.

Doch Annika hörte nichts mehr, sie war eingeschlafen. Ich selbst lag noch wach. Ich dachte darüber nach, wie sich durch Annikas Besuch mein altes Leben mit dem neuen verband, während ich bisher oft eine Art Bruch zwischen Vergangenheit und Gegenwart verspürt hatte, als ließen sich beide Teile nicht richtig zusammenfügen.

Die Nachtigallen hörten fast gleichzeitig auf zu schlagen. Dann herrschte lange Zeit Stille. Erst als die erste Drossel dieses Morgens zu singen begann, schlief ich ein. Und es kam mir vor, als wären nur wenige Minuten verstrichen, bis jemand mir die Decke wegzog und mich unter der Nase kitzelte.

»Lass das! Verschwinde!«, murmelte ich schlaftrunken, denn ich dachte, es wäre Rascal.

»Steh auf, du Schlafmolch!«, sagte Annikas Stimme. »Dein Onkel und der schöne Allan sind schon draußen und füttern die Pferde, und die Hunde haben Hunger und ein Kater sitzt auf dem Tisch und eine hutzlige alte Butzefrau steht im Flur und behauptet, sie müsste die Fenster putzen.«

Ich fuhr hoch. »Wie spät ist es?«

Annika war schon angezogen. »Acht«, sagte sie. »Oder nein, fast halb neun.«

Ich murmelte: »Hilfe!«, und sprang aus dem Bett. Mir war schwindlig und in meinem Kopf brummte es. Jemand hatte meine Jeans versteckt. Nach hektischer Suche merkte ich, dass sie zwischen Schrank und Sessel gerutscht war.

»Du brauchst einen Kaffee«, entschied Annika. »Du rödelst herum wie ein angestochener Floh!«

In der Küche saß Mrs. Tweedie und musterte Annika mit misstrauischer Miene, die deutlich besagte, dass sie die Gegenwart fremder Menschen im Haus missbilligte, noch dazu, wenn sie nur unvollkommen Englisch sprachen.

»Das ist Annika. Sie ist meine beste Freundin«, sagte ich.

»Bleibt sie lange?«, fragte Mrs. Tweedie.

Ich hatte keine Lust, auf diese bissige Frage zu antworten. »Es wird Mrs. Kirkish nicht recht sein, wenn Sie wieder Fenster putzen«, sagte ich nur. »Sie wollte diese Woche sowieso damit anfangen.« Dabei stürzte ich meinen Kaffee kochend heiß hinunter.

Annika hatte eine Latzhose mitgebracht, die sie in Habermanns Stall zur Arbeit benutzte. Sie war ganz wild darauf, bei den Pferden mitzuhelfen. Wir gingen ins Freie und ließen Mrs. Tweedie mit der Trittleiter allein, die sie stöhnend, aber eigensinnig durch die Gegend bugsierte.

Draußen war es kühl und windig. Die Hunde liefen uns entgegen und Annika bewunderte das viktorianische Gewächshaus, Tante Annes verwilderten Garten, in dem Osterglocken zwischen Brombeeranken blühten, den knorrigen Apfelbaum mit seinen dicken Knospen, die Berge, die im sanften Licht des Morgens smaragdgrün schimmerten. Alles, was sie sah, erregte ihr Entzücken und ich fühlte mich an die Tage meiner eigenen Ankunft erinnert, als mir *The Laurels* wie die Erfüllung eines Traumes vorgekommen war; ein letztes Paradies für Menschen und Tiere – das »*Land of Heart's Desire*«, wie eine der Erzählungen des irischen Dichters Yeats heißt, dessen Werke in Onkel Scotts Bücherregal standen.

Es war schön, Annika dabeizuhaben und alles mit ihren Augen neu zu sehen. Allan kam uns mit einer Schubkarre voll leerer Eimer über den Stallhof entgegen und Bairnie wackelte hinterdrein wie ein junger Hund, zottelig mit den Resten seines Winterfells. Annika verliebte sich sofort in ihn und begann Allan alles Mögliche über den kleinen Hengst zu fragen, und er antwortete mit einer Redseligkeit, die mich verblüffte.

Verdutzt ging ich zum Futterschuppen und ließ die drei allein. Eine Maus war im Hafer und brachte mich auf andere Gedanken. Ich wusste, dass Onkel Scott Mäuse im Pferdefutter wie die Pest fürchtete, weil sie Krankheiten übertragen können. Ich verscheuchte sie und nahm mir vor, mit ihm über meine Beobachtung zu reden. Vielleicht mussten wir Fallen aufstellen, so grausam das auch war, oder eine junge Katze als Verstärkung für MacDuff anschaffen, der seine Pflichten als Stallkatze zusehends vernachlässigte und lieber Katzenfutter als Mäuse fraß.

Es machte Spaß, Annika wenigstens einen kleinen Teil all dessen zu zeigen, was ich liebte – Dandy, Ginger, Nutmeg und Brownie; unseren alten Stall, den *Heathery Hill* mit den verstreuten »Scotties«, Dannys »Scotch Black Face«-Schafen. Und Annika war von allem begeistert, was sie sah. Nur dass ein paar Pferde vor ihr zurückwichen und sie scheu aus der Ferne beäugten, während sie Allan und mir zur Hand ging, verunsicherte sie.

»Du musst das verstehen«, sagte ich. »Viele von unseren Pferden haben üble Erfahrungen mit Menschen gemacht. Es dauert seine Zeit, bis sie Vertrauen zu Fremden fassen. Das hat nichts mit dir zu tun.«

Doch Dandy rieb seinen Kopf an ihrer Schulter und gewann ihr Herz im Sturm, genau wie Nutmeg mit seinen blinden Augen, der auf der Suche nach Leckerbissen an ihren Jackentaschen schnupperte, bis sie ins Haus lief, den Rest ihrer Reisekekse aus dem Stoffbeutel holte und sie zwischen ihm und Dandy aufteilte. Ich merkte, wie Allan sie aus den Augenwinkeln beobachtete, während er arbeitete. Auch Onkel Scott lächelte wohlgefällig und sagte, als sich unsere Wege vor dem Stall kreuzten: »Deine Freundin ist eine feine Lass. Sie passt zu uns.«

Zum Mittagessen kochte Annika Spagetti mit einer Phantasiesoße aus allem, was wir gerade im Vorratsschrank hatten. Mrs. Tweedie, die das Fensterputzen wieder aufgegeben hatte und stattdessen zum Staubwischen übergegangen war, rümpfte die Nase und sagte, sie hätte keinen Appetit auf »ausländisches Essen«, während es Onkel Scott und mir gut schmeckte.

»Ist die alte Tussi immer so verbissen?«, fragte Annika, als wir das Geschirr in die Spülmaschine schichteten.

»Man gewöhnt sich an sie«, versicherte ich. »Sie ist ein Überbleibsel aus der viktorianischen Zeit, sagt Onkel Scott. Aber irgendwo ist sie auch eine treue Seele. Sie liebt Onkel Scott, obwohl sie ihn manchmal abkanzelt wie einen Schuljungen. Sie kennt ihn ja auch schon, seit er ein ›toddler‹ war, wie sie das hier nennen, so eine Art Hosenmatz – und so behandelt sie ihn meistens auch.«

»Und was ist mit Dannys Mutter?«, fragte Annika. »Ich dachte, zwischen deinem Onkel und ihr bahnt sich etwas an.«

Ich sah mich erschrocken um, doch keiner war in der Nähe. Außerdem sprachen wir ja Deutsch. »Hab ich doch auch gedacht«, sagte ich. »Aber irgendwie scheint das nicht so einfach zu sein mit den beiden. Danny meint, seine Mutter hätte Angst, sich auf eine neue Beziehung einzulassen. Vielleicht denkt sie auch, Onkel Scott würde ihr ewig nachtragen, dass sie ihm in ihrer Jugend einen anderen Mann vorgezogen hat. Onkel Scott ist jedenfalls noch schwer in Dannys Mutter verliebt, da bin ich sicher. Er ruft sie an, sooft sich eine Gelegenheit dazu ergibt, und war auch schon ein paar Mal mit ihr zum Essen aus.«

»Hm«, sagte Annika skeptisch. »Das klingt nicht gerade nach glühender Leidenschaft. Und du hast gemeint, sie würden spätestens im Mai vor dem Traualtar stehen.« Und sie schlug mit dem Kochlöffel auf einen Topfdeckel und summte dazu ziemlich falsch den Hochzeitsmarsch.

»Hab ich nie gesagt!«, rief ich. »Im Mai schon gar nicht. Die Schotten heiraten nicht im Mai. Sie glauben, dass das Unglück bringt.«

Nachmittags ritten wir zusammen aus. Ich ließ Annika Dandy reiten, weil er ihr so gefiel, und nahm Ginger. Da wir nur einen vernünftigen Allzwecksattel im Stall hatten, kam Allan mit seinem eigenen Sattel daher, den er sonst hütete wie ein Zwergenkönig seinen sagenhaften Goldschatz, und murmelte: »Sie kann meinen Sattel nehmen.«

Ich war so geplättet, dass ich zwei Anläufe brauchte, um auf Gingers Rücken zu kommen. Die alte Stute zuckte nur mit den Ohren, als würde sie von einem besonders lästigen Insekt umschwirrt. Kaum war Allan verschwunden, da sagte ich: »Das halt ich im Kopf nicht aus! Dass er dir seinen kostbaren Sattel leiht, meine ich.«

»Wieso?«, fragte Annika. »Was ist daran so seltsam?«

»Alles«, sagte ich. »Ich hätte nie im Leben gedacht, dass es irgendeinen Menschen auf dieser Welt gibt, dem Allan seinen Sattel freiwillig ausliefert.«

»Langsam frage ich mich«, sagte Annika, während wir über den Koppelpfad zur Westpforte ritten, »warum du ihn dauernd so hinstellst, als ob er Frankensteins Urenkel wäre.«

Ich wandte mich zu ihr um. Ihr leicht angriffslustiger Ton hatte mich nicht getäuscht; ihre Augen funkelten auf jene besondere Weise, die ich längst kannte.

»Was?«, fragte ich. »Wer?«

»Allan natürlich. Schon in deinen ersten Briefen hast du ihn einen absoluten Zombie genannt.« Es klang, als hätte ich Annika persönlich beleidigt; und während ich mich aus dem Sattel schwang und die Pforte öffnete, merkte ich, wie ich versuchte mich zu verteidigen.

»Das war doch nur anfangs«, sagte ich. »Er hat sich ja auch unmöglich benommen, wirklich, das kannst du dir nicht vorstellen ... Bis ich kapierte, wie schwer er's zu Hause gehabt hat ... Also hör mal, verdammt noch mal, ich mag Allan, aber er kann auch unheimlich schwierig sein, das wirst du schon noch merken!«

»Es gibt da so ein altes Sprichwort, das heißt: ›Wie man in den Wald hineinruft, so schlägt es zurück‹«, sagte Annika und ritt hoheitsvoll an mir vorbei, während ich die Pforte für sie und Dandy offen hielt.

Ich musste lachen. »Schallt es zurück«, verbesserte ich.

Dann redeten wir nicht mehr über Allan; zumindest nicht an diesem Nachmittag.

12

Manchmal kann es passieren, dass zwei Menschen, die einem sehr wichtig sind, sich durchaus nicht auf Anhieb verstehen und mögen, wenn man sie miteinander bekannt macht; dass sie sich vielleicht sogar nicht einmal besonders sympathisch sind. So ging es mir mit Danny und Annika. Statt der erwarteten Begeisterung und Zuneigung war da nichts als Distanz und kühle Zurückhaltung, schon vom ersten Wort an, das sie wechselten. Ich stand enttäuscht und ratlos daneben und wusste nicht, was schief gelaufen war; und nichts, was ich tat, um sie einander näher zu bringen, konnte etwas ändern.

Doch Annika und Shee mochten einander sofort, das war

wenigstens ein kleiner Trost. Sie saßen während der beiden Stunden, die wir in *Braeside* verbrachten, auf der Bank vor dem Haus, während Dandy und Ginger im Vorgarten grasten, und unterhielten sich über Liebe und Gottvertrauen, überlieferte Strickmuster, Umweltschutz und Annikas Sehnsucht, aufs Land zu ziehen und nie wieder einen Fuß in die Großstadt zu setzen. Danny und ich saßen dabei und hielten uns an der Hand, und Danny war stumm wie ein Fisch.

»Laurie, sag mal, was heißt ›aussteigen‹ auf Englisch? Und ›die Nase voll haben‹? Und ›sich abgrenzen‹?«

Schließlich verschwand Danny im Schafstall. Shee und Annika redeten und redeten, und mein Teil an der Unterhaltung bestand vor allem darin, einzuspringen, wenn es mit der Verständigung haperte.

Dann kam Mrs. MacClintock mit Tee und selbst gebackenen Haferplätzchen, was die beiden Pferde, Dandy und Ginger, herbeilockte. Sie stießen fast den Tisch um in ihrem Eifer, an die Plätzchen zu kommen, und Nessie, der schwarzlockige Hund, bellte entrüstet unter der Bank hervor.

Sheila lud Annika ein, am Karfreitagnachmittag vorbeizukommen. Sie wollte ihr ein irisch-schottisches Strickmuster für einen Pullover beibringen, das McDyre's Muster hieß und offenbar teuflisch kompliziert war.

Ich ging zu Danny in den Stall. Drei Schafe mit ziemlich dicken Bäuchen lagen unter dem Fenster, die ich für trächtige Muttertiere hielt. Danny fütterte gerade ein Lämmchen mit der Flasche, das von seiner Mutter nicht angenommen worden war. Es war weiß mit schwarzen Flecken im Gesicht und sah so rührend und unschuldsvoll aus, dass ich es am liebsten in die Arme genommen und mit nach Hause getragen hätte.

»Allmächtiger, ist das süß!«, sagte ich hingerissen.

»Ja«, erwiderte Danny etwas nüchterner. »Aber ich weiß nicht, ob es durchkommt. Es ist so schwach, es kann sich kaum auf den Beinen halten.«

»Warum hat seine Mutter es verstoßen?«, fragte ich.

Danny schüttelte den Kopf. »Keine Ahnung. Manchmal passieren solche Dinge, für die man keine Erklärung hat. Vielleicht ist es nicht lebensfähig. Tiere spüren so was.« Er sah müde aus.

»Geht's dir nicht gut?«, fragte ich und küsste ihn auf die kleine Falte zwischen den Augenbrauen.

»Ich hab heute Nacht kaum geschlafen. Ein paar von den Schafen haben zu viel nasses Gras erwischt. Ich hab sie abends auf der Weide gefunden; ihre Bäuche waren so dick, dass ich dachte, sie platzen jeden Augenblick. Ich musste sie heimholen und dann losfahren, um Will zu suchen. Der Tierarzt verlangt ja für jeden Besuch zwölf Pfund, das können wir uns nicht immer leisten. Dann war ich noch bis morgens um fünf im Stall, bis sie das Schlimmste überstanden hatten.«

»Und jetzt komme ich auch noch daher und schleppe Besuch an«, sagte ich.

»Du kommst sowieso so selten. Tut mir bloß Leid, dass wir nicht viel miteinander anfangen können, deine Freundin und ich. Du bist sicher enttäuscht.«

Ich wollte schon den Kopf schütteln und so tun, als würde es mir nichts ausmachen, doch ich mochte Danny gegenüber nicht unehrlich sein. »Ein bisschen«, sagte ich. »Aber ihr könnt nichts dafür, es ist halt so, wie es ist. Wenigstens versteht sich Annika gut mit Shee.«

Er nahm mich in die Arme. »Es ist nicht so, dass ich sie

nicht mögen würde«, sagte er zögernd. »Und ich weiß ja auch, dass sie dir viel bedeutet. Aber …«

»Du brauchst dich nicht zu rechtfertigen«, erwiderte ich und küsste ihn. »Sympathie lässt sich nicht erzwingen. Aber vielleicht könnt ihr mehr miteinander anfangen, wenn ihr euch besser kennt.«

»Vielleicht«, sagte Danny, doch es klang nicht besonders überzeugt.

Auf dem Heimweg ritten wir durch das Wäldchen, das aus der Winterstarre erwacht war. Waldreben spannten sich von Baum zu Baum und blühten mit zahllosen blauen Sternchen, sattgrüne Geißblattranken hingen wie Lianen herab und wehten im Wind. Der Bach sprudelte und gluckste zwischen den Farnkrautbüscheln, die sich wie seit Urzeiten langsam aus ihrer Schneckenform entrollten. Vergissmeinnicht blühte an den Ufern und die Birken trugen grüne Schleier.

»Mann, wie das duftet!«, sagte Annika. »Ich möchte mich am liebsten ins Gras schmeißen und in die Erde beißen. Weißt du noch, wie der alte Musbeyer uns gezwungen hat, dieses Gedicht auswendig zu lernen – *Frühling lässt sein blaues Band*? Ich fand das damals so total blödsinnig, dass ich jedes Mal vor Lachen beinahe erstickt bin, wenn einer es aufsagen musste. Heute finde ich, dass es gar nicht so übel ist. Vielleicht wird man ja so, wenn man älter wird – sentimental, meine ich.«

Sie sagte das mit einer so komischen Besorgnis in der Stimme, dass ich Mühe hatte, ernst zu bleiben. »Ja«, bestätigte ich. »Das sind sicher die ersten Anzeichen von Vergreisung.«

»Vergreisung?«, wiederholte sie. »Nein, es ist die Weisheit des Alters, o Horatio!«

»So kann man es auch nennen, o Pumuckl!«, sagte ich mit einem Lachen in der Stimme.

Wir warteten, während Ginger und Dandy an frischen Blattspitzen knabberten, die offenbar besonders gut schmeckten. Der Wallach und die Stute standen jetzt dicht nebeneinander und Annika streckte die Hand aus, legte sie auf meine Schulter und sagte: »Aber mal im Ernst – das mit Danny tut mir Leid.«

»Es braucht dir nicht Leid zu tun«, sagte ich, ähnlich wie vorher zu Danny. »Es ist halt so.«

»Ich ... Ich hab ihn mir ganz anders vorgestellt.«

Das traf mich. »Anders?«, fragte ich. »Wie denn?« Und ich merkte, wie sich »die Haare auf meiner Seele sträubten«, frei nach einem Ausspruch meines Vaters.

Annika ließ die Hand sinken. »Hm«, erwiderte sie vorsichtig, »ich weiß nicht so recht – einfach anders. Er ist so ... zu. Ich kann mir nicht vorstellen, was er denkt und fühlt. Zwischen uns war eine richtige Wand. Ich hab gedacht, er wäre offener.«

»Das ist er auch. Er ist sehr offen, wenn er jemandem vertraut«, sagte ich, als müsste ich ihn verteidigen. »Aber dazu müsst ihr euch wohl erst mal besser kennen lernen. Ich find's ganz in Ordnung, dass er anfangs zurückhaltend ist.«

Dann, als wir weiterritten, fragte sie noch: »Ist er immer so still?«

Es klang, als fände sie Danny langweilig, und ich erwiderte: »Das kommt ganz darauf an. Wenn andere viel reden, hält er lieber den Mund und hört zu, statt auch noch draufloszuschwadronieren.«

Erst Annikas Antwort machte mir bewusst, wie spitz

diese Erklärung klingen musste. »Du findest also, dass ich zu viel geredet habe?«

Wie kam es nur, dass wir uns an einem einzigen Tag, diesem ersten gemeinsamen Tag nach so langer Zeit, zweimal fast in die Haare gerieten, und jedes Mal wegen eines Jungen?

»Ich weiß nicht«, sagte ich. »Jedenfalls, wenn Danny und ich genauso viel geredet hätten wie du und Shee, wäre ein Riesenpalaver draus geworden.«

»Aha«, sagte sie. »Dann ist's wohl besser, wenn ich mein Palaver mal für einige Zeit total einstelle.«

Das klang beleidigt, doch ich wusste, dass Annika nie für längere Zeit böse sein konnte; und so war es auch. Denn als wir den Efeubaum erreichten, zügelte sie Dandy und wartete, bis Ginger aufschloss, sodass wir wieder nebeneinander reiten konnten.

»Hast du schon mal zwei so schwachsinnige Tanten gesehen?«, sagte sie und zwinkerte mir zu. »Wieso streiten wir eigentlich schon am ersten Tag? Vielleicht bin ich ja ganz einfach eifersüchtig auf deinen Danny ...«

Ich streckte die linke Hand aus. Sie gab mir ihre rechte und ich erwiderte: »Ja, es ist hirnrissig, wie wir uns aufführen. Ich bin nur so empfindlich, wenn's um Danny geht.«

»Das versteh ich ja!«, sagte sie, und nach einer Weile: »Aber schau, vielleicht ist es ganz gut, dass wir bei Männern einen unterschiedlichen Geschmack haben. Stell dir mal vor, ich würde mich auch in deinen Danny verlieben, das wär doch ein Operndrama.«

»So was passiert nur in Romanen«, sagte ich, aber sie behauptete, das gäbe es durchaus auch in Wirklichkeit, und zwar häufiger, als man annehmen würde.

»Das Leben«, erklärte sie, »schreibt oft die seltsamsten Geschichten, ich schwör's dir!« Und es klang so total komisch nach Briefkastentante, dass wir beide wie verrückt losprusteten und uns nur schwer wieder beruhigen konnten.

An der Westpforte erwarteten uns Dart und Rascal. Wir sattelten die Pferde ab, rieben sie trocken, kratzten ihre Hufe aus und brachten sie auf die Koppel. Onkel Scott kam gerade von Dingwall zurück, wo er für die Ostertage zwei Kartons voller Lebensmittel eingekauft hatte.

»Wir müssen Ostereier färben«, sagte Annika. »Ich hab von zu Hause Naturfarben mitgebracht.«

Wir radelten zu einem Crofter, einem Kleinbauern in der Nachbarschaft, der frei laufende Hühner hatte, und kauften zwei Dutzend Eier. Gleich nach der Abendfütterung der Pferde entwickelte Annika wilde Geschäftigkeit. Die Eier mussten gesäubert, angepiekst, gekocht und dann mit Krappwurzel, Cochenille, Blauholz und Mate-Tee gefärbt werden, was überall Farbspuren hinterließ, besonders in den Töpfen und an unseren Händen. Kaum lagen die Eier zum Trocknen in einer Schale auf dem Fensterbrett, da beschloss Annika, dass wir auch noch einen Osterzopf backen mussten.

»Wo nimmst du bloß die Energie her?«, stöhnte ich, denn ich war müde nach der durchwachten Nacht. Gnadenlos wurde ich gezwungen, Nüsse zu hacken und Rosinen zu waschen, während die Fertighefe zu einem kleinen Pilz aufging und Annika das Mehl abwog. Dann konnten wir Kater MacDuff in letzter Minute davon abhalten, sich auf den frisch gefärbten Eiern niederzulassen, und in Abständen von etwa zehn Minuten tauchte Onkel Scott auf, der über seiner Vierteljahresabrechnung saß, streckte den Kopf durch die Küchentür und wollte wissen, was wir machten.

Schließlich musste ein warmes Plätzchen für den Hefeteig gefunden werden. Annika stellte ihn auf die Heizung und deckte ihn mit einem Tuch zu, fürsorglich wie eine Mutter ihr Baby. Ich ließ mich auf dem Küchensofa nieder, zog die Beine an und war vollauf damit beschäftigt, meine Augen offen zu halten, während Annika die Eier mit einem in Speiseöl getränken Lappen auf Hochglanz polierte.

Der Teig brauchte fast eine Stunde, bis er vorschriftsmäßig aufgegangen war und den doppelten Umfang erreicht hatte. Blinzelnd sah ich zu, wie Annika ihn in drei Stücke teilte und aus den wurstförmigen Rollen einen Zopf formte.

»Perfekt!«, sagte ich. »Und jetzt gehen wir ins Bett.«

»Überhaupt nicht. Erst muss der Zopf noch mal eine Viertelstunde gehen und dann braucht er fast eine Stunde, bis er gebacken ist. Bis dahin müssen wir aufbleiben.«

Ich schlief ein, als Annika den Osterzopf ins Backrohr schob, und erwachte von einem lieblichen Duft, der meine Nase umschmeichelte. Vor mir auf dem Tisch stand ein riesiger goldbrauner Hefezopf wie eine Erscheinung aus dem Schlaraffenland.

Annika bestrich ihr Meisterwerk mit Zuckerglasur. »Fertig«, erklärte sie befriedigt und wischte sich die Hände am Hosenboden ab.

Seufzend und stöhnend raffte ich mich vom Sofa auf. Onkel Scott tauchte im Türrahmen auf, schnupperte und sagte: »Das duftet ja köstlich! Ah! Sieht der wunderbar aus!«

»Sie dürfen ihn probieren«, meinte Annika großzügig. »Er ist zwar noch heiß und man kriegt … Laurie, was heißt Magendrücken?«

»Stomach-ache«, soufflierte ich.

»Ja, das ist es, was man davon kriegt, solange er noch warm ist, aber trotzdem.«

»Wunderbar!«, wiederholte Onkel Scott. »Da kann ich nicht widerstehen.« Und er kam in die Küche und setzte den Wasserkessel auf. »Aber Kaffee brauche ich dazu. Trinkt ihr eine Tasse mit?«

»Gern«, sagte Annika, die nachts erst richtig munter wird.

»Nein, danke!« Ich schüttelte den Kopf. »Ich gehe jetzt ins Bett. Gute Nacht allerseits.« Und mit Rascal im Schlepptau stolperte ich die Treppe hinauf, während die Standuhr im Wohnzimmer zwölf asthmatische Schläge tat.

13

Der Ostermorgen brachte Sonne und strahlendes Licht auf den Koppeln und Berghängen. Die Stare balzten hinter dem Haus, die Pferde wälzten sich im saftigen jungen Gras, Bairnie vollführte Luftsprünge mit allen vieren gleichzeitig und Annika überredete Onkel Scott, die MacClintocks und Allan zum Nachmittagstee einzuladen.

»So wie das heute aussieht, können wir vielleicht im Freien sitzen«, sagte sie hoffnungsvoll.

Ich dachte, dass Annika das schottische Wetter noch

nicht kannte. Prompt zogen nach einem herrlichen Vormittag, an dem man die Blütenknospen förmlich aufplatzen sah, dicke Wolken über den Ben Wyvis. Annika meinte, mit Hilfe positiver Gedanken würden sich die Wolken womöglich wieder verziehen. Doch kaum hatten wir die ersten Stühle ins Freie geschleppt, da begann es auch schon zu regnen.

»Es ist nur ein Schauer«, sagte Annika.

»Ja«, sagte ich. »Aber einer, der stundenlang dauern kann!«

Als Danny mit seiner Mutter und Shee kam, goss es in Strömen. Allan stieg triefend vor Nässe von seinem Moped und musste seine Ersatz-Arbeitshose aus der Sattelkammer holen und sich einen dicken Pullover von Onkel Scott ausleihen.

Alle lobten Annikas Osterzopf. Onkel Scott saß neben Dannys Mutter am Tisch; er hatte sein neues Seidenhemd angezogen, war frisch rasiert und wirkte aufgeregt. Auch Mrs. MacClintock hatte sich hübsch gemacht. Sie trug eine Bluse mit Spitzeneinsatz und baumelnde violette Amethystohrringe, die einen reizvollen Kontrast zu ihrem roten Haar bildeten. Offenbar war ihr Onkel Scott doch nicht total gleichgültig.

»Ich bin so glücklich, dass die jungen Leute wieder Schwung und Leben in mein Haus gebracht haben«, sagte mein Onkel.

»Dafür ist Annika genau richtig«, sagte ich. »Um Leben ins Haus zu bringen, meine ich.«

Allan saß neben Annika, was bestimmt kein Zufall war. Er verschanzte sich wieder hinter seiner finsteren Miene, die deutlicher als Worte ausdrückte: Ihr könnt mich alle mal, mir kann keiner was; doch ich wusste inzwischen, dass in Wirklichkeit nur Angst vor Ablehnung dahinter steckte. Annika bugsierte ein Riesenstück Osterzopf auf seinen Teller und Rascal zwängte seine Nase zwischen mein Knie und das von Danny und sah mit schmelzendem Blick zu mir auf.

»Er ist eifersüchtig«, sagte Danny.

Ich schüttelte lachend den Kopf. »Nein, er möchte bloß seinen Anteil am Kuchen.« Und wir verfütterten ein Stück Zopf an die Hunde, denn schließlich war Ostern und sie waren auch keine Stiefkinder, wie Annika sagte.

Onkel Scott öffnete eine Flasche Portwein und wir stießen miteinander an, alle bis auf Allan, der keinen Alkohol trank. Annika bestand darauf, mit seiner Teetasse anzustoßen.

Der Regen prasselte gegen die Fensterscheiben. Danny spielte eine Kassette mit irischer Volksmusik ab, die er mitgebracht hatte. Dabei stellte sich im Laufe des Gesprächs heraus, dass Allans Vater hier in der Gegend um Inverness als Fiddler, als Geigenspieler, bekannt und beliebt gewesen war und regelmäßig bei Ceilidhs, Hochzeiten und Taufen aufgespielt hatte.

Ich warf Allan einen Blick zu und fürchtete, das Thema könnte ihm unangenehm sein, doch er blieb gelassen und erzählte sogar, dass sein Vater ihm als Laddie, als kleinem Jungen, beigebracht hatte, auf der Geige zu spielen. Er hatte auch eine von seinen Geigen im Haus zurückgelassen, ehe er auf Nimmerwiedersehen verschwand.

»He!«, sagte Danny. »Dann kannst du ja spielen!«

»Es geht so«, erwiderte Allan gedehnt.

Danny war Feuer und Flamme und fragte ihn, ob er Lust

hätte, ab und zu mit ihm Musik zu machen. »Ich spiele Gitarre und Blechflöte«, sagte er. »Und ich suche einen Partner. Allein macht's nur halb so viel Spaß. Magst du nicht mal mit deiner Geige bei uns vorbeikommen?«

»Mal sehen«, sagte Allan vage. »Vielleicht.«

»Hausmusik«, warf Onkel Scott wehmütig ein. »Das ist auch etwas, was in Vergessenheit gerät, seit jeder in den Fernseher starrt oder vor dem Videogerät sitzt.«

Shee sagte, in einer Woche fände in der Nähe von Ullapool bei Freunden ein Musikfest statt, zu dem eine Menge Leute mit ihren Instrumenten erwartet wurden; und ob Allan und natürlich auch Annika und ich mitkommen wollten?

»Das wird ein Chaos werden, wenn da eine Meute Volk wild drauflosspielt«, sagte Allan düster, aber Annika kümmerte sich nicht darum. Sie erklärte erfreut, wir würden natürlich dabei sein, womit sie höchstwahrscheinlich nicht nur sich und mich, sondern auch Allan meinte, der weder Ja noch Nein sagte.

»Und du?«, fragte ich Danny. »Hast du Zeit?«

»Falls Mom sich um die Schafe kümmern kann«, sagte er. »Und falls nicht wieder irgendeine Katastrophe passiert. Sobald man sich was vornimmt, wird meistens ein Schaf krank oder der Sturm deckt das Stalldach ab …«

»… oder man bleibt im Schneesturm stecken«, vervollständigte ich.

Mrs. MacClintock nickte nur; sie unterhielt sich gerade mit Onkel Scott. Annika tat den Mund auf und behauptete, Katastrophen würden meistens nur dann auftreten, wenn man mit ihnen rechnete und sie dadurch gewissermaßen herbeizog, was Danny heftig bestritt.

»Sie haben gerade die vertrackte Eigenschaft, über einen hereinzubrechen, wenn man *nicht* mit ihnen rechnet«, sagte er.

Annika war nun bei ihrem absoluten Lieblingsthema angelangt. Sie widersprach ihrerseits und verbreitete ihre Ansicht über die Macht positiver und negativer Gedanken; eine Rede, die durch ihr mangelhaftes Englisch nicht immer ganz verständlich und überzeugend ausfiel. Daraufhin teilte sich die Teegesellschaft in drei Lager, bestehend aus Mrs. MacClintock und Shee, die Annikas Meinung wenigstens teilweise zustimmten; Onkel Scott und Allan, die behaupteten, es wäre stets am besten, sich auf das Schlimmste gefasst zu machen; während Danny und ich uns weitgehend aus der Diskussion heraushielten. Und ich dachte, wenn Annika zu euphorisch war, dann war Allan bestimmt zu pessimistisch, und dass die beiden sich vielleicht gerade deshalb so zueinander hingezogen fühlten, weil jeder etwas hatte, was dem anderen fehlte.

Am Spätnachmittag, als unsere Gäste fort waren und wir den Wohnzimmertisch abräumten, während Onkel Scott schon draußen bei den Pferden war, fragte Annika mich über Allan aus. »Erzähl mir alles, was du von ihm weißt! Hat er eine Freundin?«

»Keine Ahnung«, erwiderte ich. »Er redet praktisch nie über sein Privatleben. Mir kommt er immer wie ein einsamer Wolf vor. Er hat ein paar jüngere Geschwister, fünf, glaube ich, um die er sich kümmern muss. Seine Mutter trinkt, weißt du.«

Ich versuchte mich an das zu erinnern, was Onkel Scott mir über Allan anvertraut hatte. Er hatte gesagt, dass Allans Familie in der Gegend als asozial galt, dass er seinen Geschwistern den Vater ersetzen musste und schon als Zehnjähriger gezwungen gewesen war, Geld zu verdienen, um sich und seine Familie über Wasser zu halten.

»Was, seine Mutter trinkt?«, sagte Annika. »Deshalb rührt er wohl keinen Alkohol an! Und wenn ich mir überlege, wie er aufgewachsen sein muss, verstehe ich auch, weshalb er so misstrauisch und abweisend ist. Das ist alles nur ein Schutzpanzer, den er sich notgedrungen zugelegt hat.«

»Ja«, sagte ich und nickte. »Sicher ist es so. Ich kann sein Verhalten auch viel besser akzeptieren, seit ich mehr über ihn weiß. Nur ... schwierig ist es trotzdem mit ihm, auch wenn man sich noch so sehr bemüht, ihn zu verstehen.«

»Er bräuchte eine Therapie«, sagte Annika, die mir gar nicht zuhörte.

»Vielleicht. Aber selbst wenn er das Geld dazu hätte, würde er wohl kaum in Therapie gehen.«

»Woher weißt du das?«, fragte Annika in jenem leicht angriffslustigen Ton, der sich so leicht zwischen uns einschlich, wenn es um Allan oder Danny ging.

»Weil ich ihn so einschätze«, sagte ich. »Und weil es ihm unheimlich schwer fällt, über sich zu reden. Er ist verschlossen wie eine Auster. Die beste Therapie für ihn ist wohl die Arbeit mit den Pferden, draußen in der Natur. Wenn er das nicht hätte, wäre er vielleicht schon irgendwo in der Drogenszene gelandet.«

Annika schüttelte den Kopf. »Einer, der schon mit zehn Jahren für eine siebenköpfige Familie sorgen musste, hat mehr Stärke, als du vielleicht denkst«, behauptete sie. »Aber das, was du vorher gesagt hast – dass er Kraft aus seiner Arbeit schöpft –, wird stimmen. Und sicher tut es ihm auch gut, dass dein Onkel ihn akzeptiert. *The Laurels* ist wahrscheinlich eine Art Ersatzheimat für ihn; hier findet er die Anerkennung und Sicherheit, die er sonst nirgends gefunden hat.«

Ich begriff, wie sehr Allan sie beschäftigte. Vielleicht war Annika überhaupt der erste Mensch, dem Allan wirklich wichtig war.

Wir trugen das Geschirr in die Küche, schichteten es in die Spülmaschine und gingen hinaus zu den Pferden. Allan war noch nicht nach Hause gefahren, obwohl er sonntags seinen freien Tag hatte. Er stand bei Fiona und fettete ihre Hufe ein. Als wir näher kamen, sah er hoch und ich merkte am Aufleuchten seiner Augen, dass er auf Annika gewartet hatte.

Ich ließ die beiden allein bei Fiona und Finn und sah mich nach Onkel Scott um, der bei den Ponys stand. Alles war frisch und unsagbar grün nach dem warmen Frühlingsregen. Im Gras glitzerten Wassertropfen wie Bergkristalle auf einer Samtdecke. Über dem Ben Wyvis erschien die Sichel des Mondes am blasser werdenden Himmel. Der Duft von Farnkraut und Thymian, von Pferdeschweiß und Moorwasser erfüllte die Luft.

Es war ein Augenblick, den ich gern festgehalten hätte, von dem ich wusste, dass ich mich noch lange an ihn erinnern würde: ein Ostersonntag in den Highlands, auf der Koppel mit Onkel Scott, Annika und Allan und den Pferden in der beginnenden Abenddämmerung, kurz vor meinem siebzehnten Geburtstag.

Doch der Moment war einmalig und unwiederholbar, so wie es jeder Atemzug, jeder Schritt in unserem Leben ist. Gerade noch spürte ich Brownies weiche Nüstern in meiner Handfläche, sah den Flug einer Lerche über dem Hofplatz, hörte Allan und Annika über etwas lachen; und schon ein paar Herzschläge später war alles verändert: Brownie hatte sich von mir abgewandt, die Lerche war zu ihren Gefährten auf den Schafweiden zurückgekehrt und Allan rollte die Schubkarre zum Gatter, während Annika die Arme um Bairnies Hals schlang. Der kostbare Augenblick war vorüber.

14

In dieser Woche nach Ostern sah ich mehr von Schottland als vorher in Monaten – das heißt, wenn man es vom Standpunkt eines Touristen aus betrachtet. Onkel Scott gab mir drei Tage frei und Annika und ich fuhren mit Bus und Bahn quer durch die Highlands. Wir besuchten Glen Coe, »das Tal der Tränen«, in dem vor genau dreihundert Jahren mehr als vierzig Clansleute der MacDonalds auf Befehl des englischen Königs William III. niedergemetzelt wurden; das Schlachtfeld von Culloden, wo die Schotten ihren letzten Freiheitskampf gekämpft hatten und blutig geschlagen wurden; wir sahen uns Aberdeen an und machten einen Ausflug mit Bahn und Fähre zur Insel Skye.

Nur beim Loch Ness passte ich. Annika wollte den sagenumwobenen See unbedingt sehen, doch ich ließ mich nicht erweichen mitzukommen.

»Da musst du allein hinfahren«, sagte ich. »Ich kann Onkel Scott nicht noch einen Tag mit den Pferden allein lassen. Er braucht mich.«

Annika, die es gewöhnt war, ihren Kopf durchzusetzen, fand bald eine andere Möglichkeit.

»Morgen hat Allan seinen freien Nachmittag«, eröffnete sie mir am Donnerstag. »Er fährt mich mit dem Moped zum Loch Ness.«

»Echt?«, sagte ich. »Kannst du mir mal verraten, wie du ihn dazu überredet hast?«

»Ich hab ihn nicht überredet. Ich hab nur gesagt, dass ich gern zum Loch Ness möchte, und ob da ein Bus hingeht; und da hat er gesagt, er fährt mich. So einfach war das.«

»Aha«, sagte ich.

»Du kannst mitkommen, falls du es dir doch noch anders überlegst. Dein Onkel hätte sicher nichts dagegen, uns den Rover zu leihen.«

Ich schüttelte den Kopf. »Nein. Ich hab hier jede Menge zu tun und außerdem wollte ich mich mit Danny treffen. Den komischen See kann ich mir ja ein andermal ansehen, wenn ich unbedingt will. Aber da schleichen bestimmt eine Menge Touristen herum und halten Ausschau nach diesem blödsinnigen Seeungeheuer.«

»Du glaubst also nicht, dass es Nessie gibt?«, fragte Annika.

»Nie im Leben!«, sagte ich. »Das ist doch alles bloß Bauernfängerei, um Fremde anzulocken.«

»Man kann nie wissen«, sagte Annika feierlich. »Es gibt mehr Ding im Himmel und auf Erden …«

Ich stöhnte. »Hör bloß auf, Shakespeare zu zitieren! Es ist eine Beleidigung, diesen wunderbaren Ausspruch auf ein Monster anzuwenden, das angeblich so aussieht wie eine misslungene Figur aus einem Mickymausheft.«

»Du alter Stockfisch!«, sagte Annika halb lachend, halb

im Ernst und rümpfte die schmale Nase, sodass die Sommersprossen auf ihrem Nasenrücken zusammenstießen. »Pass bloß auf, dass nicht bald eine langweilige, moralisierende Tussi aus dir wird! Solche Sachen wie Nessie oder Schlossgespenster oder fliegende Untertassen machen das Leben doch erst romantisch und bunt.«

»Für mich«, sagte ich, »ist das Leben auch so bunt genug.« Und das stimmte, zumindest, seit ich hier bei Onkel Scott und den Pferden lebte und Danny kannte. »Ich brauche keine künstlichen Sensationen. Und was die Leute angeht, die tage- und wochenlang am Loch Ness herumlungern und mit dem Fernrohr Ausschau nach diesem alten Monster halten, so wär's besser, wenn sie mal eine Sitzblockade vor einem dieser Labors abhalten würden, in denen Tierversuche gemacht werden, oder vor unserer Bundeswehr, wo sie Giftwaffen an Tieren testen.«

Darauf wusste Annika ausnahmsweise einmal keine Antwort. Doch als der Freitag kam, hatte ich begriffen, dass es ihr weniger auf das Ungeheuer von Loch Ness ankam als auf den »Rächer vom *Heathery Hill*«, wie ich Allan gelegentlich nannte.

»So ein hübsches Paarrrr!«, schwärmte Mrs. Kirkish, die die Abfahrt der beiden vom Küchenfenster aus beobachtete. »Bahnt sich da womöglich was an, Laurrrie?«

Ich tat, als hätte ich ihre Frage nicht gehört, und sie schien auch keine Antwort zu erwarten, sondern fügte mitfühlend hinzu: »Ach, ich wünsche es ihnen nicht, den arrrmen Dingerrrn! Was brrringt das schon anderes als Kummerrr und Trrränen, der junge Lad hierrr in Schottland, die Lass weit weg in Deutschland …«

Ich dachte an Danny. Obwohl Mrs. Kirkish von Annika

und Allan redete, war mir doch, als meinte sie mich und Danny, und die alte Furcht vor dem Sommer überfiel mich, der den Abschied für uns bedeuten konnte, falls es mir nicht gelang, meine Eltern umzustimmen.

Die Dunkelheit brach schon herein, als sich das vertraute Mopedgeknatter über die Auffahrt näherte. Allan kam nicht mehr mit ins Haus und Annika war total durchgefroren in ihrer dünnen Jeansjacke. Ich kochte ihr Tee.

»Na, habt ihr das Ungeheuer gesehen?«, fragte mein Onkel lachend.

»Also, ich weiß nicht«, Annika wärmte ihre Hände an MacDuffs Fell. »Ich hatte so ein komisches Gefühl bei diesem See. So irgendwie ... unheimlich. Als wäre da irgendwas Seltsames unter der Oberfläche. Jedenfalls würde ich nicht für viel Geld drin baden.«

»Ich auch nicht«, sagte Onkel Scott. »Der Loch Ness ist verdammt kalt.«

»Und wie war's mit Allan?«, fragte ich, als das Telefon klingelte und mein Onkel in die Halle verschwand.

Annika schwieg einen Augenblick und sagte dann leise: »Er ist wirklich wahnsinnig verschlossen. Ich hab noch nie einen Typen getroffen, der so wenig redet.«

»Außer Danny?«, sagte ich.

»Das mit Danny nehm ich hiermit feierlich zurück«, erwiderte sie. »Aber weißt du was, Laurie? Dieser Allan ist eine Herausforderung für mich!«

»Wenn du dir nur nicht die Zähne an ihm ausbeißt«, murmelte ich, doch sie schien es nicht zu hören.

»Ich muss ihn aus der Reserve locken«, sagte sie. »Es ist total wichtig für ihn, dass er offener wird und über sich und seine Probleme redet. Weißt du, er kommt mir wie ein verwunschener Prinz im Märchen vor. So, als müsste man nur die richtige Zauberformel kennen, um den Bann zu brechen.«

Allan als Märchenprinz! Das war wirklich ein neuer Gedanke. »Küss ihn doch mal«, schlug ich vor. »Das bringt's ja im Märchen meistens.«

»Du nimmst mich nicht ernst!«, warf sie mir vor und sagte im gleichen Atemzug: »Aber vielleicht tu ich's wirklich.«

»Er hat bestimmt nichts dagegen.«

»Meinst du?« Sie sah mich voller Eifer an. »Ich war noch nie bei einem Jungen so unsicher wie bei ihm. Manchmal denke ich, er mag mich, und dann ist er wieder eiskalt und abweisend wie eine Gletscherspalte.«

Sie machte ein verwirrtes Gesicht, was bei Annika ziemlich ungewöhnlich war. »Aber echt, Laurie, die Sache ist schweinemäßig gefährlich! Ich glaube, ich könnte mich bis über die Halskrause in ihn verlieben, wenn ich nicht aufpasse. Und was mach ich dann? Selbst wenn's auch bei ihm geschnackelt hat … Nächste Woche muss ich wieder nach Hause, und so weit von ihm weg zu sein, das würde ich nicht aushalten …«

»Wem sagst du das?«, erwiderte ich leise, und ohne es zu wollen, stiegen mir die Tränen in die Augen.

»Oh, verdammt, Laurie!« Sie setzte MacDuff aufs Sofa und nahm mich stürmisch in die Arme. »Mist und Scheiße! Ich bin ein ekelhafter alter Knochen, sitze hier und schwafle und lamentiere …«

»Tust du nicht«, schnüffelte ich undeutlich an ihrer Schulter. »Es ist bloß, weil Mrs. Kirkish heute auch schon gesagt hat … und in drei Monaten ist das Jahr um … und ich weiß nicht, was ich machen soll, wenn meine Eltern verlangen, dass ich zurückkomme ...«

»Aber so gemein und grausam können sie doch unmöglich sein!«, stieß Annika empört hervor. »Und dein Onkel ist schließlich auch noch da. Er lässt dich bestimmt nicht so leicht gehen. Er hängt an dir, das merkt man genau. Außerdem braucht er dich.« Sie streichelte meinen Rücken. »Soll ich mit deinen Eltern reden, wenn ich wieder in München bin?«

»Nein«, sagte ich. »Bloß nicht! Sie würden nur misstrauisch werden und denken, dass ich etwas erzwingen will. Meine Mutter wird sagen, dass ich auf alle Fälle erst mal eine abgeschlossene Berufsausbildung in einem ›vernünftigen‹ Beruf brauche, und was willst du darauf antworten?«

»Dass es wichtiger ist, dass du glücklich bist«, erwiderte Annika prompt.

»Herrje, mit so was darfst du ihr nicht kommen!«, sagte ich und schniefte noch stärker.

»Du musst positiv denken«, ermahnte mich Annika. »Du musst fest daran glauben, dass du hier bleiben kannst, dann klappt es auch. Sag jeden Abend vor dem Einschlafen zehnmal: ›Ich weiß, dass ich im Hochland bleiben kann, so lange ich will.‹ Und das Gleiche sagst du dann beim Aufwachen auch wieder zehnmal – sicherheitshalber.«

»Du denkst ja selbst auch nicht positiv«, hielt ich ihr vor. »Wenn du's tun würdest, könntest du überzeugt sein, dass das Schicksal dir hilft, wieder nach Schottland zu kommen und hier zu bleiben. Vorausgesetzt natürlich, ihr verliebt euch wirklich ineinander, du und Allan.«

Annika erwiderte, das wäre in ihrem Fall nicht so einfach

wie bei mir. Sie müsste schon erst total überzeugt davon sein, dass sie das wirklich wollte und dass es das Richtige für sie wäre, sonst würde es mit dem positiven Denken nicht funktionieren. »Anders wär's, wenn ich Verwandte hier hätte, so wie du. Dann würde ich vielleicht gar nicht erst nach Hause zurückfahren!«

»Und deine Fotoausbildung?«, fragte ich.

Sie gab mir ein Taschentuch und sagte: »Festbeißen tu ich mich daran bestimmt nicht. Fotografen gibt's wie Sand am Meer, die meisten finden nicht mal einen richtigen Job, wenn sie mit der Ausbildung fertig sind. Vielleicht muss ich mir sowieso was anderes einfallen lassen.«

Um unseren Frust zu vergessen, aßen wir die eiserne Reserve an Shortbread Fingers auf, die ich für Notfälle in einer Blechdose im Küchenschrank versteckt hielt. Onkel Scott kam vom Telefon zurück und fragte, warum wir so trübselige Gesichter machten.

»Wir haben über unsere Zukunft gesprochen«, sagte Annika düster und ziemlich undeutlich, denn sie hatte den Mund voller Shortbread.

»Ich dachte, ich hätte da kürzlich was von positiver Lebenseinstellung gehört?« In Onkel Scotts Stimme schwang ein Lächeln.

Annika schluckte den letzten Bissen hinunter und nickte. »Das ist wahr. Es kommt sowieso alles, wie es kommen muss. Man muss Vertrauen haben ins … ins … Laurie, was heißt Schicksal?«

»Fate«, sagte ich.

15

Ich hab mit Allan ausgemacht, dass wir zusammen mit seinem Moped zum Fest fahren«, erklärte Annika. »Wahrscheinlich mag er nicht allein dort auftauchen.«

»Echt?«, meinte ich. »Da bin ich jetzt aber platt! Ich hab nicht gedacht, dass er sich überhaupt entschließt hinzugehen.«

»Er wollte auch nicht.« Annika öffnete die Kommodenschublade, in der sie ihre Habseligkeiten aufbewahrte. »Ich hab ihn dazu überredet!« Sie begann in den Klamotten zu wühlen, die sie mitgebracht hatte. »Aber du, ich hab echt nichts dabei, was ich anziehen könnte. Nichts als die warmen Pullis und die T-Shirts und ein Sweat-Shirt, das einen auch nicht gerade vom Hocker reißt.«

»Du willst also jemanden vom Hocker reißen?«, fragte ich.

»Könnte sein«, sagte sie und breitete ihre Sachen vor mir auf dem Teppich aus.

»Ich hab da eine alte Bluse, die Onkel Scott mir geschenkt hat«, sagte ich und öffnete die Schranktür. »Sie ist noch von seiner Mutter und hat einen echten Spitzenbesatz, ein bisschen nostalgisch, weißt du, so aus den vierziger oder fünfziger Jahren. Mir ist sie zu weit, aber vielleicht passt sie dir. Zu Jeans sieht sie bestimmt gut aus.«

»Nur her damit!«, sagte Annika.

Da die Bluse auch für sie etwas zu breit in den Schultern war, bastelten wir in aller Eile aus Stoffresten Schulterpolster und nähten sie ein. Das Ergebnis war sehr zufriedenstellend. Annika wusch sich die Haare und verteilte reichlich Gel darin, bis sie pumuckelartig nach allen Seiten abstanden, während ich versuchte meine Haare hochzustecken.

»Sie sind so widerspenstig!«, sagte ich. »Nein, ich mag kein Gel! Es muss auch so gehen.« Und ich versuchte es erneut mit Kamm und Haarnadeln und wurde immer ungeduldiger dabei.

»Lass mich das machen«, sagte Annika.

»Meinetwegen. Aber ramm mir bloß nicht wieder die Haarnadeln in den Kopf!«

Annikas Frisierkunst bewirkte, dass ich meinen Kopf ziemlich verwegen und fremd fand und nicht wusste, ob er mir gefallen sollte oder nicht; es blieb aber keine Zeit mehr für lange Überlegungen. Ich zog das taillierte schwarze Samtjäckchen an, das von meiner Großmutter Nanni stammte, und schlüpfte in die fast neuen dunklen Jeans, die ich im Winter in Inverness gekauft hatte. Sie waren steif wie ein Brett und recht unbequem. Während ich die Luft anhielt und den Reißverschluss zuzog, schallte der Türklopfer durchs Haus – dong, dong, dong! – und wir sahen uns an und sagten fast gleichzeitig: »Das ist Danny!« – »Das ist Allan!«

Die Hunde bellten. Wir stürmten die Treppe hinunter. Onkel Scott hatte die Tür geöffnet. In der Halle standen Danny und Allan, als hätten sie sich verabredet. Danny trug die grüne Weste, die ich ihm geschenkt hatte, und Allan seine schwarze Lederjacke über einem schwarzen Sweatshirt, aufgestylt mit einem violetten Halstuch.

»Die Ritter von König Arthurs Tafelrunde«, sagte Onkel Scott witzig, »kommen, um ihre Ladys abzuholen.«

Als er merkte, dass wir nicht gemeinsam fahren wollten,

bot er Allan den Rover an. »Es sieht nach Regen aus und du willst deine Lass doch nicht klatschnass nach Hause bringen?«

»Das würde mir nichts ausmachen«, behauptete »Allans Lass« großartig und in ziemlich falschem Englisch.

Vermutlich wäre sie notfalls auch zu Fuß mit ihm nach Ullapool gegangen. Doch da Allan fürchtete, seine Geige könnte nass werden, fuhren wir schließlich mit zwei Autos los, was ökologischer Blödsinn war, denn wir hätten in Dannys Wagen genug Platz für alle gehabt. Shee war nämlich nicht dabei; ein Freund hatte sie abgeholt.

»Wahrscheinlich ist es Allan wichtig, dass er nach Hause fahren kann, wann es ihm passt, statt auf uns warten zu müssen«, sagte Danny, während wir mit der hustenden, altersschwachen Mildred die Landstraße entlangzuckelten. »Irgendwie verstehe ich ihn auch. Für manche Leute sind solche Feste mehr Stress als Vergnügen. Und ich halte ihn für ziemlich menschenscheu.«

Allan hatte uns längst überholt; die Schlusslichter des Rover verschwanden in der Ferne. »Ich glaube nicht, dass er ohne Annika fahren würde«, erwiderte ich, worauf Danny einen Brummton von sich gab, der alles bedeuten konnte.

Ich schnupperte an seinem Hals. Er roch so gut nach dem Sandelholz-Duftwasser, das ich ihm zu Weihnachten geschenkt hatte, und ich hätte ewig so mit ihm durch die sinkende Abenddämmerung fahren mögen. Das Fest kam mir plötzlich unwichtig vor; wichtig war nur, dass wir beisammen waren, dass ich den Kopf an Dannys Schulter lehnen und seine Wärme spüren konnte.

Durch die geöffneten Wagenfenster kam mit dem Fahrtwind der Geruch der Frühlingsnacht, so unglaublich frisch und grün und herb, wie ich es nie zuvor erlebt hatte. Noch fehlte die Süße von Blüten, Flieder und Geißblatt. Es duftete einfach nach jungem Blattwerk und Erde, nach feuchtem Gras und Moos und Farn.

Lieber Gott, betete ich insgeheim, lass mich hier bleiben. Hilf mir, dass ich nicht fortmuss! Du hast mich hierher geführt, also lass mich auch bleiben …

»Woran denkst du, Laurie?«, fragte Danny.

»Dass ich für immer in den Highlands bleiben möchte«, sagte ich und, ohne es zu wollen, klang meine Stimme traurig.

Danny drückte meinen Arm. Wir bogen in eine Auffahrt ein, die von efeuverhangenen Bäumen gesäumt war, und erreichten *Burns Bower.* Der ehemalige Herrensitz war nach dem schottischen Dichter Robert Burns benannt, der hier einmal für kurze Zeit gelebt hatte.

Jede Menge Autos parkten schon um das Haus, das ebenfalls mit Efeu überwachsen war und einer riesigen Bärenfellmütze glich, aus der die erleuchteten Fenster wie Raubtieraugen glühten.

Während Danny seine Gitarre vom Rücksitz nahm, sah ich mich vergeblich nach Onkel Scotts Rover um. Doch als wir durch die zweiflügelige Tür traten, die sich zu einer gewaltigen, rauchgeschwärzten Halle öffnete, fiel mein erster Blick auf Annika und Allan, die an der Wand standen wie zwei verlassene Kinder im Verkehrsgewühl einer Großstadt.

Um den dunklen Marmorkamin hatten sich Leute aller Altersgruppen versammelt – Jugendliche, auch Kinder, Männer und Frauen mit den schmalen, kantigen Gesichtern der Hochländer. Viele hatten Instrumente bei sich: Geigen und Flöten, Dudelsäcke, Ziehharmonikas, Banjos und Gitarren.

Wir gingen zu Annika und Allen, und Annika sagte: »Hilfe, wie das hier wuselt! Wie auf einem Jahrmarkt. Ich hab gedacht, es wär eine Fete!«

»Ist es auch«, sagte ich. »Eine schottische Fete. Wundere dich nicht, dass auch Kinder und alte Leute dabei sind, das gehört hier dazu. So hat man früher bei uns auf den Dörfern auch Feste gefeiert. Und ich find's schön.«

Schon stürzten sich zwei Typen mit lockigen Haaren und Ohrringen auf Danny und belegten ihn mit Beschlag, während Annika, Allan und ich uns an einem langen Tisch unter der Treppe etwas zu trinken holten. Frauen verkauften selbst gebackenen Kuchen, Pasteten und Gebäck. In einer Ecke stand ein Klavier; daneben war aus Ziegelsteinen und Brettern eine Art Podium aufgebaut, auf dem Kinder herumturnten.

Plötzlich stand Shee neben uns, mit einem Mann, der um die dreißig sein mochte und wie eine ältere Ausgabe von Danny aussah. Er hieß Don und erzählte mir, dass er in Aberdeen zur Schule gegangen war und Onkel Scott zwei Jahre lang als Lehrer gehabt hatte.

»Er hat Englisch und Geschichte unterrichtet«, sagte er. »Wir haben ihn alle gemocht. Aber ich glaube, er hatte nicht die Nerven für diesen Job. Und dann wurde er ja auch krank. Shee sagt, dass er jetzt ein Gestüt leitet?«

Ich schüttelte den Kopf. »Nein, einen Gnadenhof für Pferde. Wollen Sie ihn nicht mal besuchen?«

»Gern.« Don nickte. »Ich hoffe ja, dass ich jetzt öfter in diese Gegend komme.« Und er warf Shee einen Blick zu, den sie offenbar nicht bemerkte, denn sie unterhielt sich gerade mit Annika. Allan stand ganz verloren dabei und sah sich um wie ein Indianer, den man aus der Einsamkeit der Prärie in eine Spielhölle verschleppt hat.

Dann tauchte Danny mit seiner Gitarre aus dem Gewühl auf. »Ich glaube, sie wollen jetzt anfangen. Kommst du mit, Allan?« Allan murmelte etwas von seiner Fiedel, die er erst aus dem Auto holen müsse.

Er verschwand. Ich war nicht sicher, ob er überhaupt zurückkommen würde, doch fünf Minuten später war er wirklich wieder da, eine schöne alte Geige im Arm.

Auf dem Podium herrschte jetzt wildes Getrappel und Gedränge. Stühle wurden hochgehievt, Kinder ließen sich am Rand nieder, die Spieler setzten sich mit ihren Instrumenten teils auf Stühle, teils auf die Bretter. Irgendwo sah ich auch Dannys Kopf auftauchen und wieder verschwinden, während ich mich mit Annika, Shee und Don auf die Treppe setzte, die zu einer Art Galerie führte.

Instrumente wurden gestimmt; ein rotbärtiger Mann hielt eine Rede, die im Geflöte und Gefiedel und Stimmengewirr fast unterging. Plötzlich aber war mit einem Schlag alles still. Jemand hob einen Taktstock und die Musikanten, die aus allen Teilen des Hochlands kamen und nie zuvor miteinander geprobt hatten, begannen *Scotland the Brave* zu spielen.

Der Einsatz war alles andere als perfekt. Allan hatte Recht gehabt, es klang wirklich einigermaßen schrill und chaotisch, zumindest anfangs. Danny hatte sich irgendwo auf dem Boden des Podiums niedergelassen; ich entdeckte sein Profil zwischen den karierten Hosenbeinen eines dicken Mannes, und Annika verrenkte sich den Hals nach Allan.

Ein Strathspey wurde angekündigt, ein Rundtanz mit schwierigen Schritten und noch schwierigeren Figuren. Frauen, Männer und Kinder versammelten sich in der Mitte der Halle und bildeten einen Kreis. Auch Shee und Don tanzten mit. Die Musiker hatten sich jetzt »zusammengerauft«, wie Annika sagte, bis auf einen Banjospieler, der laut und hartnäckig falsche Töne hervorbrachte.

Wieder fuhr mir die Musik so in die Beine, dass ich am liebsten mitgetanzt hätte. Annika sprang auf. »Phantastisch!«, rief sie und versuchte auf der Treppenstufe die Schritte nachzumachen. »Das muss ich lernen! Ich möchte bloß wissen, woher die Leute den Durchblick mit den Schritten und Figuren haben!«

Unvermittelt wie die meisten schottischen Tänze endete die Melodie, und alles stürzte auf den Tisch mit den Getränken zu. Gelächter, Summen und Zurufe erfüllten die Halle. Auf dem Podium erschienen zwei Männer und eine junge Frau und kündigten ein Lied im schottischen Dialekt an, das mehr als dreihundert Jahre alt war und *Aye wakin', oh* hieß.

Während die drei sangen, erlebte ich etwas Seltsames: Obwohl ich genau wusste, dass ich dieses Lied nie zuvor gehört hatte, wurde ich doch das Gefühl nicht los, es zu kennen.

Später, als die Musik eine Pause einlegte und Danny zurückkam, bat ich ihn, mir *Aye wakin', oh* noch einmal vorzusingen.

»Ich möchte es lernen«, sagte ich.

»Gleich«, sagte er. »Erst muss ich mir was zu trinken holen. Ich komme um vor Durst!«

Annika und Allan waren verschwunden und wir zogen

uns mit Saft und einer Pilzpastete auf die Galerie zurück. Dort, in einer Ecke zwischen Mänteln, Jacken und Instrumentenkästen, sang mir Danny das Lied noch einmal vor:

»Aye wakin, oh*
Wakin' aye and wearie,
Sleep I canna get
For thinkin' o' my dearie.
When I sleep, I dream,
*When I wake, I'm eerie**,*
Rest I canna get,
For thinkin' o' my dearie.«

Ich summte leise mit und Danny sagte erstaunt: »Die Melodie kannst du ja schon! Und der Text ist leicht zu merken. Es war auch immer schon eins von meinen Lieblingsliedern. Pa hat's mir oft abends vorgesungen, als ich noch ein Laddie war.«

Es tat gut, von Danny im Arm gehalten zu werden und die Augen zu schließen, umbraust von Stimmengewirr und Gelächter. Noch immer summte ich das traurige kleine Liebeslied vor mich hin, die Nase an Dannys sandelholzduftenden Hals gedrückt, und er sagte: »Sie wollen als Nächstes ein paar schottische Tänze spielen. Hast du Lust mitzutanzen? Dann bleibe ich bei dir; auf meine Gitarre können sie bei dem wilden Gedudel durchaus verzichten.«

»Ja«, sagte ich, »aber nur die Walzer. Alles andere kann ich nicht.«

* aye = immer, stets
** eerie = auf übersinnliche Geräusche horchend

Danny zwickte mich in die Nase. »Es wird Zeit, dass ich dir ein paar Reels und Jigs beibringe.«

»Die Schritte sind so verflixt schwierig!«, wandte ich ein. »Und die Figuren! Das lern ich nie. Annika sagt auch …«

Im nächsten Augenblick war es vorbei mit der Zweisamkeit. Die kraushaarige Moonie tauchte auf, Dannys »alte« Schulfreundin, mit ihrem neuesten Freund und einem kleinen, ebenfalls kraushaarigen Bruder im Schlepptau. Auch Tom, der Verführerische, kam und setzte sich im Schneidersitz vor uns auf den Boden, ein Glas Bier in der Hand. Unwillkürlich nahm ich Deckung hinter Danny. Ich hatte nicht vergessen, dass Tom mich bei unserem ersten Zusammentreffen mit Bier begossen hatte.

»Hast du eine Freundin mitgebracht?«, fragte er mich, wie immer lebhaft interessiert an neuen Mädchen. »Kommt sie auch aus Deutschland? Wo hast du sie versteckt?«

»Sie sucht dich«, behauptete ich. »Ich hab ihr von dir erzählt und sie ist ganz wild darauf, dich kennen zu lernen.«

»Ja?«, meinte er verblüfft und Moonie kicherte so, dass sie sich an ihrer Cola verschluckte, während ihr kleiner Bruder Kuchenkrümel um sich verstreute.

»Sie ist deinetwegen extra aus Deutschland gekommen«, versicherte Danny mit tiefernster Miene.

»He, ihr verarscht mich!«, sagte Tom scharfsinnig.

Diesen Moment suchte sich Annika aus, um zurückzukommen, natürlich nicht ohne Allan, der seine Geige in der einen und ein Glas Mineralwasser in der anderen Hand hielt. Sein Gesicht wurde mit einem Schlag verschlossen, als er uns da mit lauter Volk sitzen sah, das er nicht kannte. Ich spürte, dass er am liebsten auf dem Absatz umgekehrt und verschwunden wäre. Annika fasste ihn jedoch in ihrer selbstverständlichen Art am Ärmel und hielt ihn fest.

»Weißt du, wie ich mir vorkomme?«, sagte sie auf Deutsch zu mir und ließ sich neben mir nieder, wobei sie Allan mit sich zu Boden zog. »Wie Nils Holgersson in der Stadt auf dem Meeresgrund. Alles hier ist so fremd und faszinierend und irgendwie … wie in längst vergangenen Tagen.«

Tom musterte sie begeistert wie ein Käfersammler eine neue, hochinteressante Sorte Käfer. Sein Adamsapfel rutschte heftig auf und ab. Ich verbiss mir das Lachen und sagte: »Du, da sitzt jemand, der ganz wild darauf ist, dich kennen zu lernen!«

Tom beugte sich weit vor, wobei er um ein Haar sein Bierglas umstieß, sah Annika tief in die Augen und sagte bedeutungsschwer: »Hallo! Ich bin Tom.«

Allan warf ihm einen seiner mörderischen Blicke zu. Der Drang loszuprusten überwältigte mich fast. Hastig angelte ich nach meinem Taschentuch und schnaubte hinein.

Tom begann draufloszureden, wobei er eifrig bemüht war, sich ins beste Licht zu rücken. Moonie redete mit Danny über einen gemeinsamen Freund, der nach Amerika ausgewandert war. Ihr Bruder trank heimlich von Toms Bier, Moonies Freund machte ein gelangweiltes Gesicht, und Allan sah aus, als wüsste er nicht, ob er aufstehen und gehen oder Tom am Kragen packen und schütteln sollte.

»Wie ging's mit der Musik?«, fragte ich ihn.

»Beschissen«, sagte er zornig. »Ich bin aus der Übung, aber es war sowieso nichts als eine kriminelle Anhäufung von Lärm. Musik kann man das kaum nennen.«

»Es klang aber nicht schlecht. Jedenfalls sehr lebendig.«

»Ja«, sagte er und lachte sein finsteres Lachen. »Lebendig war's bestimmt!«

»Laurie«, fragte Annika dazwischen, »was heißt ›krallen‹ auf Englisch?«

»Claws«, erklärte ich.

»Nein, nein – sich jemanden krallen?«

Ich schüttelte den Kopf. »Keine Ahnung.«

Jemand klatschte in die Hände. Das Podium begann sich wieder zu füllen. Moonie verschwand mit ihrem Clan, doch Danny und Allan blieben sitzen. Auch Tom rührte sich nicht von der Stelle.

»Jetzt wird getanzt«, sagte er zu Annika. »Soll ich dir einen Reel beibringen?«

Ich warf einen verstohlenen Blick auf Allan, der die Lippen zusammenpresste, nach seiner Geige griff und Anstalten machte aufzustehen. Noch ehe ich Annika einen Rippenstoß versetzen konnte, erwiderte sie gelassen: »Danke, aber ich wollte es schon mit Allan versuchen!«

Danny und ich lächelten uns heimlich zu.

»Na, dann vielleicht einen schottischen Walzer?«, fragte Tom, der nicht so leicht aufgab.

»Vielleicht«, sagte Annika.

»Passt ihr auf meine Geige auf?«, fragte Allan.

»Wir wollten selber tanzen«, erwiderte Danny. »Leg sie doch auf die Fensterbank neben meine Gitarre, da passiert ihr nichts.«

Der rothaarige Mann stand wieder auf dem Podium. Er kündigte einen Reel an und begann Anweisungen für die Figuren zu geben, im breitesten schottischen Dialekt und so schnell, dass ich überhaupt nichts verstand. Allan versuchte

Annika zu erklären, worum es ging, während Danny über mein verzweifeltes Gesicht lachte.

»Wir müssen nicht mittanzen«, sagte er. »Lass uns erst mal zuschauen. Dieser Reel ist einer von der vertrackten Sorte. Aber als Nächstes bestelle ich einen Walzer für uns.« Und er ging davon, um mit dem Rothaarigen zu reden.

Ich sah, wie Annika und Allan sich in den Kreis der Tanzenden stellten, während Tom die Gelegenheit ergriff und versuchte, mich über Annika auszufragen.

»Wie lange bleibt sie hier?«

»Nur noch ein paar Tage«, sagte ich.

»Ist sie mit dem schwarzhaarigen Lad befreundet?«

»Ja, das könnte man schon sagen«, erwiderte ich. »Und er ist furchtbar eifersüchtig.«

Tom war beeindruckt. »Na ja, mir schien's auch so, als wär er keiner von der freundlichen Sorte.«

»Sehr unfreundlich!«, bestätigte ich.

Dann war Danny wieder da. »Dizzy hat mir drei Walzer versprochen!« Er zog mich hoch und küsste mich auf die Nasenspitze. »Rat mal, wie der erste heißt?«

»My Heart is in The Highlands«, antwortete ich, ohne zu zögern.

Er nickte und lächelte. »Du hast's also nicht vergessen.«

Wie hätte ich diese Melodie je vergessen können? Es war der erste schottische Walzer, den ich mit Danny getanzt hatte – mein erster Walzer überhaupt –, damals im Sommer beim Ceilidh in Inverness. Jetzt gingen wir auf die Tanzfläche, wo mir Annika, rot und erhitzt, etwas zurief, was ich nicht verstand.

Nach einer kurzen Pause setzte erneut ein wildes Gefiedel, Geflöte und Gestampfe ein, aus dem sich nur langsam die zärtliche, sehnsüchtige Melodie von *My Heart is in The Highlands* entwickelte – »sich aufschwang wie eine Lerche aus einem Misthaufen«, wie Danny es beschrieb.

Wir legten die Arme umeinander, begannen uns zu drehen und sahen uns dabei unverwandt in die Augen. Mir war, als müsste ich gleichzeitig lachen und weinen oder vielleicht auch laut singen. Alles, was mich bedrückte, fiel wie durch Zauberschlag von mir ab. Ich fühlte mich jung und frei, stark genug, um alles zu erreichen, was ich mir wünschte – trotz der Hindernisse, die es auf meinem Weg geben mochte.

Viel zu schnell war der Tanz vorbei. Wir drehten uns noch eine Weile im Kreis, schwindlig wie nach einem Glas starkem Wein. Dann, als ich den Kopf wieder hob, sah ich Annika und Allan nicht weit von uns am Fuß der Treppe stehen. Sie hielten sich in den Armen und hatten die Gesichter aneinander geschmiegt.

Die Musik setzte wieder ein, laut und verworren und mit einem jammernden Laut der Dudelsäcke. Ich legte den Kopf an Dannys Schulter und dachte: Wie mag wohl alles weitergehen? Die Zukunft lag im Dunkeln, »den Sterblichen vermauert«, wie es bei irgendeinem Klassiker heißt; doch der Augenblick war glücklich, und das war alles, was zählte.

Wo das Gras grüner ist

1

Rascal, der Terrier, weckte mich mitten in der Nacht. Er war aus dem Bett gesprungen und kratzte an der Tür, und ich dachte, es wäre schon früh am Morgen und ich hätte verschlafen. Ich knipste die Nachttischlampe an und sah, dass es hinter den Fenstern noch dunkel war, denn ich hatte die Vorhänge nicht zugezogen. Schlaftrunken raffte ich mich auf und murmelte: »Was ist los? Musst du mal runter?«

Rascal wedelte heftig mit dem Schwanz und verschwand voller Ungeduld an der Tür, während ich aus dem Bett stieg und mir einen Pullover über den Kopf zog. Einer meiner Hausschuhe war unters Bett gerutscht, doch Rascals Blick bettelte um Eile. So tappte ich barfuß über den Teppich und öffnete die Tür.

Der Terrier zwängte sich durch den Türspalt und verschwand blitzartig im dunklen Flur. Und noch während ich da auf der Schwelle stand, hörte ich es – ein Stöhnen, das aus der Finsternis kam, kurz nur; dann das klickende Geräusch von Rascals Krallen auf den Dielenbrettern.

Meine erste Regung war kehrtzumachen, die Zimmertür hinter mir zuzuschlagen, den Schlüssel umzudrehen und mich unter der Bettdecke zu verkriechen. Doch ich verharrte stumm und starr, hielt den Atem an und lauschte. Nur meine Knie schlotterten, ja, ich spürte richtig, wie sie sich bewegten. Dann stieß Rascal einen leisen, japsenden

Laut aus, der anders war als alle Geräusche, die ich je von ihm gehört hatte.

Mit zitternder Hand tastete ich nach dem Lichtschalter. Wieder ein Stöhnen, lauter als vorher, und Rascals Fiepen. Jetzt brannte die Deckenlampe in meinem Zimmer und ein schräger Lichtkegel erhellte ein Stück des Flurs, einen Teil des Teppichs, den dunklen Holzboden, zwei Türen, ein Bild an der Wand …

Alles schien regungslos, unverändert; doch was war jenseits des Lichtstrahls, in den schwarzen Winkeln, auf der Treppe, hinter den geschlossenen Türen?

Ich raunte: »Rascal?«, doch es war mehr ein Krächzen als ein Wispern.

Da löste sich etwas aus der Dunkelheit. Eine kleine, vierbeinige Gestalt kam auf mich zugerannt, sprang an mir hoch, jaulte und winselte leise, zerrte mit den Zähnen am Ärmel meines Pullovers.

Mein Herz klopfte bis in den Hals hinauf. »Was ist?«, flüsterte ich. »Was ist los?«

Aber Rascal hatte sich schon wieder umgedreht und rannte aus dem Lichtstreifen in die Finsternis zurück, dorthin, wo der Treppenabsatz war.

Noch immer konnte ich mich nicht bewegen. Ich war unfähig, auch nur einen Schritt über die Schwelle zu tun, um den Lichtschalter des Flurs zu erreichen, der zwischen meiner Tür und der des Nebenzimmers war. Aus der Küche kam Darts Geheul, so lang gezogen und klagend, dass es mir einen Schauer über den Rücken jagte. Fast überhörte ich dabei die Stimme, die meinen Namen flüsterte: »Laurie!«

Sekundenlang dachte ich, ich hätte mich getäuscht;

meine Ohren, empfindlich wie die Lauscher eines Wildkaninchens in höchster Gefahr, hätten mir etwas vorgegaukelt und den Nachtwind, der klagend ums Haus strich, für eine Stimme gehalten. Aber da war es wieder, ein flehendes, atemloses Wispern: »Laurie …«

Endlich rannte ich los, vergaß das Flurlicht anzuschalten, stolperte über die Teppichkante, fiel hin, raffte mich wieder auf, taumelte aus der Helligkeit des Lichtkegels ins Dunkel hinein – und da war Rascal, der mir entgegenkam. Ich spürte, wie er seinen warmen, vor Aufregung zitternden Körper gegen meine Beine presste.

Onkel Scott lag auf dem Treppenabsatz, ein schwarzer Schatten im nächtlichen Dunkel des Hauses.

Ich plumpste neben ihm zu Boden, vor Angst schwerfällig wie ein nasser Hafersack. Mein einziger Gedanke war, dass etwas Schreckliches mit ihm geschehen war und dass er sterben musste.

Es gibt Augenblicke im Leben, in denen die Furcht einen kraftlos macht. Man sinkt in sich zusammen, schlaff an allen Gliedern, total leer im Kopf; und inmitten dieses hilflosen Bündels ist das Herz wie ein frisch gefangener Vogel, der voller Panik gegen die Gitterstäbe seines Käfigs flattert, ein pochendes, zuckendes Stück Leben, das nicht mehr aus noch ein weiß.

Schließlich hob ich die rechte Hand und berührte den Stoff von Onkel Scotts Schlafanzug. Ich schaffte es nicht, aufzustehen und Licht zu machen. Irgendwie hatte ich das Gefühl, dass dann alles noch schlimmer sein würde, dass die Dunkelheit mich davor bewahrte, etwas Unerträgliches sehen zu müssen.

»Onkel Scott?«, fragte ich. Mein Mund war trocken

und ich sagte es wieder und wieder, weil Rascal so laut winselte und weil ich solche Angst hatte, er könnte mich nicht hören – er könnte mich nie wieder hören.

Doch dann spürte ich eine Bewegung unter meinen Fingern und hörte ihn murmeln: »Du musst den Doktor rufen. Es ist …« Das klang so matt und schwach, dass ich mein Ohr näher an sein Gesicht brachte.

Erst nach einer Atempause, wie nach großer Anstrengung, sprach er weiter: »Es ist wohl wieder mein Herz, hol's der Teufel …«

Dass er noch schimpfen konnte, tat mir gut. Ich merkte, wie mir die Tränen kamen, aber ich drängte sie gewaltsam zurück, richtete mich mit wackeligen Beinen auf und erwiderte möglichst ruhig: »Bleib ganz still liegen, ich kümmere mich um alles. Es wird schon wieder gut. Nur beweg dich nicht und versuch auf keinen Fall aufzustehen!«

Schon wollte ich in der Finsternis die Treppe hinunterstürmen, doch eine innere Stimme warnte mich. Ich wusste, jetzt hing alles von mir ab, davon, dass mir nichts passierte und dass ich schnell war. Ich tastete nach Onkel Scotts Schlafzimmertür und fand nach einer kleinen Ewigkeit den Lichtschalter.

Die plötzliche Helligkeit war ein Schock. Onkel Scott lag zusammengekrümmt neben dem Treppengeländer; ein Schritt nur, und er wäre die Stufen hinuntergestürzt. Er war aschgrau im Gesicht und hatte die Augen geschlossen. Die rechte Hand hielt er gegen die linke Schulter gepresst.

»Doktor O'Toole«, sagte er. »Die Nummer steht in meinem Adressbuch …«

Ich schickte ein Stoßgebet zum Himmel, dass das Adressbuch beim Telefon lag, nicht in Onkel Scotts undurchdringlichem Durcheinander auf dem Schreibtisch oder sonst irgendwo unter den Sachen in seinem Zimmer. Doch zum Glück gab es ja noch das Telefonbuch.

Ich blieb nicht mehr stehen, um ihn zu fragen, ob er Schmerzen hatte. Mein Gefühl sagte mir, dass ich keine Zeit verschwenden durfte, dass es vielleicht um Minuten ging. Und so rannte ich die Treppe hinunter, während Rascal weiter bei meinem Onkel Wache hielt und Dart wie verrückt an der Küchentür kratzte.

Natürlich war das Adressbuch nicht da, wo es hätte sein sollen. Fieberhaft begann ich im Telefonverzeichnis zu blättern. Zugleich lauschte ich nach Geräuschen von oben und vor Angst und Aufregung kamen mir wieder die Tränen.

Es gab mehrere O'Tooles in unserer Gegend und ich hatte keine Ahnung, wie Onkel Scotts Arzt mit Vornamen hieß, aber da stand es endlich: Dr. Richard O'Toole in Strathpeffer.

Mit zitterndem Zeigefinger wählte ich die Nummer. Was tu ich bloß, wenn er nicht zu Hause ist?, dachte ich verzweifelt, während ich das Telefon wieder und wieder anläuten hörte. Meine Nase lief und ich wischte mit dem Handrücken darüber, hörte Dart kratzen und Rascal winseln und die alte Uhr im Wohnzimmer ächzend ticken. Da, endlich, sagte eine verschlafene Stimme: »Ja, hallo?«

Ich war so erleichtert, dass ich sekundenlang kein Wort hervorbrachte. Erst als die Stimme ein zweites Mal »Hallo« sagte, konnte ich antworten. »Bitte kommen Sie sofort«, rief ich. »Es ist schrecklich dringend! Mein Onkel – Mr. Montrose – er sagt, es ist sein Herz … Er liegt auf dem Treppenabsatz. Ich glaube, er hat Schmerzen …«

Jetzt verlor ich endgültig die Fassung und begann zu weinen. Ich konnte einfach nichts dagegen tun. Die Tränen ließen sich nicht zurückhalten. Doch die Stimme am Telefon war freundlich und sanft.

»Was ist passiert? Beruhige dich erst mal, ich komme ja. Aber ich muss wissen, worum es sich handelt.«

»Es ist sein Herz«, wiederholte ich schluchzend. »Er ist so grau im Gesicht! Vielleicht ist es ein …« Natürlich wusste ich nicht, was Infarkt auf Englisch heißt, doch der Arzt wartete nicht ab, sondern fragte rasch: »Ist er bei Bewusstsein?«

»Ja«, sagte ich. »Und er hat die Hand an die linke Schulter gepresst …«

Dr. O'Toole erwiderte: »Ich komme, so schnell ich kann. Und ich werde auch die Ambulanz vorbeischicken. Sorge dafür, dass er ruhig liegen bleibt. Und versuch das Herzmittel zu finden, das ich ihm verschrieben habe. Es sind Kapseln in einer Glasflasche mit grünem Etikett. Gib ihm zwei von den Kapseln mit reichlich Wasser. Ich komme!« Und schon wurde der Hörer aufgelegt.

Ich zog mich am Treppengeländer hoch wie eine alte Frau, so schlapp und kraftlos waren meine Beine. Onkel Scott lag noch auf der gleichen Stelle wie vorher; zum Glück hatte er sich nicht bewegt. Oder hatte er das Bewusstsein verloren?

Der Gedanke ließ eine neue Welle von Panik in mir aufkommen – denn wie sollte ich ihm seine Medizin geben, wenn er ohnmächtig war? Außerdem wusste ich nicht mehr genau, wie man mit Bewusstlosen umgeht. Der Erste-Hilfe-Kurs in der Schule lag so lange zurück. Ich erinnerte mich schwach an die Warnung, dass Bewusstlose an ihrer eigenen Zunge ersticken können. Verdammt, warum hatte ich nur nicht besser aufgepasst?

»Onkel Scott?«, flüsterte ich und war unendlich froh, als ich merkte, dass seine geschlossenen Lider leicht zuckten. Ich beugte mich über ihn und sagte: »Der Doktor kommt gleich. Er schickt auch die Amublanz vorbei.«

Er stieß einen leichten Seufzer aus und ich fügte hinzu: »Du darfst dich nicht bewegen. Und ich soll dir zwei von den Kapseln geben, die er dir für dein Herz verschrieben hat. Wo finde ich sie?«

»Irgendwo ... in meinem Zimmer«, erwiderte er stockend.

Rascal kauerte dicht neben seinem Herrn. Er winselte jetzt nicht mehr, lag nur da und zitterte. Erst jetzt bemerkte ich, wie blau Onkel Scotts Lippen waren. Er fror sicher in dem kalten Flur. Ich musste ihn in Decken packen, warum hatte ich nur nicht früher daran gedacht?

Ich rannte in mein Zimmer, zerrte Tante Annes Patchworkdecke vom Bett, dazu mein Kopfkissen, lief zurück zum Treppenabsatz und schob meinem Onkel vorsichtig das Kissen unter den Kopf. Dann deckte ich ihn zu, so gut ich konnte, wobei Rascal völlig unter den bunten Vierecken aus Samt verschwand, und stürzte anschließend in Onkel Scotts Zimmer.

Es war in wilder Unordnung, wie immer. Überall lagen Zeitschriften und Klamotten, Pfeifen, Socken, Dosen mit Sattelseife und schmutzige Reitstiefel herum; dazwischen Bücher und Rechnungen und Aktenordner und irgendwelches Werkzeug.

Ich sah mich verzweifelt um und dachte: Hilfe! Das kann Tage dauern, bis ich dieses Fläschchen finde ... Doch wie durch ein Wunder fand ich es sofort, als hätte eine gütige Fee oder ein helfender Engel mich an der Hand genommen und geführt. Es lag auf dem Bambustischchen neben dem Bett, halb verdeckt von einem ledernen Tabaksbeutel.

Ich griff nach dem Fläschchen und presste es an mich wie einen kostbaren Schatz, stolperte über einen Berg Akten, stieß mir das Schienbein an einer alten Truhe mit gewölbtem Deckel und kehrte zu Onkel Scott zurück, der mir mit angstvoll geweiteten, seltsam trüben Augen entgegensah.

Während ich mich über ihn beugte, sagte ich: »Hier ist deine Medizin. Sie hilft dir bestimmt. Ich hole noch rasch ein Glas Wasser. Hast du Schmerzen?«

Er gab keine Antwort, doch die Angst in seinem Blick übertrug sich auf mich.

Ich rannte ins Bad, füllte einen Zahnbecher mit Wasser und schüttelte mit bebenden Fingern zwei der braunen Kapseln aus dem Fläschchen. Dann kniete ich neben meinem Onkel, hob mit dem linken Arm sacht seinen Kopf ein wenig an, steckte eine der Kapseln zwischen seine Lippen, führte das Glas an seinen Mund und wartete, während er schluckte.

Die zweite Kapsel fiel mir in der Aufregung aus der Hand und rollte über den Teppich. Ich hätte weinen mögen über meine Ungeschicklichkeit, doch ich fand sie rasch wieder und gab sie ihm und er schluckte und trank und schloss dann die Augen wie nach einer großen Anstrengung.

Wie schrecklich eingefallen und grau sein Gesicht war! Während ich da neben ihm kauerte und seine Hand hielt, spürte ich mit aller Deutlichkeit, wie lieb ich ihn hatte, dass er zu einem der wichtigsten Menschen in meinem Leben geworden war.

Der Gedanke, dass er vielleicht sterben musste, wenn

sein Herz nicht durchhielt, wenn der Arzt nicht rechtzeitig kam, gab mir ein seltsames Gefühl, das ich nie zuvor gekannt hatte. Es war, als würde ich vor einem Abgrund stehen, der schwarz und bodenlos war, und wissen, dass ich jeden Augenblick in die Tiefe stürzen konnte.

Später sollten die Ereignisse dieser Nacht zu den Bildern in meinem Leben gehören, die auf ewig in mein Gedächtnis eingebrannt waren. Am nächsten Tag sagte Mrs. Kirkish zu mir: »Solche Dinge sollte man nicht errrleben, wenn man noch so jung ist wie du. Es ist zu viel Verrrantworrrtung.«

Doch ich glaube, dass man sich mit dreißig oder fünfzig in einer derartigen Lage genauso hilflos und verzweifelt fühlen kann, dass es keinen Unterschied macht, ob man blutjung ist oder erwachsen oder steinalt. Die Angst um einen Menschen, den man liebt, das Gefühl der Machtlosigkeit einem drohenden Verhängnis gegenüber verändern sich nicht.

Ich weiß heute nur, dass Onkel Scott es wohl nicht geschafft hätte, wenn ich nicht bei ihm gewesen wäre. Allein in dem großen Haus, durch dreiundzwanzig Stufen vom Telefon getrennt, hätte er nicht überlebt. Vielleicht war das mit ein Grund, weshalb mich das Schicksal ins Hochland geführt hatte.

2

Ich kann nicht sagen, wie lange ich da im Flur neben Onkel Scott kauerte, seine Hand in der meinen, Rascal zwischen uns. Vielleicht war es nur eine Viertelstunde, vielleicht länger. Ich hatte keinen Zeitbegriff mehr.

Mein Onkel klagte über starke Schmerzen in der Brust und im linken Arm. Manchmal stöhnte er unterdrückt. Ich weiß noch, dass ich fast ununterbrochen dachte: Ich muss ihn festhalten! Er darf nicht weggehen, ich will ihn nicht verlieren …

»Du schaffst es«, hörte ich mich selbst mit dünner Stimme sagen. Es klang beschwörend. »Wir brauchen dich doch – die Pferde brauchen dich! Halt durch, bis der Doktor kommt …«

Irgendwann sah ich, wie das letzte Fenster, das am Ende des Flurs lag und vom Lichtkegel der Lampe nicht mehr erreicht wurde, sich erhellte. Darts Gewinsel wandelte sich in Gebell und wir hörten das Knirschen von Reifen auf dem Kies.

Rascal richtete sich auf. Er lauschte und knurrte und ich sagte: »Sie kommen – die Ambulanz oder der Doktor – endlich!«

Ich drückte Onkel Scotts Hand und raffte mich auf, steif und starr von der Kälte und der ausgestandenen Angst. Und während ich die Treppe hinunterging, hinter Rascal her, der bellend vorausstürmte, hallte das Pochen des Türklopfers durchs Haus.

Es waren zwei Männer von der Ambulanz, gefolgt von Dr. O'Toole, den ich ja von meinem Reitunfall her kannte.

Sie drängten eilig in die Halle und ich hielt Rascal fest, der von all der Aufregung wie verrückt war, die Zähne fletschte und versuchte einem der Sanitäter in die weißen Hosenbeine zu beißen.

Dr. O'Toole fragte kurz: »Wo ist er?«

Ich deutete nach oben. »Dort, auf dem Treppenabsatz«, sagte ich. Mir war plötzlich total flau im Magen. Ich hatte Angst, mich übergeben zu müssen oder in eine Tränenflut auszubrechen, die nie mehr zu stoppen war. Rasch nahm ich den widerstrebenden Rascal am Halsband, zog ihn mit ins Wohnzimmer und ließ mich in einen Sessel fallen. Eine Weile saß ich im dunklen Zimmer, versuchte tief durchzuatmen und zu lauschen, während mein Herz wie verrückt hämmerte und das Ticken der Standuhr in meinen Ohren dröhnte.

Ich starrte durch die offene Tür hinaus auf den erleuchteten Flur, hielt den knurrenden Rascal am Halsband fest und betete: Lieber Gott, mach, dass sie nicht zu spät gekommen sind! Mach, dass sie Onkel Scott helfen können! Lass uns nicht im Stich! Mach ihn wieder gesund, bitte, verlass uns nicht ...

Nie zuvor hatte ich mich so elend gefühlt. Mein einziger Trost war Rascals warmes, weiches Fell unter meinen Händen, sein Kopf an meinem Knie. Ich spürte sein Herz bis in den Hals hinauf klopfen. Auch er war voller Panik über alles, was da geschah und was er nicht verstand. Sicher spürte er, dass es etwas Schlimmes, Bedrohliches war, eine Wolke des Unheils, die über dem Haus hing.

Er versuchte sich loszureißen, als wir Schritte auf der Treppe hörten. Ich stand auf und ging zur Tür; doch es waren nur die beiden Sanitäter, die durch die Halle kamen.

Sie gingen aus dem Haus und ließen die Eingangstür offen. Ich spürte den kalten Luftzug von draußen, den Duft der Frühlingsnacht. Dann kamen sie mit einer Trage zurück, die sie an mir vorbeitrugen, die Treppe hinauf.

Ich schloss Rascal im Wohnzimmer ein. Er wäre jetzt nur im Weg gewesen, wenn Onkel Scott in den Krankenwagen gebracht wurde, hätte vielleicht sogar versucht, mit ins Auto zu springen oder hinterherzulaufen.

Am Fuß der Treppe wartete ich. Oben kniete Dr. O'Toole neben meinem Onkel. Ich hörte ihn etwas sagen, verstand aber die Worte nicht. Dann hoben die Sanitäter Onkel Scott auf die Trage, rasch und mit geübten Bewegungen, gurteten ihn fest und trugen ihn langsam und vorsichtig die schmalen Stufen hinunter.

Ich trat zur Seite. Als sie an mir vorüberkamen, öffnete Onkel Scott die Augen und sah mich an. Er sagte kein Wort, doch er versuchte zu lächeln, als wollte er mich trösten und mir Mut machen.

Ein Schluchzen stieg in meiner Kehle auf. Ich griff nach seiner Hand und ging neben der Trage her zur Tür, wo es zu eng für uns alle wurde. Da ließ ich seine Hand los und trat zurück.

»Ich kümmere mich schon um die Pferde«, versprach ich. »Mach dir keine Sorgen.«

Die beiden Männer trugen die Trage die Vortreppe hinunter. Dr. O'Toole blieb neben mir stehen.

»Wie geht es ihm?«, fragte ich im Flüsterton. »Ist es … ist es schlimm?«

»Es ist sein zweiter Infarkt«, erwiderte der Arzt ruhig. »Ein Glück, dass du da warst und dass er sich bemerkbar machen konnte. Bei einem Herzinfarkt zählt jede Minute;

je eher der Patient ärztliche Hilfe bekommt, desto besser sind seine Chancen. Ich habe ihm eine Spritze gegeben. Wenn er allein im Haus gewesen wäre ...« Er schüttelte den Kopf.

»Aber es war doch nicht zu spät? Er wird doch durchkommen?«, fragte ich und meine Kehle schmerzte von unterdrücktem Schluchzen.

»Wir wollen es hoffen«, sagte Doktor O'Toole. »Ich denke, er hat gute Chancen.«

Er wandte sich zum Gehen und ich tappte ihm nach, barfuß auf den kalten Steinfliesen des Vorplatzes, und fragte: »Kann ich mitkommen? Kann ich mit ins Krankenhaus fahren?«

Wieder schüttelte er den Kopf. »Jetzt nicht. Du kannst morgen nach ihm sehen.«

»Aber wohin bringen Sie ihn?«, rief ich ihm nach, während der Krankenwagen gestartet wurde und auf dem Hofplatz wendete.

»Nach Inverness; vielleicht auch nach Aberdeen. Ich rufe dich in den nächsten Stunden an und sag dir Bescheid, sobald ich mehr weiß.«

Er stieg in seinen Volvo und fuhr hinter dem Krankenwagen her. Die Schlusslichter der beiden Fahrzeuge versanken im Dunkel der Lorbeerbüsche, die die Auffahrt säumten. Der Mond kam zwischen den Wolken hervor, umgeben von einer weißen Aura. Ich spürte die eisige Kälte der Fliesen unter meinen Füßen und es kam mir vor, als hätte ich mich nie zuvor in meinem Leben einsamer gefühlt.

Langsam ging ich in die Halle zurück und schloss die Tür. Jetzt, wo ich allein war, hätte ich weinen können, aber es ging nicht mehr. Ich holte Rascal aus dem Wohnzimmer und Dart aus der Küche. Sie rannten zur Eingangstür und scharrten am Holz, aber ich ließ sie nicht ins Freie.

»Wir müssen hier bleiben und warten«, sagte ich zu ihnen. »Wir können jetzt nichts anderes tun als warten.«

3

Ich erinnere mich, dass ich ruhelos wie ein unerlöster Geist durchs Haus streifte, unfähig, mich irgendwo länger als fünf Minuten aufzuhalten. Ins Bett mochte ich nicht mehr gehen, obwohl ich fror und mich nach Ruhe sehnte.

Im Wohnzimmer war es kalt und leer ohne Onkel Scott. Das ganze Haus kam mir ohne ihn plötzlich wie ein Ort der Verbannung vor. Die Hunde schlichen hinter mir her, ängstlich, mit eingekniffenen Schwänzen und fragenden Augen. Kater MacDuff saß auf dem Schrank in der Halle und starrte mit gesträubtem Rückenfell auf uns nieder.

Mehr als einmal stand ich vor dem Telefon und kämpfte mit der Versuchung, Danny anzurufen. Doch ich wollte ihn, seine Mutter und Sheila, seine Schwester, nicht mitten in der Nacht aufschrecken und aus den Betten jagen – falls Danny nicht sowieso gerade im Stall bei einem lammenden Mutterschaf war.

Am liebsten hätte ich mich auf eins unserer Pferde geschwungen und wäre zu ihm hinübergeritten, aber ich konnte ja nicht weg; ich musste warten, bis Dr. O'Toole anrief und mir sagte, wie es Onkel Scott ging und wohin sie ihn gebracht hatten.

Schließlich flüchtete ich mich in die Küche, drehte die Heizung an, setzte Teewasser auf und gab den Hunden Milch. Noch immer war ich barfuß; meine Füße fühlten sich wie Eisbeutel an. Ich schlüpfte in Onkel Scotts dicke Wollsocken, die auf dem Sofa lagen. Während ich sie in den Händen hielt und über meine starren Zehen zog, konnte ich endlich weinen.

Die Hunde saßen vor mir und sahen mich an; das Teewasser kochte und sprudelte und die Standuhr im Wohnzimmer schlug eins.

Als ich genug geweint hatte, tat mir der Kopf weh und meine Nase war so zu, dass ich kaum noch Luft bekam. Ich stellte den Teekessel zur Seite und machte mir stattdessen etwas Milch warm, süßte sie mit Honig und legte mich dann aufs Sofa. Ich deckte mich mit Onkel Scotts Pullovern und Windjacken und Schals zu und schloss die Augen.

Gern hätte ich ein bisschen geschlafen und alles vergessen, wenigstens für kurze Zeit; doch es ging nicht. Die Angst kam immer wieder wie ein dunkler Schatten auf mich zugekrochen, hockte auf meiner Brust und ließ sich nicht abschütteln. Ich dachte an Onkel Scott, irgendwo in einem Krankenhausbett, und was sie wohl jetzt mit ihm machten; ob es ihm besser ging – oder schlechter.

Wieder versuchte ich zu beten, aber ich wurde die schwarzen Gedanken nicht los. Die schlimmsten Vorstellungen quälten mich. Ich fragte mich, ob ich Onkel Scott je lebend wieder sehen würde und was aus den Pferden werden sollte, wenn sein Herz nicht durchhielt.

Mehr als je zuvor wusste ich jetzt, wie wichtig er mir war. Die Furcht, ihn nicht wieder zu sehen, nie mehr mit ihm hier am Tisch zu sitzen oder an seiner Seite hinaus auf die

Koppeln zu gehen, war wie ein Messer, das sich in meine Brust bohrte.

Rascal sprang aufs Sofa und suchte sich einen Platz neben meinen Füßen, wo er sich eng zusammenrollte und die Schnauze seufzend unter den Schwanz steckte. Dart schob seine Nase in meine Hand. Nach einer Weile bewegte sich die Küchentür, die nur angelehnt war, und Kater MacDuff zwängte sich herein; er sprang auf einen Stuhl und von dort aufs Sofa und kuschelte sich in meine Armbeuge.

Endlich schlief ich ein, doch es war kein erholsamer Schlaf. Ich träumte wildes Zeug, so, als hätte ich zu viel Hasch geraucht, und erwachte mit einem Ruck, weil ich dachte, ich hätte das Telefon klingeln hören. Doch alles war still bis auf das Ticken der Uhr und das Ächzen des Holunderbaums im Nachtwind.

MacDuff schnurrte, was er sonst nur selten tat. Es war, als wollte er mich damit beruhigen. Dart lag auf dem Boden und schlief, den Kopf auf den Pfoten, und wieder fragte ich mich: Was wird aus ihnen allen? Was soll aus uns werden, wenn Onkel Scott nicht wiederkommt?

Ich hielt es noch genau eine Stunde aus. Dann ging ich ans Telefon und wählte die Nummer von *Braeside*.

Das Telefon läutete wieder und wieder. Mit jedem Ton wurde ich unsicherer und schuldbewusster. Sie schlafen, dachte ich, ich muss sie in Ruhe lassen! Nur einmal noch, ich lasse nur noch einmal anläuten, dann lege ich auf …

Mitten im letzten Klingeln nahm Mrs. MacClintock ab. Natürlich klang ihre Stimme verschlafen und erschrocken; um halb drei Uhr morgens war das kein Wunder. Ich sagte: »Bitte, entschuldigen Sie! Hier ist Laurie … Seien Sie nicht böse, dass ich Sie geweckt habe, bitte, aber …«

Und wieder musste ich weinen. Rasch erwiderte sie: »Laurie, was ist passiert?«

Die Tränen waren wie ein Strom, der sich nicht eindämmen lässt. Nur mit Mühe brachte ich ein paar Worte heraus, von Onkel Scott und seinem Herzanfall und dem Krankenhaus. Es tat so gut, jemandem davon erzählen zu können, so, als würde die Last dadurch leichter.

Ihre Stimme klang erschrocken, als sie sagte: »Versuch dich zu beruhigen, Kind. Danny kommt und holt dich.«

Doch ich schüttelte den Kopf, fuhr mir mit dem Handrücken über die Nase und erwiderte schluchzend, dass ich nicht von *The Laurels* wegkönnte.

»Ich muss warten, bis Dr. O'Toole anruft«, sagte ich.

»Dann kommen wir eben zu dir hinüber und warten mit dir.« Sie legte auf.

Ich stand da, den Hörer in der Hand, und war so voller Dankbarkeit, nicht länger allein zu sein, dass ich mich wie erlöst fühlte. Jetzt endlich konnte ich ins Bad gehen, mir das Haar bürsten und mein verheultes Gesicht mit kaltem Wasser abspülen, konnte meine Schlafanzughose ausziehen und in Jeans schlüpfen; und ständig folgten mir die Hunde wie zwei ängstliche Schatten, die Treppe hinauf, vom Bad ins Schlafzimmer und wieder nach unten. Ja, wir waren alle drei wie Schatten in diesem leeren, weitläufigen Haus, das eigentlich für eine Großfamilie mit Kindern, Eltern und Großeltern, Tanten, Kinderfrau, Köchin und Butler und Kammerzofen gebaut war.

Eine Viertelstunde später waren sie da. Danny nahm mich in die Arme und hielt mich fest und hüllte mich in tröstlichen Schafsgeruch ein, während seine Mutter in der Küche herumpusselte und Tee kochte.

Dann saßen Danny und ich auf dem Sofa. Danny wärmte meine Hände. Mrs. MacClintock wickelte mich in eine Decke und flößte mir Tee ein.

Ich erzählte ihnen, was passiert war, von kleinen Schluchzern und einem Schluckauf unterbrochen. Es tat unbeschreiblich gut, Dannys Hand zu halten, seine Wärme zu spüren und in Mrs. MacClintocks teilnahmsvolles Gesicht zu sehen. Natürlich konnten sie das, was passiert war, nicht ungeschehen machen, konnten mir nicht versprechen, dass alles wieder in Ordnung kommen würde. Und doch fühlte ich mich wunderbar getröstet und der eiserne Ring der Angst, der meine Brust umschlossen hielt, löste sich.

»Ich kenne Leute, die zwei oder sogar drei Herzinfarkte überstanden haben«, versicherte Dannys Mutter. »Die Chancen durchzukommen stehen heute sehr viel besser als noch vor zehn Jahren. Scott hat großes Glück gehabt, dass du im Haus warst und dass Rascal dich geweckt hat. Warum sollte er nicht auch weiter Glück haben?«

Und Danny fügte hinzu: »Dein Onkel ist ein Mann mit einem sehr starken Willen. Wenn er es wirklich schaffen will, schafft er es auch, wieder auf die Beine zu kommen.«

Ich fragte mich, ob Onkel Scott wirklich so an seinem Leben hing, dass er bereit war, darum zu kämpfen. Natürlich liebte er seine Pferde und seine Hunde und fühlte sich für sie verantwortlich. Doch in diesem Dreivierteljahr, das ich mit ihm zusammen verbracht hatte, hatte ich nur selten den Eindruck gehabt, dass er gern lebte. Vielleicht war es mehr Pflichtgefühl als Lebensfreude, was ihn aufrecht hielt; und genügte das, um in einer solchen Lage durchzuhalten?

Im vergangenen Herbst, als er Mrs. MacClintock nach so vielen Jahren wieder gesehen hatte, war er mir verändert vorgekommen – jünger und hoffnungsvoller. Doch offenbar waren seine Erwartungen nicht in Erfüllung gegangen.

Ich sah Dannys Mutter an. Vielleicht erriet sie meine Gedanken, denn sie sagte: »Das jahrelange Alleinsein hat ihm wohl zu schaffen gemacht. Und er hat zu lange zu viel gearbeitet.«

»Aber es geht ihm besser, seit du hier bist, Laurie«, warf Danny ein. »Das hat er doch selbst schon ein paar Mal gesagt.«

Die besondere Stimmung dieser Nacht, in der all die üblichen Grenzen plötzlich aufgehoben schienen, gab mir den Mut, etwas zu sagen, was ich sonst wohl nie vor Dannys Mutter ausgesprochen hätte – gerade vor ihr nicht.

»Aber ich kann ihm nicht das geben, was er am meisten braucht. Er braucht eine Frau, mit der er sein Leben teilen kann. Jemanden, der ihn liebt und den er lieben kann.«

Ich erschrak nicht, als es heraus war. Es schien plötzlich ganz natürlich und richtig, weil es eben die Wahrheit war.

Mrs. MacClintocks blasses Gesicht mit den Sommersprossen rötete sich leicht. Sie senkte den Blick wie ein junges Mädchen. Danny drückte unter der Decke meine Hand.

Eine Weile schwiegen wir. Dann sagte ich: »Seien Sie mir nicht böse!«

Dannys Mutter sah mir voll in die Augen und erwiderte: »Ich bin dir nicht böse. Warum sollte man auch nicht darüber reden? Du kennst ja die ganzen alten Geschichten mit deinem Onkel und mir und Dannys Vater …« Sie stockte. »Dannys Vater und ich – wir haben uns sehr lieb gehabt«, fügte sie langsam hinzu. »Ich hab es nie bereut, dass ich ihn geheiratet habe und nicht Scott Montrose, auch wenn wir es nicht immer leicht hatten.« Wieder schwieg sie. »Damals war es die richtige Entscheidung, das weiß ich. Aber ich glaube, dein Onkel hofft noch immer, ich würde einsehen, dass eigentlich er der Richtige für mich gewesen wäre und dass meine damalige Entscheidung ein Irrtum war.«

»Aber Mom«, warf Danny ein. »Das ist doch alles schon Ewigkeiten her! Ist es denn überhaupt noch wichtig?«

»Ich glaube, für Scott Montrose ist es wichtig. Das, was er damals wohl als Niederlage erlebte, hat ihn tief getroffen. Er hat es vielleicht nie richtig verarbeitet. Und ich kann ihm nicht sagen, dass es mir Leid tut und dass ich mich damals getäuscht habe, denn das wäre nicht die Wahrheit.« Sie atmete tief, fast seufzend, und ihre Stimme klang traurig. »Wir könnten nicht in Frieden zusammen leben. Er würde es mir immer nachtragen, dass ich ihn vor fünfundzwanzig Jahren abgewiesen habe.«

Während sie das sagte, hatte ich plötzlich eine Art Erleuchtung. Ich glaube, ich begriff, weshalb Onkel Scotts Herz ein zweites Mal »gestreikt« hatte, wenn man das so nennen will. Es hatte mit Mrs. MacClintock zu tun.

Danny fragte: »Woher weißt du das? Hat er es dir gesagt?«

Seine Mutter schüttelte den Kopf. Ihr üppiges hellrotes Haar glänzte im Schein der Deckenlampe. Ein paar graue Strähnen waren darin. »Nein, aber ich spüre das einfach, mein Junge.«

»Habt ihr nie darüber gesprochen?«

»Nein, nie. Es ist ein Thema, das wir beide vermeiden.«

»Aber das ist verkehrt!«, wandte Danny ein. »Total falsch! So denkt der eine vom anderen irgendwelche Sachen, ohne zu wissen, ob sie auch wirklich stimmen.«

Behutsam sagte ich: »Vielleicht irren Sie sich ja auch. Vielleicht hat Onkel Scott inzwischen längst begriffen, dass man zwei Menschen auf verschiedene Weise gern haben oder lieben kann. Wichtig ist doch, was Sie heute für ihn empfinden, auch wenn es möglicherweise andere Gefühle sind als damals für Dannys Vater.«

Sie stand auf, ging ans Fenster und sah in die Dunkelheit hinaus. Ich dachte, dass sie nicht mehr über das alles reden wollte, dass ich ihr vielleicht zu nahe getreten war, doch nach einer Weile erwiderte sie: »Ihr habt Recht, wir hätten längst offen miteinander reden sollen, er und ich. Sobald es Scott wieder besser geht, besuche ich ihn im Krankenhaus.«

Sie sagte nicht: »Falls es ihm wieder besser geht« oder »Wenn es nicht zu spät ist«, und ich war ihr dankbar dafür. Sie drehte sich um, kam zum Tisch zurück und lächelte leicht. »Jetzt sind wir beide schon so alt und benehmen uns manchmal noch wie Kinder. Ich denke oft, dass ihr jungen Leute uns heute in manchem voraus seid.«

Danny und ich wechselten einen Blick. »Hm«, sagte Danny. »Da wäre ich nicht so sicher, Mom.« Und ich nickte und dachte an unseren Streit zu Beginn des Frühlings, bei dem wir uns beide alles andere als vernünftig und erwachsen benommen hatten, er und ich.

Es war kurz vor vier Uhr morgens, der Tag dämmerte schon grau hinter dem Küchenfenster, als das Telefon klingelte.

Ich sprang auf. Panik stieg in mir hoch und überschwemmte mich wie eine Flutwelle, während ich aus der Küche rannte.

Danny kam mir nach. Er stand neben mir und streichelte

meinen Rücken, als ich den Hörer so ungeschickt von der Gabel nahm, dass er mir fast aus der Hand fiel. Mein Herz klopfte dumpf und schwer. Ich dachte: Gleich werde ich es wissen! Meine Stimme war so leise, dass ich sie selbst kaum hörte, als ich mich meldete.

Jemand sagte: »Hallo, Laurie, bist du das?« Es war Dr. O'Toole.

»Ja«, sagte ich rasch. »Wie geht es Onkel Scott – meinem Onkel?«

Danny hatte den Arm um mich gelegt und hielt mich fest. Er spürte wohl, dass ich Stütze und Halt brauchte, dass ich mich wappnen musste für das, was jetzt vielleicht kam.

Doch Dr. O'Toole erwiderte ruhig: »Es geht ihm besser. Er ist außer Lebensgefahr.«

Wieder kamen mir die Tränen, diesmal vor Freude und unendlicher Erleichterung. Mir schien, dass ich in meinem ganzen bisherigen Leben noch nie so viel geweint hatte wie in dieser einen Nacht. »Kann ich ihn besuchen?«, fragte ich mit erstickter Stimme. Ich suchte in meinen Hosentaschen nach einem Taschentuch und strahlte Danny unter Tränen an. »Kann ich zu ihm?«

Das einzige Taschentuch, das ich fand, war nass geweint und löste sich in seine Bestandteile auf. Danny lächelte mir zu.

»Ja, später«, sagte Dr. O'Toole. »Am besten erst nachmittags. Und nur für kurze Zeit.«

»Danke!«, sagte ich, so froh, dass ich ihn am liebsten umarmt und geküsst hätte. »Vielen, vielen Dank! Ich weiß nicht, wie ich Ihnen danken soll!«

Danny gab mir sein Taschentuch. »Dank nicht mir, sondern einem gütigen Gott, Lass«, sagte der Arzt kurz, aber nicht unfreundlich. »Und jetzt versuch zu schlafen. Trink etwas Kamillentee oder heiße Milch mit Honig. Du bist eigentlich viel zu jung für solche Aufregungen.«

Er gab mir noch die Adresse einer Privatklinik bei Inverness, in die man Onkel Scott gebracht hatte, weil dort ein besonders fähiger Herzspezialist arbeitete, und ich legte auf und fiel Danny um den Hals. Über seine Schulter hinweg sah ich, dass Mrs. MacClintock in der Küchentür stand.

Die Tränen liefen mir noch übers Gesicht, aber ich lächelte ihr zu, die Wange an Dannys Gesicht geschmiegt. »Es geht ihm besser«, sagte ich. »Alles wird wieder gut.«

4

Verdammt!«, murmelte Allan, als er am nächsten Morgen kam und erfuhr, was in der Nacht geschehen war. »Hol's der Teufel! Aber es geht ihm besser, sagst du?«

»Ja«, erwiderte ich. »Der Doktor hat gesagt, er ist außer Gefahr.«

Allan wollte sofort ins Krankenhaus fahren, doch ich erklärte ihm, dass Onkel Scott erst nachmittags Besuch haben durfte und auch dann nur für kurze Zeit.

»Wir fahren zusammen hin!«, sagte er.

Danny hatte zwar versprochen, mich nach Inverness zu bringen, aber ich wusste, wie schwer es ihm fiel, sich freizumachen, mitten im Frühling, wo die meisten Lämmer zur Welt kamen. Deshalb nahm ich mir vor, ihn mittags anzurufen und ihm Bescheid zu sagen, dass ich mit Allan fahren konnte.

An diesem Morgen war ich total müde und fertig, werkelte aber wie verrückt. Wir waren jetzt nur zu zweit und ganz aufeinander angewiesen; keiner durfte ausfallen. Abends wollte ich mit Jessie telefonieren, die uns gelegentlich mit den Pferden half. Jessies Eltern betrachteten die Pferdeleidenschaft ihrer Tochter zwar recht argwöhnisch, doch wenn ich mit ihnen redete, bestand vielleicht die Chance, dass Jessie in den nächsten Wochen öfter zu uns kommen durfte.

Allan schuftete für zwei. Er war nie einer gewesen, der sich vor der Arbeit drückte, doch heute sah er weder nach links noch nach rechts. Er hievte Säcke mit geschrotetem Mais aus der Vorratskammer, entfernte einen Stein aus Fionas Huf, maß die Futterportionen ab und ging sogar in die Küche, um Mash zuzubereiten, was er sonst immer mir überließ.

Gemeinsam brachten wir das Pony Dwarf in den Stall und maßen seine Temperatur, denn es hatte starken Durchfall und wir wussten nicht, weshalb. Ich belud die Schubkarre so voll mit Futtereimern, dass ich sie kaum noch über den matschigen Koppelweg schieben konnte. Von Ferne beobachtete Allan, wie ich mich abplagte, und als ich auf die Koppel kam, sagte er: »Du zitterst ja! Das muss höllisch schlimm gewesen sein letzte Nacht. Bist total fertig, wie?«

Ich passte vor Überraschung nicht richtig auf und wurde von Owlie, der als Erster an die Eimer kommen wollte, so grob angerempelt, dass ich mich mit dem Hosenboden ins taufeuchte Gras setzte. Dass Allan sich Gedanken über mein Befinden machte, so etwas wie Mitgefühl zeigte, war ausgesprochen neu. Vermutlich hing es damit zusammen, dass er seit Ostern in meine Freundin Annika verliebt war, die mich in den Highlands besucht hatte. Das hatte ihn verändert und offener und weicher gemacht. Er sah auch nicht mehr so verbissen aus wie früher, eher traurig und nachdenklich.

Ich raffte mich auf. Mir war seltsam schwindlig. »Ja«, gab ich zu und wischte mir den Hosenboden ab. »Es war eine scheußliche Nacht.«

»Du kannst ins Haus gehen und ein paar Runden schlafen«, sagte er. »Jetzt komme ich schon allein klar.«

Doch das wollte ich nicht. Es tat mir gut, draußen zu sein, in dem frischen, klaren Frühlingsmorgen, umgeben vom Gesang der Vögel und dem zufriedenen Schnauben der Pferde. Hier konnte ich den ausgestandenen Schrecken am besten loswerden, indem ich mich bewegte und schwitzte und die Wärme der Pferdekörper um mich her spürte.

Später, als wir auf der Bank vor dem Futterschuppen saßen und Rüben schnitzelten, erzählte ich Allan in allen Einzelheiten, was geschehen war.

»Mann!«, sagte er. »Stell dir vor, es wär keiner im Haus gewesen! Dann hätte ich ihn heute früh vielleicht dort oben auf dem Treppenabsatz tot vorgefunden.«

Ich las die Furcht in seinen Augen. Sie hatte sicher nicht nur mit der Sorge um seinen Job zu tun, den er liebte, und um die Pferde. Ich wusste auch, dass Allan sehr an Onkel Scott hing und dass *The Laurels* für ihn so etwas wie Heimat bedeutete.

Gemeinsam gingen wir auf die Koppel zurück, um dem blinden Nutmeg die Hufe auszuschneiden. Ich hielt Nutmegs Beine hoch, eins nach dem anderen, und stützte ihn, was unheimlich anstrengend war, denn er lehnte sich mit seinem ganzen Gewicht an mich. Ich ging fast in die Knie, während Allan mit dem Hufmesser arbeitete.

Um zehn Uhr kam Mrs. Kirkish. Es war ihr Putztag und sie wollte wissen, was sie kochen sollte.

»Allmächtigerrr!«, sagte sie, als sie erfuhr, was passiert war. »Allmächtigerrr! Jetzt weiß ich auch, warrrum ich vor drrrei Nächten von lauter schwarrrzen Vögeln getrrräumt hab! Das ist ein böses Omen, hab ich zu meinem Mann gesagt, darrrauf kannst du dich verrrlassen!«

Sie erzählte weitschweifig von ihrer verstorbenen Auntie, ihrer Tante, die immer gesagt hatte, Träume von schwarzen Vögeln bedeuteten Unheil. Am schlimmsten aber war es, wenn sie gleich leibhaftig auftauchten, ein ganzer Schwarm, der den Himmel verdunkelte.

»Jetzt müssen wirrr aufpassen!«, schärfte sie uns ein. »Denn ein Unglück kommt selten allein!« Sie rollte dramatisch mit den Augen und ihre Prophezeiung bewahrheitete sich auch sofort. Denn als sie durch das Gatter ging, rutschte sie auf einem Pferdeapfel aus, verlor das Gleichgewicht und fiel gegen Bairnie, der versuchte, in den längst blank geleckten Eimern noch einen Krümel zu finden.

Er wieherte erschrocken und sprang zur Seite. Mrs. Kirkish wollte sich an der Schubkarre festhalten, die daraufhin mitsamt den leeren Eimern umkippte. Sie selbst bremste ihren Fall, indem sie ihre Knie in den Matsch bohrte, und wir mussten ihr aufhelfen und sie beruhigen.

»Das sind alles nurrr die schwarrrzen Vögel!«, sagte sie und sah betroffen auf die graue Soße nieder, die von ihrem Tweedrock über die Strümpfe und in ihre Schuhe tropfte.

»Ich leihe Ihnen eine von meinen Hosen«, bot ich ihr an.

»Da pass ich doch nie im Leben hinein, love! Vor drrreißig Jahren, ja, da hab ich eine ähnliche Figurrr gehabt wie du, ob ihr's glaubt oder nicht, aber das ist lange her. Ich werde mir eine von Mrrr. Montrrroses Arrrbeitshosen ausleihen. Er wirrd doch hoffentlich nichts dagegen haben?«

»Nein«, sagte ich. »Das hat er bestimmt nicht.«

Wie immer an Tagen, die so voller Hektik sind, dass man nur mit hängender Zunge von einem Ort zum anderen hetzt, riefen alle möglichen Leute an und wollten Sachen wissen, von denen weder ich noch Allan eine Ahnung hatten. Ein Mann vom World Wildlife Fund in Südengland fragte, ob ich ihm die Adresse eines Pferdezüchters geben könnte, der in der Nähe von Glasgow ansässig war; der Besitzer von Mill Farm erkundigte sich, weshalb wir die letzte Haferrechnung noch nicht bezahlt hätten; die Polizei von Inverness wollte wissen, ob uns etwas von Viehdiebstählen zu Ohren gekommen sei und ob wir in den letzten Tagen etwas Auffälliges beobachtet hätten, etwa Fremde, die um unsere Koppeln herumschlichen?

»Nein!«, sagte ich erschrocken. »Wieso? Sind hier in den Grampians Pferde gestohlen worden?«

»Pferde nicht. Eine Reihe von Schafdiebstählen sind uns gemeldet worden und ein dutzend Rinder sind verschwunden«, sagte der Polizeibeamte. »Aber wir würden euch raten, gut aufzupassen. Wenn ihr irgendetwas Auffälliges oder Seltsames beobachtet, sagt uns bitte sofort Bescheid.« Er gab mir seine Telefonnummer und legte auf, ohne genauer zu erklären, was er unter »auffällig« oder »seltsam« verstand.

Der Anruf beunruhigte mich. Ich sagte jedoch nichts davon zu Mrs. Kirkish, da sie sonst bestimmt wieder mit ihren schwarzen Vögeln angefangen hätte. Onkel Scott gegenüber durfte ich es natürlich auch nicht erwähnen, wenn ich ihn besuchte, um ihn nicht aufzuregen.

Zum Glück gab es Allan, mit dem ich die Sache besprechen konnte. Er machte ein finsteres Gesicht und meinte, es wäre am besten, wenn er in der nächsten Zeit die Nächte hier in *The Laurels* verbringen und aufpassen würde.

»Es geht nicht, dass du ganz allein im Haus bist«, sagte er. »Am besten lassen wir die Hunde nachts draußen. Viehdiebe schlagen meistens bei Dunkelheit zu. Tagsüber traut sich keiner, ein Pferd von der Weide zu holen.«

Mit den Schafen hatten sie da schon leichteres Spiel. Sie streiften ungebunden in den Tälern und auf den Berghängen herum, am liebsten dort, wo es einsam und gottverlassen war. Da brauchte man nur mit einem Lastwagen zu kommen und sie einzuladen …

Ich ging ans Telefon und wählte die Nummer von *Braeside*.

Shee war am Apparat und sagte, Danny wäre draußen auf der Weide und sie hätten heute Morgen schon von den Viehdiebstählen in der Zeitung gelesen.

»So ein Bockmist!«, sagte sie. »Das hat uns gerade noch gefehlt! Hör zu, Laurie, du kannst jetzt unmöglich allein im Haus schlafen. Wir haben das beim Frühstück besprochen. Danny kann schlecht weg, solange unsere Schafe lammen, aber möchtest du vielleicht, dass ich bei dir wohne, bis dein Onkel wieder aus dem Krankenhaus kommt?«

Ich erwiderte, dass ich das sehr lieb von ihr fände, dass sie sich aber keine Sorgen zu machen brauchten.

»Allan hat versprochen, vorerst hier zu übernachten«, erklärte ich. »Wie ich ihn kenne, wird er sich Nacht für Nacht mit einem der alten Jagdgewehre auf die Lauer legen, die noch von Onkel Scotts Vater hier sind. Wenn's um die Pferde geht, sieht er absolut rot. Aber was ist mit euren Schafen?«

»Wir holen sie vom *Heathery Hill* auf die unteren Weiden, die eingezäunt sind«, erwiderte Sheila. »Das ist zwar bescheuert, weil es dort oben jetzt das beste Gras und frische Kräuter für sie gibt. Die unteren Weiden sind ziemlich abgegrast. Aber für eine Woche oder so geht es schon und Nessie wird sie bewachen. Wir können bloß hoffen, dass die Typen so bald wie möglich gefasst werden.«

Ich ließ Danny ausrichten, dass ich nachmittags mit Allan in die Klinik fahren konnte, und versprach, abends wieder anzurufen und Bescheid zu sagen, wie es Onkel Scott ging.

Mrs. Kirkish hatte »Tweed Kettle« für uns gekocht, eine Spezialität nach einem alten Rezept aus dem Tal des Flusses Tweed, die aus frisch gekochtem Lachs, Zwiebeln, Petersilie und Gurkensoße bestand; dazu gab es Salzkartoffeln. Wir schlangen das gute Essen in ziemlicher Hast hinunter, weil wir es eilig hatten, loszukommen.

Mrs. Kirkish folgte mir die Treppe hinauf in Onkel Scotts Zimmer und half mir, ein paar Sachen für ihn einzupacken – Morgenmantel und Schlafanzüge, eine Pfeife und etwas Tabak, Hausschuhe, einen Toilettenbeutel mit Waschutensilien und den Rasierapparat.

»Rrrichte ihm viele Grrrüße aus!«, schärfte sie mir ungefähr zwölfmal ein und trug mir auf, ihm zu sagen, dass sie ihn besuchen käme, sobald es ihm wieder besser ging.

Als wir in den Rover stiegen, um loszufahren, kam Mrs. Tweedie über die Auffahrt getrippelt.

»Das darf doch nicht wahr sein!«, sagte ich düster zu Allan. »Wenn sie hört, was passiert ist, wird sie in Heulen und Wehklagen ausbrechen und darauf bestehen, mitzufahren. Und dann nervt sie den armen Onkel Scott.«

Er murmelte etwas Undeutliches und startete den Rover. Mrs. Tweedie winkte uns gebieterisch mit ihrem Regenschirm, den sie stets bei sich trug.

»Das verzeiht sie uns nie!«, sagte ich.

Allan erwiderte, das würde ihn wenig kratzen. »Mr. Montrose braucht seine Ruhe«, erklärte er. »Es tut ihm nicht gut, wenn die alte Glucke um ihn herumgackert.« Und er fuhr an ihr vorbei, als wäre sie eine unsichtbare Wichtelfrau mit einer Tarnkappe.

Mir fiel auf, dass er plötzlich nicht mehr wie ein Henker durch die Landschaft düste, sondern ein ziemlich normales Tempo einhielt; und ich dachte, dass Annika wahre Wunder vollbracht hatte – oder war es ganz einfach die gute alte Himmelsmacht Liebe?

Er schien meine Gedanken zu erraten, denn er fragte: »Hat Annika dir geschrieben?«, während er einem zottigen Hochlandrind mit mächtigen Hörnern auswich, das aus irgendeinem Grund wiederkäuend mitten auf der Straße stand und uns gelassen beäugte.

»Ihr letzter Brief kam vor vier Tagen«, sagte ich. »Und der war nicht besonders glücklich. Sie schreibt, dass ihr in München so ziemlich alles stinkt.«

Allan sah mit gerunzelter Stirn geradeaus. Er tat unbeteiligt, aber ich merkte, wie seine Kinnmuskeln arbeiteten.

»Schreibt sie dir auch?«, fragte ich vorsichtig.

Er nickte.

»Und du?«

»Klar, dass ich ihr schreibe. Manchmal telefonieren wir auch.«

Ich dachte daran, wie teuer die Auslandsgespräche waren und wie frustrierend es sein musste, sich immer auf ein paar Sätze zu beschränken. Allan hatte ja kein Telefon zu Hause; also war er derjenige, der immer von einer Telefonzelle aus bei Annika anrufen musste. Da er mit seinem Verdienst praktisch seine Mutter und seine Geschwister ernährte, seit sein Vater das Weite gesucht hatte, musste er sicher jeden Penny umdrehen.

»Wenn du jetzt in *The Laurels* wohnst, kann Annika dich ja mal abends anrufen«, sagte ich und sah ihn unschlüssig von der Seite an. Ich fragte mich, ob er mich beißen würde, wenn ich ihm eine persönliche Frage stellte. Er war zwar in letzter Zeit ein Stück offener geworden, strahlte aber nach wie vor etwas aus, das deutlich signalisierte: Komm mir nicht zu nahe!

»Vermisst du sie?«, fragte ich.

Er presste die Lippen zusammen, gab Gas und überholte einen Traktor. Dabei fehlte nicht viel und wir wären im Straßengraben gelandet. Eine Weile antwortete er nicht und ich dachte schon, ich hätte einen Fehler gemacht, da tat er plötzlich den Mund auf und sagte: »Ja, das tu ich. Sie fehlt mir verteufelt. Ich wollte, sie wäre hier …«

Unwillkürlich seufzte ich. »Das kann ich verstehen«, gab ich zurück. »Was meinst du, was ich für eine Angst davor habe, dass meine Eltern mich zwingen, im Sommer wieder nach Hause zurückzukommen! Ich weiß nicht, was ich mache, wenn ich so weit von Danny weg bin.«

Allan wandte mir das Gesicht zu und sah mich voll an. »Was, du kannst vielleicht nur bis Sommer hier bleiben?«

»Ja«, murmelte ich. »Eigentlich sollte ich ja bloß für ein Jahr nach Schottland kommen.«

Er richtete den Blick wieder auf die Straße und schwieg. Doch ich wusste, es war eine seiner Denkpausen, nicht mangelndes Interesse.

»Sie werden dich nicht zwingen zurückzukommen – nicht jetzt, wo Mr. Montrose einen Herzinfarkt gehabt hat«, sagte er unvermittelt. »Sie werden nicht wollen, dass du ihn schon im Sommer mit all der Arbeit zurücklässt. Schließlich hast du ihm durch deine Anwesenheit im Haus mehr oder weniger das Leben gerettet.«

Das war so ungefähr die längste Rede, die ich je von Allan gehört hatte. Und was er sagte, klang vernünftig. Ich nahm mir vor, meine Eltern so bald wie möglich anzurufen und ihnen alles zu erzählen. »Vielleicht hast du Recht«, erwiderte ich. »Ein paar Monate könnte ich dadurch schon gewinnen. Aber … ich möchte länger hier bleiben, weißt du.« Ich sagte nicht: für immer. Das hätte zu seltsam geklungen.

Er nickte und ich fügte hinzu: »Möglicherweise kommen meine Eltern ja im Sommer zu Besuch. Ich hoffe es, weil sie dann vielleicht ihre Meinung ändern. Meine Mutter glaubt nämlich, die Arbeit mit Pferden wäre nur so eine Art Zeitvertreib. Sie will unbedingt, dass ich eine ›ordentliche‹ Berufsausbildung mache. Typisch, wie Eltern eben sind.«

Allan gab keine Antwort und ich dachte, dass er so etwas wohl nicht kannte, weil seine Eltern sich nie um seine Ausbildung und Zukunft gekümmert hatten. Sein Vater war verschwunden, als Allan neun war, seine Mutter war alkoholabhängig und hatte ihre eigenen Probleme. Allan hatte immer für sich selbst sorgen müssen, und für seine fünf jüngeren Geschwister dazu. Also konnte er mit solchen Begriffen wie übertriebene elterliche Fürsorge wenig anfangen.

»Annika wird im Sommer sicher wiederkommen«, sagte ich nach einiger Zeit, um ihn zu trösten.

»Sie schreibt, sie hat ihren Urlaub schon an Ostern verbraucht und kann bis Juli noch höchstens zehn Tage zusammenkratzen«, erwiderte er.

»Wer weiß, wie alles kommt«, sagte ich. »Vielleicht steckt sie ihre Ausbildung als Fotografin ja sowieso auf.«

Allan meinte, er fände das nicht gut. Ich war überrascht, denn ich hatte ihn nie für so ungeheuer vernünftig gehalten, auch nicht für so selbstlos. Gerade als ich anfing, ihm zu erklären, dass Annika die Chancen in diesem Beruf sowieso für sehr bescheiden hielt, erreichten wir die Kessock Bridge bei Inverness und ich musste den Stadtplan auseinander falten und nachsehen, wie wir am besten zum Krankenhaus kamen, das irgendwo außerhalb von Inverness in Richtung Fort William sein musste.

Auf dem Weg durch die Stadt wurde ich wieder unruhig. Dr. O'Toole hatte zwar gesagt, dass Onkel Scott außer Gefahr sei, doch man konnte nie wissen. Wenn er nun einen Rückfall gehabt hatte? Ob sie uns überhaupt zu ihm lassen würden?

»Hoffentlich geht es ihm gut!«, sagte ich leise. »Hoffentlich ist inzwischen nichts Schlimmes passiert.«

Annika hatte mich immer ermahnt, positiv zu denken, da man ihrer Meinung nach durch schwarze Gedanken das Unheil förmlich herbeizieht. Doch Allan war womöglich ein noch schlimmerer Pessimist als ich. Seine Stimme klang gepresst, als er erwiderte: »Wenn Mr. Montrose was zustößt, ist alles aus!«

»Er hat mir einmal gesagt, dass er genug Geld hinterlassen wird, damit wir die Pferde weiter versorgen können«, sagte ich schwer.

Allan schüttelte den Kopf. »Ohne ihn schaffen wir das nie! Der Gnadenhof steht und fällt mit ihm. Es hat keinen Sinn, sich da etwas vorzumachen, Laurie.«

Wieder war mir, als drückte mir eine eiserne Faust das Herz zusammen. Und nicht zum ersten Mal wünschte ich mir, ich könnte meine Haut abstreifen und anders sein – so wie Annika vielleicht, die zwar auch nicht immer vor Glück strahlte, aber wenigstens daran glauben konnte, dass sich im Leben immer alles zum Guten wendet.

5

Er war so blass. Sein Gesicht wirkte blutleer und eingefallen, seine Lippen waren bläulich verfärbt. Doch er lächelte, als wir durch die Tür traten, und mir wurde leichter ums Herz.

Ich ging ans Bett, beugte mich über ihn und küsste ihn auf die Wange und den Mund. Das hatte ich nie zuvor getan. Sein Schnurrbart stachelte. Wir sahen uns an, er genauso verwirrt und verlegen wie ich. Da setzte ich mich auf die Bettkante und nahm seine rechte Hand in meine beiden Hände.

Onkel Scott lag allein in einem schmalen Zimmer auf der

Intensivstation. Ein Monitor, einem kleinen Fernseher ähnlich, stand auf dem Tisch neben dem Bett. Er war mit Kabeln verbunden, die durch Elektroden an Onkel Scotts Brust befestigt waren und seine Herztätigkeit in Zickzackkurven auf dem Bildschirm wiedergaben. Bei jedem Herzschlag hörte man einen leisen Piepton.

Auf dem Rücken seiner linken Hand war mit Pflastern ein dünner Schlauch festgeklebt. Der Schlauch führte zu einer Plastikflasche, die an einem Ständer hing. Ich nahm an, dass die Flasche mit Medikamenten gefüllt war, die das Herz unterstützen sollten und dem Körper ständig zugeführt werden mussten, bis die Krise überstanden war.

Am liebsten hätte ich wieder losgeheult, so unheimlich froh war ich, neben Onkel Scott zu sitzen, sein Gesicht zu sehen, die grauen Augen, die nun wieder klarer waren, das silbrige Haar an seinen Schläfen. Zum Glück stand jetzt Allan am Fußende des Bettes. Er war fast so blass wie mein Onkel.

»Geht es Ihnen wieder besser?«, fragte er mit gepresster Stimme.

»Herrje, ja!«, sagte Onkel Scott. »Nach all dem, was sie hier mit mir angestellt haben, müsste ich eigentlich schon wieder aufstehen und herumspringen wie ein Brownie im Frühling. Aber sie haben mir verboten, auch nur allein aus dem Bett zu steigen!« Er lächelte zu mir auf. »Schau nicht so ängstlich drein, Lass! Wir haben's ja überstanden. Es tut mir Leid, dass ich dir letzte Nacht so einen Schrecken eingejagt habe.«

Ich spürte den Druck seiner Hand und erwiderte ihn wortlos. »Ein Glück, dass sie da war«, sagte Allan mit einer Stimme, die so grimmig klang, als hätte er eine Verwünschung ausgesprochen. Doch ich wusste, es war seine Art, seine Gefühle unter Kontrolle zu halten, sonst wäre er wahrscheinlich in Tränen ausgebrochen.

Mir selbst machte es nichts aus, dass mir die Tränen übers Gesicht liefen. Ich schämte mich nicht deswegen.

Onkel Scott räusperte sich mehrmals und fragte dann, ob wir zu Hause alles im Griff hätten.

»Ihr werdet euch Hilfe holen müssen«, sagte er. »Es gibt jede Menge Arbeit. Eigentlich hätten wir's schon zu dritt kaum geschafft. Die Koppelzäune müssen ausgebessert werden; aber das kann warten, bis ich wieder zu Hause bin. Die Pferde müssen entwurmt werden; das Dach des Futterschuppens ist nicht mehr ganz dicht. Und passt mir auf Belle auf, sie gefällt mir nicht recht. Ihr Husten ist schlimmer geworden. Gebt ihr Kleietrank und flüssiges Futter, nicht dass sie uns noch dämpfig wird ...«

Die Krankenschwester, die uns auf dem Flur begegnet war, hatte gesagt, Onkel Scott dürfe sich nicht aufregen. Jetzt war er drauf und dran, genau das zu tun. Ich zerbrach mir den Kopf, wie ich ihn beruhigen oder ablenken konnte, da sprang Allan ein.

»Wenn es Ihnen recht ist – ich wollte sowieso vorschlagen, dass mein jüngerer Bruder Rian kommt und uns hilft. Er ist geschickt mit den Händen und mag Tiere total gern. Dauernd bringt er irgendwelche verletzten Vögel und Kaninchen nach Hause und pflegt sie ...«

»Wie alt ist er?«, fragte Onkel Scott.

»Fünfzehn«, sagte Allan. »Aber er ist sehr kräftig und arbeitet gern. Bloß mit der Schule hatte er's nie. Im letzten Jahr konnte ich ihn kaum noch dazu bringen, regelmäßig hinzugehen.« Er redete wie ein Vater, stolz, aber auch besorgt.

Onkel Scott nickte. »In Ordnung; das ist vielleicht die beste Lösung. Ich möchte nicht gern jemanden auf dem Hof haben, den noch keiner kennt, gerade wenn ich nicht da bin. Da ist man nie vor bösen Überraschungen sicher. Ich weiß, dass du deinen Bruder nicht empfehlen würdest, wenn du nicht überzeugt wärst, dass er für die Arbeit gut geeignet ist.«

Allan wurde ein bisschen rot. Ich hatte schon bemerkt, dass er mit Lob und Anerkennung schlechter umgehen konnte als mit Angriffen und Vorwürfen. Er erwiderte nichts und mein Onkel fuhr fort: »Natürlich soll er anständig bezahlt werden. Schreibt die Stunden auf, die er arbeitet. Du kannst ihn dann wöchentlich auszahlen, Laurie. Wenn dir das recht ist, Allan!«

Allan sagte, ja, das wäre schon okay so, und Onkel Scott bat mich, sein Scheckbuch mitzubringen, wenn ich ihn wieder besuchen kam, damit ich Geld von der Bank holen und alles Nötige bezahlen konnte.

Mir fiel die Rechnung ein, die bei Mill Farm ausstand, doch ehe ich es erwähnen konnte, sagte mein Onkel: »Noch etwas macht mir Sorgen, Lass. Du kannst unmöglich so allein in *The Laurels* bleiben. Ich hoffe zwar, dass sie mich hier möglichst bald wieder weglassen, aber ein paar Wochen kann es schon dauern und ich möchte nicht, dass du ganz allein im Haus schläfst. Da sind zwar die Hunde, aber ...«

Rasch erwiderte ich: »Mach dir keine Gedanken! Allan und ich haben schon vereinbart, dass er vorerst mit im Haus wohnt.«

Vom eigentlichen Anlass für diese Abmachung erwähnte ich nichts, doch Onkel Scott wirkte erleichtert. Dann kam eine junge Schwester mit einem Wägelchen herein, auf dem jede Menge Tablettenschachteln und Einwegspritzen und Verbandszeug lagen.

»Ach, wir haben Besuch«, sagte sie mit jener berufsmäßigen Freundlichkeit, die ich nicht leiden kann. »Ist das Ihre Tochter?«

»Nein«, sagte Onkel Scott. »Meine Nichte.«

Sie scheuchte mich von der Bettkante. »Sie sehen angestrengt aus, Mr. Montrose«, erklärte sie. »Ich glaube, für heute reicht es mit dem Besuch. Jetzt gibt es eine Spritze und dann schlafen wir ein bisschen.«

Er schnitt eine Grimasse und sagte, er hätte den ganzen Vormittag geschlafen, doch sie hörte nicht auf ihn, sondern wollte uns aus dem Zimmer drängen. Ich beschloss mich von ihrer bestimmenden Art nicht einschüchtern zu lassen.

»Ich muss erst noch die Sachen auspacken, die ich mitgebracht habe!«, sagte ich.

Mit Allan wartete ich vor der Tür, während Onkel Scott seine Spritze bekam. Dann gingen wir wieder zu ihm ins Zimmer. Die Schwester rollte ihr Wägelchen auf den Flur und schärfte uns ein, nicht mehr länger als fünf Minuten zu bleiben.

»Mr. Montrose braucht dringend Ruhe«, sagte sie. »Auch wenn er das selbst nicht einsehen will.«

Onkel Scott freute sich, dass ich ihm seine Pfeife und den Tabaksbeutel mitgebracht hatte. Er bat mich, beides in der Nachttischschublade zu verstecken, da er eigentlich vorerst nicht rauchen durfte.

Allan brachte den Toilettenbeutel in das winzige Badezimmer und ich legte die Pyjamas in den Schrank und hängte den Morgenmantel an den Haken.

Doch die Krankenschwester hatte Recht. Onkel Scott war wirklich erschöpft. Ich sah, dass er die Augen schloss, während ich mich umdrehte. Da ging ich ans Bett, streichelte seine Wange und sagte sanft: »Schlaf jetzt. Morgen komme ich wieder.« Obwohl ich keine Ahnung hatte, wie ich das anstellen sollte, falls Allan mich nicht herbrachte.

Er erwiderte: »Dank dir, Lass – für alles.«

Und ich drückte mein Gesicht an das seine und sagte leise: »Ich hab dich lieb. Und ich bin so froh, dass es dich gibt!«

Da hob er die Hand und strich mir übers Haar und murmelte: »Ich hab dich auch lieb, Laurie, aber das weißt du wohl längst. Ohne dich wäre mein Leben eine verdammt trübselige Angelegenheit ...«

An der Tür drehte ich mich noch einmal um und sagte: »Übrigens soll ich dich von Mrs. Kirkish grüßen. Und von Mrs. MacClintock.«

»Äh«, murmelte er. »Hm, soso. Danke.«

»Sie besuchen dich, sobald es dir besser geht.«

»Wer?« Er versuchte seine Frage beiläufig klingen zu lassen. Doch mich konnte er nicht täuschen.

»Beide«, sagte ich. »Aber nicht zur gleichen Zeit. Das werde ich zu verhindern wissen.« Und ich winkte ihm zu und schloss die Tür.

6

Zum Glück war Mrs. Tweedie fort, als wir zurückkamen. Ich glaubte ihre beleidigte Stimmung förmlich im Haus zu riechen, als hätte sie eine Markierung hinterlassen.

Ein Zettel lag auf dem Küchentisch, er war von Mrs. Kirkish. »Ruf mich an, wenn du mich brauchst«, schrieb sie. »Falls du es allein nicht aushältst, sag Bescheid, ich komme sofort (auch nachts). Bin auf jeden Fall morgen früh wieder zur Stelle. Wie geht's Mr. Montrose????«

Ich hatte ein total schlechtes Gewissen wegen Mrs. Tweedie. Ich muss sie anrufen!, dachte ich. Aber heute nicht mehr, das halte ich einfach nicht aus!

Dart und Rascal umsprangen mich freudig und beschnupperten mich eingehend. Sie nahmen wohl Onkel Scotts Geruch wahr. Ich kniete zwischen ihnen nieder, schlang die Arme um sie und sagte: »Es geht ihm besser. In ein paar Wochen ist er wieder bei uns.«

Dann klingelte das Telefon. Es war Danny. »Wie geht es ihm?«, fragte er.

»Besser«, sagte ich. »Aber ich glaube, er ist noch sehr schwach. Und er kann natürlich auch nicht in Ruhe da im Krankenhaus liegen, weil er sich um alles Mögliche Sorgen macht – um die Pferde und mich und wie alles ohne ihn läuft.«

»Das ist doch klar!«, erwiderte Danny. »Mir würde es an seiner Stelle genauso gehen. Du, kann ich dir mal Mom geben? Sie steht neben mir und macht Zeichen, weil sie dich sprechen möchte. Übrigens, ich komm heute Abend zu dir rüber, wenn du magst.«

Natürlich mochte ich. Und es machte mich froh, dass Mrs. MacClintock sich so dafür interessierte, wie es Onkel Scott ging.

»Er wäre bestimmt total glücklich, wenn Sie ihn besuchen kämen«, sagte ich ohne Umschweife zu ihr.

Sie lachte verhalten. »Es geht ihm also besser?«

»Einigermaßen«, erwiderte ich.

»Denkst du, es wäre zu früh, wenn ich ihn – sagen wir, in drei Tagen – besuche?«

»Überhaupt nicht!«, versicherte ich. Dabei dachte ich, dass Onkel Scott so eine angenehme Aufregung nur gut tun konnte. Gleichzeitig überlegte ich, dass in drei Tagen Donnerstag war und dass ich versuchen musste, sowohl Mrs. Kirkish als auch Mrs. Tweedie davon abzuhalten, ausgerechnet an diesem Tag ins Krankenhaus zu marschieren.

Ich gab Dannys Mutter die Adresse der Klinik und Onkel Scotts Zimmernummer, dazu auch die Telefonnummer, unter der sie ihn erreichen konnte, und sie lud mich ein, nach *Braeside* zum Essen zu kommen, sooft ich Zeit und Lust und Hunger hatte.

»Ich werde Danny ein paar Gemüsepasteten mitgeben, wenn er heute zu dir geht«, sagte sie. »Du brauchst sie nur in den Backofen zu schieben.«

Als ich aufgelegt hatte, wurde mir erst richtig bewusst, wie liebevoll und besorgt alle Leute waren, und wie jeder versuchte, mir zu helfen. Das tat gut, verstärkte aber auch mein schlechtes Gewissen Mrs. Tweedie gegenüber, die sich doch als Familienmitglied fühlte und zutiefst gekränkt sein musste, weil wir sie so übergangen hatten.

Wieder dachte ich, dass ich sie anrufen musste. Doch ich konnte mich einfach nicht überwinden, es sofort zu tun. Ich fütterte MacDuff und die Hunde und rief dann bei Jessie an.

Jessies Mutter nahm ab und behandelte mich ziemlich kühl. Als sie jedoch erfuhr, was passiert war, änderte sich ihr Ton. Sie sagte, ihre Tochter könne selbstverständlich jetzt wieder öfter kommen und helfen, solange wir in einer solchen Notlage waren, und holte Jessie ans Telefon.

Jessie überschlug sich fast vor Eifer. Sie versprach gleich morgen nach der Schule vorbeizukommen. Ich zog mich um und nahm die Hunde mit ins Freie. Die Pferde standen schon am Koppelgatter versammelt. Sie wieherten mir entgegen und warteten auf die Fütterung, denn es war eine Viertelstunde über der Zeit. Ich wurde das Gefühl nicht los, dass sie mich streng und vorwurfsvoll ansahen, und hätte mich am liebsten bei ihnen entschuldigt.

Allan war nach Hause gefahren, um ein paar Sachen einzupacken, denn er wollte schon diese Nacht in *The Laurels* verbringen. Ich überlegte, dass ich ihm das Bett in einem der Zimmer überziehen wollte, die zu den Koppeln hinausgingen, während ich in fliegender Hast die Futtereimer füllte.

Gerade steuerte ich die zweite voll beladene Schubkarre über den Hofplatz, als ich einen Wagen über die Auffahrt kommen hörte. Vorsichtig stellte ich die Schubkarre mit den Eimern ab und lief zum Haus. Es war Allan mit dem Rover, und er kam nicht allein.

»Ich hab Rian mitgebracht«, sagte er. »Er wollte unbedingt gleich mitkommen.«

Rian war ein kleiner, stämmiger Junge. Seine Haare waren so schwarz wie die von Allan, doch sein Gesicht wirkte offener und weicher. Er hatte auch nicht Allans erstaunlich helle Glasmurmelaugen. Seine Augen waren braun und scheu wie die eines Rotkehlchens. Er sah an mir vorbei und brachte kaum ein Wort heraus.

Dart und Rascal mochten ihn sofort. Er ließ sich ruhig von ihnen beschnuppern und streichelte sie dann, kannte genau die Stelle hinter den Ohren, wo sie gekrault werden wollten, und warf Stöcke für sie, die sie holten und zurückbrachten, begeistert über die Abwechslung.

Insgeheim fragte ich mich, warum Allan seinen jüngeren Bruder nie zuvor mitgebracht hatte, denn der war ganz verrückt auf Pferde. Vielleicht hatte Allan es bisher für besser gehalten, seinen Arbeitsplatz und seine Familie strikt voneinander zu trennen, so, als wären das zwei Welten, die sich nicht vereinbaren ließen.

Rians Gesicht begann zu strahlen, als wir ihn mit zu den Koppeln nahmen. Er bewegte sich zwischen den Pferden, als wäre er mit ihnen groß geworden, furchtlos und doch achtsam. Er half auch gleich bei der Fütterung, wo er konnte, schleppte Eimer, redete mit den Pferden, während sein Bruder sie ihm vorstellte.

»Das ist Dandy«, sagte Allan. »Ja, der Graue. Ein Englisches Halbblut und Lauries Liebling. Und die Ponys heißen Dart und Bonnie und Dwarf; sie stehen nebeneinander am Gatter. Pass auf, Nutmeg ist blind – ja, der Braune, der so knochig aussieht. Und hier hast du Fiona. Der da an mir herumknabbert, ist Finn, ihr Fohlen, von dem ich dir schon erzählt habe. Laurie nennt ihn immer nur Bairnie.«

»Ja«, warf ich ein. »Obwohl er jetzt schon kein Bairnie mehr ist, kein Kindchen, sondern eher ein halbstarker Punk.«

Wir lachten, denn so sah das Hengstfohlen wirklich aus

mit seinen Beinen, die noch zu lang und knubblig wirkten, dem Kopf, der schneller gewachsen zu sein schien als der Körper, und dem strubbeligen Kamm der blonden Mähne.

Rian betrachtete Bairnie andächtig, als wäre er ein Wunderwesen. Und das war er ja auch, so wie alle unsere Pferde und die Hunde und Kater MacDuff und die Vögel und Schafe und Kaninchen ringsumher – auch wenn man das meist vergisst, weil es so selbstverständlich scheint, diese Welt mit ihnen zu teilen.

Wir sahen uns Belle an, die seit einigen Tagen vom Husten geplagt wurde. Onkel Scott hatte ja gesagt, er befürchte, dass sie dämpfig werden könnte. Sie hatte zwar schon lange diese Neigung zum Husten, doch ich wusste, dass man bei Pferden mit empfindlichen Atemwegen immer mit einer Verschlimmerung und einem Lungenemphysem rechnen muss, wenn die Allgemeinabwehr gerade schlecht ist. Onkel Scott hatte uns angewiesen, jeden Tag einen Kleietrank für Belle zu machen und sie nie trocken zu füttern, sondern dafür zu sorgen, dass ihr Futter gut durchfeuchtet war.

»Staub ist Gift für Pferde mit schwachen Atemwegen«, sagte er immer. Das hatte ich mir gemerkt.

Während Allan weiterfütterte, ging ich mit Rian ins Haus und zeigte ihm, wie man einen Kleietrank zubereitet. Er sah sich mit großen Augen um, so, als wäre er in ein Schloss gekommen. Er war lernbegierig und schnell von Begriff, aber auch total schüchtern. Jedes Wort schien ihn Überwindung zu kosten.

»Du liebst Tiere sehr, stimmt's?«, fragte ich, um ihn ein bisschen aus der Reserve zu locken.

»Ja«, sagte er. »O ja!«

»Ich auch. Manchmal denke ich, dass ich sie lieber mag als Menschen – als die meisten Menschen jedenfalls.«

Er warf mir einen verwunderten Blick zu. »Natürlich! Sie sind besser als wir. Sie können nicht böse sein oder treulos oder unehrlich oder grausam – selbst wenn sie sich gegenseitig töten, ist das nur, weil sie eben leben müssen.«

Er verstummte, offenbar erschrocken über seine eigene Redseligkeit. Dann bestand er darauf, den Eimer mit dem Kleietrank allein hinauszuschleppen. Und gerade als wir die Haustür öffneten und Dart und Rascal sich zwischen unseren Beinen durchzwängten, klingelte das Telefon.

»Geh schon mal voraus«, sagte ich. »Ich komme gleich nach.«

Es war Mrs. Tweedie. Sie schrie noch ärger als sonst ins Telefon. Ich hielt den Hörer ein Stück vom Ohr ab.

»Warum rufst du nicht an?«, zeterte sie. »Warum sagt mir keiner etwas? Habe ich kein Recht zu erfahren, was passiert ist? Wie geht es Scott? In welchem Krankenhaus liegt er? Ist er außer Lebensgefahr? Warum habt ihr heute Mittag nicht angehalten und mich mitgenommen?«

Ich schluckte. »Wir hatten's furchtbar eilig«, murmelte ich. »Es tut mir sehr Leid, Mrs. Tweedie. Echt. Und Onkel Scott geht es schon besser, ehrlich, Sie brauchen sich keine Sorgen zu machen.«

Vor Aufregung hörte sie noch schlechter als sonst. »Wie bitte? Was ist los? Sprich deutlicher, Mädchen!«, kreischte sie.

Ich sagte alles noch einmal, langsam, laut und deutlich.

»Ihr junges Volk habt keinen Respekt mehr vor dem Alter, das ist es, was euch fehlt! Und Scott Montrose hat sich all die Jahre zu viel zugemutet. Pferdenärrisch, das ist es, was er ist, und es wird noch sein Untergang sein. Ich hab es wieder und wieder gesagt, er soll sich schonen und auf sein Herz achten, aber auf mich hört ja keiner ...« Und so ging's weiter. Dann wollte sie die Adresse der Klinik wissen.

Ich gab sie ihr und sagte: »Aber am Donnerstag können Sie ihn nicht besuchen.«

»Warum nicht? Das möchte ich mal wissen!«

»Am Donnerstag kriegt er schon jede Menge Besuch«, behauptete ich. »Es wird sonst zu viel für ihn. Er ist noch sehr schwach und darf sich nicht überanstrengen.«

»Ich werde ihn bestimmt nicht überanstrengen!«, verkündete sie. »Aber ich hatte sowieso nicht vor, bis Donnerstag zu warten. Morgen Nachmittag werde ich ihn besuchen! Mein Nachbar hat versprochen mich hinzufahren. Ich brauche euch also nicht zu bemühen, dich und diesen jungen Lümmel.« Und schon hatte sie aufgelegt.

Der »junge Lümmel« war vermutlich Allan.

Erleichtert legte ich meinerseits den Hörer auf. Draußen brach die Abenddämmerung herein. Allan sagte, er hätte bei Belle Temperatur gemessen und sie wäre etwas erhöht.

Eine Weile standen wir besorgt um die Stute herum. Die Vögel sangen aus voller Kehle, sie schmetterten richtig. Auch die Schwalben waren zurückkehrt. Sie saßen ordentlich aufgereiht auf dem Dach des Futterschuppens und ratschten wild durcheinander.

»Vielleicht sollten wir ihr Echinacea geben«, sagte ich und streichelte Belles Kruppe. Sie streckte den Hals vor und hustete. »Will hat doch gesagt, dass das hilft, die Abwehrkräfte zu stärken. Ich kratze den Rest Kleietrank aus dem Kessel und mische die Tropfen hinein.«

»Schaden kann's nicht«, meinte Allan. »Jedenfalls ist es bestimmt besser, als ihr gleich eine Antibiotikum-Bombe zu verpassen.«

Ich lief wieder ins Haus. Rascal und Dart folgten mir und Rian ebenfalls. Er war wie ein drittes Hündchen und strahlte, als ich ihn bat, die restliche Kleie in eine Schüssel zu füllen, während ich im Küchenschrank unter den Medizinfläschchen wühlte.

Wir trugen die Schüssel zu Bulls Field und ich sagte zu Rian: »Du wirst hungrig sein. Nachher kochen wir uns was.«

Dabei hatte ich keine Ahnung, ob noch Vorräte im Haus waren. Die Überreste von Mrs. Kirkishs Mittagsmahlzeit reichten bestimmt nicht für uns drei. Doch Danny wollte ja kommen. Das war ein absoluter Lichtblick an diesem stressreichen Tag und seine Mutter hatte versprochen, ihm Pasteten mitzugeben.

Belle leckte brav auch noch das letzte bisschen Kleietrank aus der Schüssel. Sie schien die Medizin nicht herauszuschmecken. Wir pusselten noch eine Weile um sie herum und vergewisserten uns, dass sie nicht schwitzte und vollkommen trocken war.

»Sollen wir sie nicht in den Stall bringen?«, fragte ich.

Allan schüttelte den Kopf. »Hier draußen in der frischen Luft ist's besser für sie als im Stall. Dort ist immer Staub von der Streu, das täte ihr nicht gut. Zum Glück sind die Nächte jetzt nicht mehr so kalt.«

Ja, es war milder geworden. Selbst der sonst so raue Hochlandwind strich weich und warm um unsere Gesichter, erfüllt von den Düften des Frühlings, die er von seinem Weg über die Hügel und Talschluchten und Moorseen mit sich brachte. Ich liebte ihn wie einen alten, lang vertrauten Freund.

»Wir schlafen im Stall, Rian und ich«, sagte Allan auf dem Pfad zum Haus.

Ich starrte ihn an. »Kommt nicht in Frage! Wieso im Stall? Im Haus sind jede Menge Zimmer frei. Ihr könnt das Hinterzimmer haben, das zu den Koppeln hinausgeht. Wir stellen noch ein Bett für Rian hinein, das ist überhaupt kein Problem.«

»Wir halten abwechselnd Wache«, sagte Rian entschlossen. »Wegen der Viehdiebe!«

Ich überlegte. »Ich weiß nicht – genügt es nicht, wenn wir die Hunde im Freien lassen? Sie bellen doch sofort, falls irgendetwas nicht in Ordnung ist. Wenn wir bei offenem Fenster schlafen, kriegen wir sowieso alles mit.«

Allan sagte gar nichts. Ich sah ihn von der Seite an. Er hatte diesen entschlossenen Zug um den Mund, den ich längst kannte. Da wusste ich, dass ich einwenden konnte, was ich wollte; er würde sowieso das tun, was er für richtig hielt.

Vom Mittagessen waren nur noch ein paar einsame Kartoffeln übrig. Während Rian und Allan im Bad waren und duschten, suchte ich im Schrank nach Nudeln oder Spagetti; da fing Dart zu bellen an. Gleich darauf schallte der Türklopfer durchs Haus.

Es war Danny. Er sah zerzaust aus und hatte einen Kochtopf im Arm.

Ich fiel ihm um den Hals. Der Kochtopf war zwischen uns, und die Hunde tanzten um uns herum.

Danny war ziemlich aufgelöst. »Ich bin mit dem Fahrrad gekommen«, sagte er. »Kurz vor eurer Auffahrt hatte ich plötzlich einen Platten im Vorderreifen und musste das letzte Stück schieben. Nachmittags haben wir die Schafe zusammengetrieben und auf die unteren Weiden gebracht. Außerdem sind heute sieben Lämmer zur Welt gekommen.«

Ich vergaß, dass ich selbst müde war. »Komm«, sagte ich. »Setz dich in die Küche, ich mach Kaffee.«

Wir teilten uns Mrs. MacClintocks Gemüsepastete, Allan, Rian und ich, während Danny, der schon zu Abend gegessen hatte, neben mir auf dem Sofa saß und Kater MacDuff streichelte. Fast wäre ich eifersüchtig geworden.

»Wir müssen die Hunde rausbringen«, sagte Allan. »Habt ihr keine Angst vor den Viehdieben?«

»Wir haben die Schafe vom *Heathery Hill* geholt«, erwiderte Danny. »Nessie bewacht sie. Ich hoffe bloß, das Pack hält sich von unserer Gegend fern!«

»Ich hol das Jagdgewehr vom alten Colonel Montrose aus dem Schrank. Es funktioniert noch, das weiß ich. Und ich würde keinem raten, unseren Pferden zu nahe zu kommen …«

Allan sah grimmig aus, als er das sagte, und Rian betrachtete ihn mit einem Blick, der an Heldenverehrung grenzte. Ich wusste einerseits nicht recht, wie ich es finden sollte, dass Allan einfach so mit einem Gewehr rumballern wollte. Andererseits war ich selbst nicht sicher, wozu ich fähig gewesen wäre, wenn es darum ging, unsere Pferde zu schützen.

Allan brachte die Hunde auf die Koppel. Da Rian behauptete, er würde am liebsten auf einer Matratze schlafen, holten wir gemeinsam eine der alten Rosshaarmatratzen aus einem Gästebett und bugsierten sie ins Hinterzimmer.

Allan, Rian und Danny rückten das ehrwürdige Himmelbett näher ans Fenster. Es knarzte und quietschte wie in einem Horrorfilm und fiel um ein Haar auseinander. Eine Maus hatte ihr Nest zwischen einen Bettfuß und die Wand gebaut, doch zum Glück war es nicht bewohnt. Staubflocken wirbelten über den Boden. Wir niesten wie verrückt.

»Bonny Prince Charlie auf der Flucht war vermutlich der Letzte, der hier genächtigt hat.« Danny lachte.

Rian riss die Augen auf. »Echt?«, sagte er.

Ich gab den beiden Bettzeug und Bettwäsche und sie begannen ihr Lager herzurichten. Danny und ich gingen ins Wohnzimmer. Wir wollten Feuer im Kamin machen, doch dann stellten wir fest, dass wir einfach zu müde waren. Wir zündeten eine Kerze an, setzten uns aufs Sofa und kuschelten uns zusammen in eine Decke.

Während ich in Dannys Arm lag, dachte ich, wie schnell sich das Leben doch innerhalb weniger Stunden ändern kann. Vergangene Nacht noch hatte ich hier voller Panik und Ungewissheit in einem Sessel gekauert, mit Rascal zu meinen Füßen. Lag das wirklich erst so kurze Zeit zurück?

Leise erzählte ich Danny, welche Angst ich ausgestanden hatte, dass Onkel Scott sterben könnte.

»Und jetzt sitze ich hier mit dir und es geht mir so gut«, sagte ich. »Ist das nicht seltsam? Das nächste Mal, wenn ich mutlos und verzweifelt bin, will ich daran denken, wie schnell sich im Leben alles ändern kann.«

Dannys Hände waren kalt und ich wärmte sie zwischen den meinen. »Ich hab's aber auch schon oft genug umgekehrt erlebt«, erwiderte er schwer. »Dass genau das eingetroffen ist, was ich befürchtet hatte, und dass es unter Umständen sehr lange dauert, bis man eine Pechsträhne überwunden hat.«

Ein Satz fiel mir ein, den ich einmal irgendwo gelesen und nicht wieder vergessen hatte: Die Furcht lässt das Gefürchtete Wirklichkeit werden. Wenn das stimmte, hatte Annika Recht, die der Meinung war, man könnte das Unheil durch negative Gedanken herbeiziehen und das Glück durch positive.

»Ich bin manchmal so müde, Laurie«, sagte Danny in mein Haar. »Dieser ewige Kampf, um irgendwie über die Runden zu kommen – man schuftet und werkelt, aber es ändert doch nie etwas.«

Es machte mich traurig, ihn das sagen zu hören. Eigentlich war er viel zu jung für derartige Existenzsorgen. Freunde und Bekannte in München fielen mir ein, die in Dannys Alter waren und unbeschwert studieren oder zur Schule gehen konnten, die von ihren Eltern großzügig unterstützt wurden, oft sogar einen eigenen Wagen fuhren. Sie brauchten sich keine Gedanken zu machen, wie sie Futterrechnungen und Versicherungen zahlen sollten und Reparaturen für ein altes Haus, für baufällige Stallungen oder ein vorsintflutliches Auto.

Ich hätte ihn gern getröstet, doch ich wusste nicht, wie. Der einzige Trost, den ich ihm geben konnte, war, ihn zu küssen und sein Gesicht zu streicheln. Und als hätte er meine Gedanken erraten, sagte er: »Trotzdem – unser Leben in den Highlands ist schön. Wenn ich mit jemandem in der Stadt tauschen könnte, würde ich es doch nicht tun – selbst wenn ich reiche Eltern hätte und aufs College gehen könnte …«

Ich nickte. »Und es gibt doch auch viele Menschen, denen es sehr viel schlechter geht. Nicht nur in der Dritten

Welt. In unseren europäischen Großstädten landen immer mehr Kinder und junge Leute auf der Straße, die kein Zuhause haben, niemanden, der sich um sie kümmert. Sie hängen an der Nadel, haschen oder trinken und müssen klauen oder betteln oder sich prostituieren, um zu überleben.«

»Ja«, sagte Danny. »Es ist gut, sich daran zu erinnern. Ich vergesse es nur zu leicht, wenn ich meine Anwandlungen von Selbstmitleid kriege. Immer wenn ich an die armseligen Typen denke, die man durch London wandern sieht, die ihre Habseligkeiten in ein paar Plastiktüten mit sich herumtragen, wird mir klar, wie gut ich's doch habe. Außerdem – ich hab dich, und das ist das Beste von allem! Wenn du nur bleiben kannst, Laurie.«

»Ach, wie gern würde ich das!«, murmelte ich. »Ich wünsch es mir so sehr! Aber ich kann's nicht versprechen. Nur – wenn ich fortmuss, komme ich zurück. Sobald ich volljährig bin, packe ich meine Sachen und bin wieder da. Und dann geh ich nie wieder fort.«

Wir redeten lange Zeit nichts mehr. Die Uhr tickte; draußen bellte Rascal, kurz nur, und Allan pfiff, doch ich hörte es kaum. Alles war gut, jetzt, wo Danny bei mir war.

7

Die Vögel sangen, als ich erwachte, und Danny war fort. Ich glaubte noch die Wärme seines Körpers an dem meinen zu spüren, doch er musste längst aufgebrochen sein, leise, um mich nicht zu wecken. Die Dämmerung war hereingebrochen und er hatte gegen vier Uhr zu Hause sein wollen, um nach den Mutterschafen zu sehen.

Ich streckte mich und dachte noch halb im Schlaf an ein Bild vom »guten Hirten«, das ich als Kind irgendwo in einem Religionslehrbuch gesehen hatte: Jesus mit schulterlangen, lockigen Haaren und dem blonden Bart, wie er inmitten von Schafen und Lämmern auf einer Wiese stand, umflossen von göttlichem Licht. In meiner Vorstellung nahm Danny seinen Platz ein, er, der so sanft und zärtlich mit seinen Tieren umging und jedes einzelne mit seinen Eigenheiten kannte und liebte.

Rian hatte schon Kaffee gekocht, als ich nach unten kam. Er sah jung und eifrig aus und erzählte stolz, dass er in den Morgenstunden draußen Wache gehalten hatte. Ich nahm mir vor, dafür zu sorgen, dass er auch diese Stunden bezahlt bekam, obwohl er selbst wahrscheinlich gar nicht daran dachte. Dann kam Allan mit den Hunden und einem Eimer voller Kleie und wir frühstückten hastig und bereiteten dabei den Kleietrank vor.

Allan sagte, alles sei ruhig gewesen und die Pferde wären okay bis auf Belle, die noch immer hustete. Ich rief im Krankenhaus an, um Onkel Scott zu fragen, wie es ihm ging. Er versicherte, dass er ganz in Ordnung sei.

»Aber nachts bin ich aufgewacht und hab mir Sorgen um dich gemacht, Lass«, sagte er.

»Das brauchst du überhaupt nicht!«, erwiderte ich. »Mir geht's gut. Allan und Rian haben schon letzte Nacht hier geschlafen.« Von Danny sagte ich nichts. »Mrs. Tweedie kommt heute zu dir. Da ist's wohl besser, wenn ich erst morgen auftauche. Und am Donnerstag besucht dich Mrs. MacClintock!«

»Hm, hm«, murmelte er, hörbar verlegen. Und dann: »Hast du mir meinen Rasierapparat gebracht?«

»Er liegt in deiner Nachttischschublade«, sagte ich.

Er fragte nach den Pferden und ich antwortete, es ginge allen gut. Belle erwähnte ich nicht, um ihn nicht aufzuregen, und er erkundigte sich zum Glück auch nicht nach ihr. Wahrscheinlich war er mit den Gedanken zu sehr bei Mrs. MacClintocks bevorstehendem Besuch. Belles Husten war schlimmer geworden. Sie ließ den Kopf hängen, vertilgte aber ihren Kleietrank bis auf den letzten Krümel.

Allan war dafür, dass wir Will holten, falls im Laufe der nächsten vierundzwanzig Stunden keine Besserung eintrat. Wir beschlossen aber auch, Onkel Scott kein Wort zu sagen, solange es nicht unbedingt nötig war.

Rian war eine echte Hilfe. Er hatte Adleraugen und packte stillschweigend überall mit an, ohne dass man ihn lange auffordern musste. Es gefiel mir, wie er mit den Pferden umging; er kam besser mit allem zurecht als ich selbst in meinen Anfängerzeiten. Ich merkte immer wieder, dass er Allan und mich bei der Arbeit beobachtete und sich bemühte, alles genauso zu machen wie wir.

»Alle Achtung, du bist ein richtiges Pferdetalent!«, sagte ich zu ihm, als wir den letzten Stapel leerer Eimer in die Schubkarre verfrachteten; und er strahlte in glückseliger Verlegenheit. Allan aber fügte mit strenger Stimme hinzu, er solle sich nicht einbilden, dass er nicht noch jede Menge lernen müsste.

»Das müssen wir alle«, sagte ich. »Aber Rian lernt schneller als so mancher andere, darauf könnte ich wetten.«

Damit hatte ich wohl sein Herz gewonnen, denn er sah

zu mir auf wie zu einer himmlischen Erscheinung und wich den ganzen Tag lang nicht mehr von meiner Seite, sodass ich mir vorkam wie ein Ritter mit seinem getreuen Knappen.

Mrs. Kirkish war auch heute zur Stelle. Sie schrubbte den Küchenboden und fragte, ob einer von uns nach Dingwall fahren und Lebensmittel kaufen könne, da alles kahl gefressen sei.

Ich stellte eine Liste mit den Sachen auf, die wir am dringendsten brauchten. Allan fuhr mit dem Rover los, während Rian und ich mit Mistgabeln und Schubkarren auf Bulls Field zogen, um Pferdemist abzusammeln.

Dart und Rascal strichen unruhig ums Haus herum. Sie suchten wohl nach Onkel Scott und konnten nicht verstehen, weshalb er so lange wegblieb. Über dem *Heathery Hill* schwebten Greifvögel; Möwen saßen auf dem grauen Schieferdach des Hauses und kreischten misstönend. Wildkaninchen hoppelten zwischen unseren Pferden herum. Mrs. Kirkish hängte Wäsche auf die Leine.

»Schön ist's bei euch!«, sagte Rian andächtig. »Hat hier echt mal ein König gewohnt?«

Er hatte Dannys Witz von Bonny Prince Charlie also ernst genommen. Ich lachte nicht, weil ich nicht wollte, dass er sich dumm vorkam, sondern sagte nur: »Nein, ein König nicht. Ein reicher Engländer hat das Haus als eine Art Jagdsitz gebaut, weißt du. Das war vor ungefähr hundert Jahren. Er ist mit seiner Familie und seinen Freunden in den Ferien hergekommen, um zu jagen und zu reiten. Ich glaube, er hat eine Menge Pferde gehabt. Es gibt noch Bilder von ihnen, sie hängen im Wohnzimmer.«

»War das der Vater von Mr. Montrose?«, fragte Rian.

Ich schüttelte den Kopf. »Nein. Onkel Scotts Vater oder Großvater hat diesem Engländer das Haus und den Stall und das Grundstück abgekauft.«

»Es hat sicher einen unheimlichen Haufen Kohle gekostet«, meinte Rian. »Eine Million Pfund oder so.«

»Ganz so teuer war's damals wohl nicht. Aber eine Stange Geld ist es sicher gewesen.«

Gegen Mittag war Allan noch immer nicht vom Einkaufen zurück. Mir fiel ein, dass er wohl noch bei Mill Farm vorbeifuhr, um Bescheid zu sagen, dass wir die ausstehende Rechnung erst in ein paar Tagen bezahlen konnten, und ein paar Hafersäcke und frisch geschroteten Mais mitzunehmen.

Belle trottete voller Unruhe am Koppelmäuerchen auf und ab. Ich wusste, dass es ihr schlechter ging, noch ehe ich den schnellen, hart klopfenden Puls an ihrer Schweifwurzel gefühlt und das keuchende Geräusch ihres Atems gehört hatte.

»Ich glaube, sie kriegt schwer Luft«, sagte Rian.

Ich nickte und streichelte Belle mit zitternden Fingern. Ihr Körper war heiß, aber trocken, und ich fragte mich, ob es ein gutes oder ein schlechtes Zeichen war, dass sie keinen Schweißausbruch hatte.

»Wir müssen ihre Temperatur messen«, sagte ich. »Sie hat Fieber, da bin ich sicher.«

»Ich hole das Thermometer, wenn du mir sagst, wo es ist.«

Ich erklärte es Rian und blieb bei Belle, die mich mit ängstlichen Augen ansah. Jetzt merkte auch ich, dass sie kurzatmig war.

»Was machst du bloß für Sachen, Kerlchen?«, flüsterte

ich ihr zu. »Tut dir der Kopf weh? Und dein Atem – der rasselt ja richtig! Hab keine Angst! Wir holen Will, der wird dir helfen.«

Ihre Nüstern waren geweitet. Sie atmete rasch und stoßweise. Da war sie wieder, die Furcht vor Unheil, die stets in mir lauerte, bereit, mich anzuspringen wie eine Wildkatze ihre Beute.

Rian kam mit dem Thermometer gelaufen. Ich nahm mir vor, ihm später zu sagen, dass man mit einem Thermometer nicht herumrennen sollte, weil die Gefahr besteht, dass man hinfällt, wobei das Thermometer zerbrechen und das giftige Quecksilber auslaufen kann.

Belle hatte eine Temperatur von 40 Grad. Jetzt wusste ich, dass wir etwas unternehmen mussten, und zwar schnell. Ich fragte mich, was Onkel Scott in einem solchen Fall getan hätte. Hätte er den Tierarzt geholt oder Will? Dr. Drury würde mit ziemlicher Sicherheit Antibiotika einsetzen. Ich erinnerte mich an die Streitgespräche, die ich mehrmals zwischen meinem Onkel und dem Arzt mit angehört hatte.

Onkel Scott war der Meinung, dass Antibiotika zwar im Moment helfen, meist aber nur vorübergehende Besserung bringen, ohne die Ursache der Krankheit zu beheben. Will aber versuchte, Menschen und Tieren mit Pflanzenauszügen zu helfen. Oft verwendete er auch homöopathische Mittel. Die Wirkung war in den meisten Fällen verblüffend gut.

»Wir müssen etwas tun! Wir dürfen nicht länger abwarten. Wenn Allan nur endlich käme«, sagte ich.

Wir setzten uns auf das Mäuerchen. Belle blieb in unserer Nähe und ging weiter ruhelos auf und ab. Dann kamen

Nutmeg und Dandy und wollten gestreichelt werden und Bairnie raste kreuz und quer über die Frühlingswiese wie ein angestochener Floh, den Schweif hoch erhoben, buckelnd und Erdbrocken durch die Luft wirbelnd, mit mutwillig blitzenden Augen und Schmutzspritzern bis zu den Ohren.

Rian lachte und rannte zu ihm, um mit ihm zu spielen. Die beiden waren ja ungefähr gleichaltrig, wenn man die Lebensphasen eines Pferdes mit denen eines Menschen vergleicht. Doch ich konnte mich nicht wie sonst an Bairnies Lebenslust freuen. Ich beobachtete Belle mit ängstlichen Augen, sah, wie sich ihr Brustkorb bei jedem schnellen, mühsamen Atemzug weitete, und war froh, als Allan über den Stallhof kam und ich meine Sorgen mit ihm teilen konnte.

Rian lief ihm entgegen. Ich sah, wie sich Allans Gesicht verfinsterte, als er die schlechten Neuigkeiten hörte. Das war immer so bei ihm; nicht nur, wenn er sich ärgerte, sondern auch, wenn ihm etwas zu Herzen ging.

»Vielleicht sollten wir Mr. Montrose Bescheid sagen«, murmelte er.

Ich schüttelte heftig den Kopf. »Nein, das tun wir nicht! Er darf sich nicht aufregen, und was könnte er vom Krankenhaus aus schon unternehmen?«

»Er könnte uns zumindest sagen, ob wir Dr. Drury oder Will holen sollen. Wenn wir nicht mit ihm reden und Belles Zustand verschlechtert sich, macht er uns vielleicht Vorwürfe.«

»Bestimmt nicht«, sagte ich. »Wir müssen das eben jetzt selbst entscheiden. Ich glaube, es wäre Onkel Scott lieber, wenn Will käme. Jedenfalls bei dieser Art von Erkrankung.

Anders wär's, wenn sich eines der Pferde etwas gebrochen hätte. Dann müsste der Tierarzt kommen, klar.«

Mrs. Kirkish streckte den Kopf aus dem Flurfenster und rief zum Mittagessen, doch wir achteten nicht darauf.

Allan strich sacht mit den Handflächen über Belles Kruppe. »Okay«, sagte er. »Dann fahre ich gleich los und suche Will. Seine Schwester wird wissen, wo er gerade mit den Schafen unterwegs ist. Ich vermute, auf den Campbell Hills; da ist seine Frühlingsweide. Es kann ein paar Stunden dauern, bis wir hier sind.«

»Willst du nicht vorher schnell noch einen Bissen essen?«, fragte ich. »Sonst hängt dir der Magen durch und Mrs. Kirkish ärgert sich, wenn sie schon eigens für uns alle gekocht hat.«

Allan murmelte etwas, was sowohl ja als auch nein bedeuten konnte. Rian pfiff den Hunden und wir gingen den Koppelpfad entlang auf den Stallhof zu. Belle folgte uns innerhalb des Mäuerchens, als hätte sie Angst, allein zu bleiben; und ich streichelte ihren Kopf und kraulte ihre heißen Ohren und versprach, gleich nach dem Essen wiederzukommen.

Belle wartete wirklich auf uns. Sie stand am Mäuerchen, wo wir sie zurückgelassen hatten, und leckte einen Teil des mitgebrachten Kleietranks aus; dazu bekam sie angewärmtes Wasser. Über den *Heathery Hill* kamen Regenwolken gezogen. Wir brachten Belle in die Schutzhütte, worauf noch andere Pferde angezockelt kamen und uns Gesellschaft leisteten.

Dart und Rascal kläfften freudig hinter dem Haus und tauchten Sekunden später auf, gefolgt von Jessie, die rote Backen und wirres Haar hatte und in ihrer gefütterten

Jacke und den Gummistiefeln wie ein Landmädchen aus dem Bilderbuch aussah.

Kaum hatte sie die Koppel betreten, da war schon ein ganzer Zug Pferde hinter ihr her – Cassie, Dwarf, Ginger, Brownie, Tullamore und Fairy Queen. Sie umarmte eins nach dem anderen und schließlich auch mich. Ich stellte ihr Rian vor, der schüchtern unter seiner schwarzen Haarlocke hervorsah. Dann erzählte ich ihr von Belles Krankheit und von den Viehdieben, die in den Grampians die Gegend unsicher machten. »So ein Bullshit!«, sagte sie. »Wenn's kommt, kommt's immer gleich knüppeldick! Aber wie geht's Mr. Montrose?«

»Besser«, sagte ich. »Natürlich weiß er nicht, was hier alles los ist. Das täte ihm nicht gut. Er würde sofort aus dem Bett springen und herkommen.«

Zu dritt begannen wir die Pferde zu striegeln und ihre Hufe auszukratzen. Sie waren durch die aufgeweichte Erde und die häufigen Regenfälle schmutzig wie Erdschweine. Wir wussten zwar, dass sie in vierundzwanzig Stunden wieder genauso aussehen würden wie jetzt, doch ab und zu musste so eine Säuberungsaktion einfach sein.

Die Pferde ließen es sich gern gefallen, dass wir an ihnen herumpusselten; jedenfalls die meisten. Doch konnte ich Rian gerade noch rechtzeitig daran hindern, sich mit seiner Bürste ganz vergnügt und unbefangen an Owlie heranzumachen, der lammfromm dastand und so tat, als sei er der gutmütigste und liebenswürdigste Wallach der Welt, einer, der kein Wässerchen trüben kann.

»Halt! Den nicht!«, rief ich, machte einen Satz und zerrte Rian zurück. »Dem kann man nicht trauen. Er kann blitzschnell ausschlagen oder dich in die Hand beißen, ehe du überhaupt kapierst, was los ist! Zum Striegeln muss er immer festgebunden werden, und zwar so, dass er den Kopf nur ein Stück weit bewegen kann; und auch dann muss man jeden Augenblick höllisch aufpassen, was er mit seinen Hufen macht. Am besten überlassen wir das Allan, der kann einigermaßen mit ihm umgehen. Das Gleiche gilt übrigens für das alte Ungeheuer da drüben, der mit der Blesse.« Und ich zeigte auf Rae, der unter den Bäumen stand und mit gespitzten Ohren einem Kaninchen nachsah, das im Zickzackkurs über die Moorwiese zum Fuß des *Heathery Hill* hoppelte.

Die Regenwolken hatten sich wieder verzogen und die Sonne erschien strahlend hinter dem Gewirr junger Eichenblätter und brachte die Wassertropfen im Gras zum Leuchten und Funkeln.

Mrs. Kirkish trug einen Korb voll frisch gebackener Scones auf die Weide, für die sich die Pferde sofort ungeheuer interessierten. Sie bettelten so aufdringlich, dass wir selbst kaum ein paar Krümel abbekamen und ihnen das meiste überließen – natürlich hinter Mrs. Kirkishs Rücken, die bereits wieder abgezogen war und die Wäsche auswrang, die vom letzten Regenguss triefend auf der Leine hing.

Erst spät am Nachmittag kam Allan zurück und er war allein.

Ich lief ihm entgegen. »Hast du Will nicht gefunden?«, rief ich.

Er schüttelte den Kopf und zog ein Fläschchen aus der Jackentasche. »Das hat er mir mitgegeben«, sagte er. »Er kann nicht weg von seiner Herde, die Mutterschafe lammen. Aber er hat sich Belles Zustand genau beschreiben lassen und sagt, wir sollen ihr davon täglich zwanzig Tropfen ins Trinkwasser mischen.«

Ich sah mir das Fläschchen an. »Aconitum«, stand in schiefen, verwischten Buchstaben darauf.

»Und was ist, wenn's mit Belle nicht besser wird?«, fragte ich.

»Will meint, wir sollen jetzt mal zwei Tage abwarten, wie das Mittel wirkt. Falls wir ihn dann noch brauchen, muss ich ihn holen.«

Ich schluckte meine Enttäuschung darüber, dass Will nicht mitgekommen war, hinunter. Der alte Schäfer übte immer eine wunderbare Wirkung auf mich aus, wenn eines unserer Pferde krank war. Der bloße Anblick seines Gesichts unter den weißen Locken, das von innen her zu strahlen schien, hatte die Macht, meine Furcht in Zuversicht zu verwandeln; und wie Onkel Scott glaubte ich daran, dass Will heilende Hände hatte, dass er über besondere Kräfte verfügte, Schmerzen zu lindern und die Selbstheilungskräfte im Körper von Mensch und Tier zu unterstützen.

Rian holte einen Eimer mit lauwarmem Wasser aus dem Haus und wir träufelten zwanzig Tropfen der Medizin hinein. Belle, durstig durch das Fieber, trank alles aus. Ich stand noch eine Weile bei ihr, die Arme um ihren Hals geschlungen, sah ihr in die Augen und redete ihr Mut zu.

»Die Arznei wird dir gut tun«, sagte ich. »Dr. Drury hätte dir sicher eine Spritze gegeben und ich weiß, dass du vor Spritzen Angst hast. Ich hoffe, wir schaffen's auch so, Kerlchen. Schlaf jetzt ein bisschen!«

Sie senkte den Kopf und ließ die Unterlippe hängen. Vielleicht täuschte ich mich ja, aber mir schien es ein gutes Zeichen, dass sie den Hals nicht länger so krampfhaft streckte, sondern sich ein wenig entspannte. Während ich Daisy Duck striegelte, blieb ich in Belles Nähe und merkte, dass sie zufrieden damit war, mich bei sich zu haben.

Daisy Duck, das Shetlandpony mit dem verführerischen Augenaufschlag, zeigte ihre Liebe immer dadurch, dass sie einen ableckte, wo sie einen nur erwischte, an Knöpfen kaute und an den Haaren zupfte. Während sie nach der Fellpflege wie eine frisch polierte Nuss glänzte, war ich über und über schmutzig und voll gesabbert.

Mit Rians Hilfe kratzte ich Dandys Hufe aus, zeigte ihm die richtigen Griffe und welche Haltung er einnehmen musste, um nicht zu riskieren, dass er einen Tritt bekam oder umgerempelt wurde.

Er war so unerschrocken und stellte sich so geschickt an, dass ich unwillkürlich sagte: »He, du bist der geborene Pferdepfleger, echt!« Da ging ein Leuchten über sein Gesicht. Er schlug verlegen die Augen nieder, und wenn ich ihn nicht schon längst ins Herz geschlossen hätte, wäre es bestimmt jetzt passiert.

Wie war es nur möglich, dass Allan so einen Bruder hatte? Doch vielleicht lebte Rian auch nur das, was Allan nicht zulassen konnte – die helle, weiche, verletzbare Seite, die Allan mit einem Schutzpanzer umgeben hatte und die jetzt erst langsam aufbrach?

Belle trottete ständig hinter mir drein, wohin ich auch ging, wie ein Kind, das die tröstliche Nähe seiner Mutter sucht. Immer wieder wandte ich mich zu ihr um, schlang die Arme um ihren Hals und flüsterte ihr zu, dass sie meine Beste war, dass ich sie lieb hätte und mit ihr ausreiten würde, sobald sie ganz gesund war; und sie legte ihre Nase schwer auf meine Schulter, schloss die Augen und gab seufzende Geräusche von sich, als wollte sie mir ihr Leid klagen.

Gegen Abend bekam sie noch einmal Wills Tropfen. Ich hatte das Gefühl, dass es ihr etwas besser ging. Doch vielleicht redete ich mir das auch nur ein, vielleicht war es nur »wishful thinking«, wie die Engländer sagen.

Vom Ben Wyvis zog eine Wolkenwand herüber, die leichten Regen brachte. Wir führten Belle in die Schutzhütte und schärften ihr ein, die Nacht über dort zu bleiben, und ich hätte schwören können, dass sie uns verstand.

Ich nahm mir vor, den Wecker zu stellen und gegen Mitternacht auf die Koppel zu gehen, um nach Belle zu sehen. Doch dann kam wie so oft im Leben alles anders und ich brauchte den Wecker nicht.

8

Über die Berge rückte das feindliche Heer der Gallier heran, um uns zu überfallen. Seltsamerweise hatten sie Federn in den Haaren, schwangen Krummsäbel über ihren Köpfen und trugen wilde Kriegsbemalung. Sie johlten und schrien, ihre Pferde wieherten, ihre Hunde bellten und dann schossen sie mit Kanonen …

Kanonen! Mit einem entsetzten Quieken, das eigentlich ein Schrei sein sollte, fuhr ich im Bett hoch, riss die Augen auf und starrte ins Dunkel. Ein Traum … es war nur ein Traum gewesen! Doch mein Herz klopfte wie verrückt. Ich tastete nach dem Schalter der Nachttischlampe, um auf die Uhr zu sehen, denn Belle fiel mir ein, und …

Päng!

Diesmal wusste ich sicher, dass es kein Traum war. Jemand hatte geschossen und der Knall war so laut, dass der Schuss vermutlich in ziemlicher Nähe abgegeben worden war.

Mit einem Satz sprang ich aus dem Bett. Durch das Fenster, das zur Hälfte hochgeschoben war, hörte ich Hundegebell und dazwischen das schrille, verstörte Wiehern unserer Pferde.

Barfuß und im Schlafanzug rannte ich aus dem Zimmer und polterte die Treppe hinunter. Die Haustür stand weit offen. Mondlicht flutete über den gepflasterten Boden des Vorplatzes. Noch immer war die Nacht erfüllt von Hundegebell und Pferdegewieher, doch kein Schuss war mehr zu hören.

Der Kies bohrte sich kalt und spitz in meine Fußsohlen. Ich düste um die Hausecke, vorbei am alten Wintergarten, der wie Schneewittchens Sarg im Mondschein glänzte; und als ich den Stallhof erreichte, kamen mir zwei dunkle Gestalten im Laufschritt entgegen.

Blitzartig durchfuhr mich der Gedanke: Wenn das die Viehdiebe sind, was soll ich bloß machen, barfuß, im Pyjama und ohne Waffe? Doch eine der beiden Gestalten war klein, kleiner als ich – und dann hörte ich Allans Stimme.

»Sie sind weg!«, schrie er. »Rian, du wartest hier! Ich verfolge sie!«

Jetzt sah ich auch Dart und Rascal. Sie rasten wie verrückt hin und her, kläfften und knurrten und jaulten wie Höllenhunde und verschwanden plötzlich zur Auffahrt hin.

Um ein Haar stieß ich mit Allan zusammen. »Haben sie eins von den Pferden mitgenommen?«, kreischte ich.

Allan schob mich zur Seite. »Nein, wir sind ihnen zuvorgekommen! Zum Glück hab ich eine Kontrollrunde über die Koppeln gemacht. Da sah ich sie mit Taschenlampen über den Zaun steigen … Es waren zwei …«

»Er hat ihnen eins auf den Pelz gebrannt!«, warf Rian in atemloser Bewunderung ein.

Erst jetzt bemerkte ich das Gewehr, das Allan unter dem Arm trug. »Allmächtiger! Hast du einen von ihnen angeschossen?«

»Nein«, sagte Allan voller Bedauern. »Ich glaube nicht, dass ich sie erwischt habe. Sie haben sich sofort ins Gebüsch geschlagen. Ich vermute aber, dass Owlie einen von den Typen gebissen hat. Ich bin nämlich erst dadurch auf sie aufmerksam geworden, dass einer einen unterdrückten Schrei losgelassen hat. Dann hab ich geschossen, aber sie hatten sich schon verdrückt.«

Das klang alles sehr dramatisch. Ich kam mir vor wie in einem klassischen Western. »Bleib bloß hier!«, sagte ich beschwörend und packte Allan am Arm. »Was hat es für einen Sinn, die Typen zu verfolgen? Die sind bestimmt längst über alle Berge. Außerdem könnten sie gefährlich sein …«

»So leicht dürfen wir sie nicht davonkommen lassen.« Allans Stimme war grimmig. »Ich wollte, ich hätte es geschafft, wenigstens einen von ihnen ins Bein zu schießen. Dann hätten sie ihren Denkzettel weg und würden sich's in Zukunft gründlich überlegen, ob sie Tiere von den Weiden klauen!«

Jetzt zog es mich zu den Koppeln. Ich wollte nach den

Pferden sehen, die noch immer aufgeregt schnaubten und wieherten, und mich selbst überzeugen, dass mit ihnen alles in Ordnung war.

Doch Allan erzählte noch, er hätte kurz nach der Flucht der beiden einen schweren Wagen starten gehört. »Die hatten ihren Laster bestimmt draußen auf der Landstraße geparkt«, meinte er und machte einen erneuten Versuch loszurennen. Ich hielt ihn mit aller Kraft am Ärmel fest.

»Du musst hier bleiben«, sagte ich beschwörend. »Es könnte immerhin sein, dass die Kerle noch in der Nähe lauern. Du kannst mich jetzt nicht einfach mit den Pferden allein lassen!«

»Ich bin doch hier!«, warf Rian ziemlich beleidigt ein.

Ich hörte kaum hin, denn plötzlich kam mir ein anderer Gedanke. »Herrje, wir müssen die MacClintocks anrufen! Wer weiß, ob die Viehdiebe ihr Glück nicht jetzt bei den Schafen versuchen. Außerdem sollten wir schleunigst die Polizei verständigen …«

Ich drehte mich um und rannte wieder zum Haus, während Allan und Rian auf die Koppel zurückkehrten, um die Pferde zu beruhigen. Bei der Vortreppe kamen mir Dart und Rascal mit hängenden Zungen entgegen. Die Haustür stand noch immer weit offen. Ich merkte, dass ich Eisfüße hatte, nahm mir aber nicht die Zeit, meine Socken zu suchen, sondern stürzte ans Telefon und wählte die Nummer von *Braeside*.

Es dauerte eine Ewigkeit, bis Danny an den Apparat kam. Seine Stimme klang verschlafen, was ganz natürlich war, und ich schrie in den Hörer: »Die Viehdiebe! Sie waren hier, aber Allan hat sie in die Flucht geschlagen. Du musst sofort nach deinen Schafen sehen!«

»Wie … was?«, sagte Danny. »Ist alles in Ordnung mit dir, Laurie?«

»Ich bin okay, mir fehlt nichts«, versicherte ich ungeduldig. »Los jetzt, schau nach deiner Herde! Ich muss die Polizei anrufen.« Und ehe er ein Wort erwidern konnte, hatte ich schon den Hörer aufgelegt.

Auf der Polizeiwache von Dingwall meldete sich ein Beamter, der alles notierte, was ich zu sagen hatte. Das Einzige, was ich verschwieg, war, dass Allan auf die Viehdiebe geschossen hatte. Zum Glück war mir noch rechtzeitig eingefallen, dass man nicht so einfach eine Waffe im Haus haben und bei passender Gelegenheit damit herumballern darf. Zumindest ist das in Deutschland so. Ich hatte den Verdacht, dass die Gesetze in Schottland da nicht viel anders waren.

Der Beamte versprach, sofort einen Streifenwagen vorbeizuschicken. Ich schlüpfte in fliegender Hast in eine alte Arbeitshose, die an der Garderobe hing, zog ein Sweatshirt über den Kopf und fuhr in meine Socken und Gummistiefel. Dann rannte ich wieder nach draußen, gefolgt von Dart und Rascal, die erneut zu bellen anfingen, als ginge es auf eine Hetzjagd.

Die Pferde waren inzwischen etwas ruhiger. Allan und Rian kontrollierten eines der Gatter und ich sagte: »Die Polizeistreife kommt gleich. Du musst das Gewehr verstecken, Allan.«

»Wieso?«, erwiderte er aufmüpfig. »Es ist schließlich unser gutes Recht, uns zu verteidigen, oder? Sollen wir vielleicht tatenlos zusehen, wie sie unsere Pferde wegbringen?«

»Lass uns jetzt nicht darüber streiten«, rief ich. »Ich bin ja deiner Meinung, aber es ist bestimmt verboten, einfach so auf Leute zu schießen. Also bring das Gewehr weg und kein

Wort von den Schüssen! Du willst doch nicht, dass mein Onkel Schwierigkeiten bekommt, weil er eine geladene Waffe im Haus hat, an die jeder herankommen kann?«

Allan murmelte etwas Unverständliches.

Sein Bruder griff eifrig nach dem Gewehr. »Ich trag's ins Haus und verstecke es zwischen den Kleidern im Schrank«, sagte er begeistert, als wäre er unversehens in einen James-Bond-Film geraten.

Allan schob ihn weg. »Du hast sie wohl nicht alle! Fass das Ding nicht an, es ist geladen und könnte losgehen! Willst du dich selbst damit um die Ecke bringen?«

Ich ließ die beiden zurück, um nach Belle zu sehen. Der Mond war wieder hinter Wolken verschwunden, doch ich hatte eine Taschenlampe mitgebracht. Eine Gruppe von Pferden kam mir entgegen, umkreiste mich und folgte mir zur Schutzhütte wie eine Schar aufgeregter Kinder. Dandy schubste mich mit Püffen zwischen die Schulterblätter vorwärts und Bairnie ging so dicht neben mir, dass ich aufpassen musste, dass er mir nicht auf den Fuß trat.

Der spärliche Lichtkegel meiner Lampe beleuchtete Pollys geschecktes Hinterteil, das sich mir immer wieder hartnäckig in den Weg stellte. Ungeduldig sagte ich: »Verflixt, Polly, musst du dauernd vor mir herzockeln? Ich seh doch nichts außer deinem …«

Schon trat ich mit dem rechten Fuß in ein Kaninchenloch, stolperte und prallte gegen Polly, deren Fettpolster mich davor bewahrten, mit dem Gesicht voran in der Wiese zu landen und meine Nase in die Erde zu bohren. Womöglich wäre auch noch Dandy in der Finsternis auf mich getreten, was den Unerfreulichkeiten dieser Nacht die Krone aufgesetzt hätte.

Polly wandte sich um und beschnupperte mich freundlich mit ihren warmen Nüstern. Ich streichelte ihre Nase und sagte: »Entschuldige bitte, ich nehme alles zurück.«

Belle wartete in der Schutzhütte. Sie war völlig außer Fassung, rannte hin und her, schnaubte, scharrte mit dem Vorderhuf und starrte mit weit aufgerissenen Augen ins Licht.

Zuerst bekam ich einen furchtbaren Schrecken, als ich sie so sah. Dann aber begriff ich, dass sie sich nicht wegen ihrer Krankheit so benahm, sondern weil sie den nächtlichen Aufruhr und die Schüsse von Ferne mitbekommen hatte und sich wohl wegen ihrer schlechten Verfassung besonders ängstigte.

Ich streichelte sie eine ganze Weile, redete besänftigend auf sie ein und merkte mit der Zeit, dass ihre Atemzüge gleichmäßiger und leichter wurden. Die anderen Pferde standen um uns herum wie ein schützender Wall und ich glaubte zu spüren, wie sich Belles zitternder Körper unter meinen Händen entspannte. Ich streichelte sie lange und redete leise mit ihr.

Als ich zum Haus zurückkam, stand ein Streifenwagen bei der Lorbeerhecke. Zwei Polizeibeamte unterhielten sich mit Allan, während Rian in der offenen Haustür stand und die Hunde festhielt.

»... die sind längst über alle Berge«, sagte Allan gerade. »Nein, ich habe sie nicht aus der Nähe gesehen, aber ich hoffe, dass eins unserer Pferde einen von den Typen kräftig gebissen hat.«

»Ja, es wäre nur gut, wenn sie einen Denkzettel bekommen hätten«, stimmte der jüngere Beamte zu. »Nur schade, dass keiner von euch den Wagen gesehen hat. Wir haben tiefe Reifenspuren an der Straßenböschung entdeckt. Die könnten von dem Fahrzeug stammen, das sie für ihre Viehdiebstähle benutzen. Doch leider hilft uns das nicht viel weiter.«

Sein Kollege schärfte uns ein, sofort bei der Wache anzurufen, falls wir wieder etwas Verdächtiges bemerkten.

»Und wartet nicht erst eine halbe Stunde mit der Meldung«, sagte er.

»Die kommen nicht wieder«, gab ich zurück. Inzwischen war ich überzeugt, dass die Viehdiebe keine Sehnsucht danach hatten, an einen Ort zurückzukehren, wo bissige Pferde, geladene Gewehre und bellende Hunde auf sie warteten.

Als die Polizeibeamten wieder abgefahren waren, erzählte ich Allan, dass es Belle etwas besser ging. »Ich bringe ihr gleich noch eine Schüssel lauwarmes Wasser mit ihrer Medizin«, sagte ich.

»Du kannst dich wieder hinlegen; ich mach das schon«, erwiderte er kurz. »Es ist sowieso nicht gut, wenn du nachts allein über die Koppeln taperst. Dein Onkel würde das nicht wollen.«

Ich lachte. »Allein? Du hättest mich vorhin mal sehen sollen! Der ganze Pferdeclan hat mich begleitet.«

Doch ich nahm sein Angebot gern an, denn ich war ganz taumelig vor Müdigkeit. Kaum stand ich wieder in meinem Zimmer und schickte mich an, ins Bett zu steigen, da schallte das dumpfe Pochen des Türklopfers durchs Haus.

Allan!, dachte ich. Er hat den Schlüssel vergessen.

Doch es war nicht Allan. Auf der Flurtreppe hörte ich, wie Rian aus dem Küchenfenster schrie: »Wer ist da?«, in einem Ton, als stünden Wyatt Earp und Billy the Kid höchstpersönlich vor unserer Tür. Und eine Stimme, die mein Herz wie immer höher schlagen ließ, antwortete: »Ich will zu Laurie!«

Zum zweiten Mal in dieser Nacht nahm ich die Treppe in Rekordzeit.

Danny stand auf dem Vorplatz. »Du«, sagte er und umarmte mich fest, »ich hab mir solche Sorgen um dich gemacht, es hat mir keine Ruhe gelassen.«

»Mir geht's gut«, erwiderte ich. »Komm doch rein!«

Aber er schüttelte den Kopf. »Ich muss gleich wieder zurück. Shee und Nessie sind allein bei den Schafen, und Mom hat Migräne. Aber sag doch, was ist eigentlich passiert?«

Wieder stand ich auf dem kalten Vorplatz, barfuß und im Pyjama. Ich erzählte Danny alles im Telegrammstil und er hörte gespannt zu. Als ich die Schüsse erwähnte, nickte er grimmig.

»Gut! Eigentlich bin ich ein friedliebender Mensch, aber das hat ihnen sicher Angst eingejagt«, sagte er. »Die kommen so schnell nicht mehr in unsere Gegend, wenn sie nicht gerade lebensmüde sind.«

Allan kam um die Hausecke. »Bei euch sind sie wohl nicht mehr aufgetaucht, wie?«, war das Erste, was er fragte.

»Nein«, sagte Danny. »Du hast sie bestimmt in die Flucht geschlagen.«

»Auf so einen Empfang waren sie nicht vorbereitet, würde ich sagen«, erwiderte Allan mit tiefer Befriedigung.

Rian, der mit Kopf und Oberkörper aus dem Küchenfenster hing und offenbar alles mit angehört hatte, rief: »Wenn Owlie die Mistkerle bloß richtig erwischt hätte, hätte er Mixed Pickles aus ihnen gemacht!«

Nachdem Danny mit der keuchenden »Mildred« über die Auffahrt davongetuckert war, saß ich noch eine Weile mit Allan und Rian in der Küche. Irgendwie war jetzt nicht mehr an Schlaf zu denken. Die beiden stritten sich herum, wer von ihnen den Rest der Nacht Wache halten sollte, und ich kochte Tee. Dart und Rascal tranken massenweise Wasser, so durstig waren sie von all der Aufregung.

»Ihr braucht nicht Wache zu schieben«, sagte ich schließlich. »Die Kerle kommen nicht wieder.«

Doch sie wollten nicht auf mich hören. Als ich endlich im Bett lag, war jeder Nerv, jeder Muskel meines Körpers angespannt. Meine Füße fühlten sich wie Eiszapfen an. Ich war todmüde, aber zugleich hellwach.

Zum Glück kam Rascal und scharrte an meiner Tür. Ich öffnete ihm und ließ ihn am Fußende unter meine Bettdecke kriechen und er wärmte meine Füße mit seinem wuscheligen, weichen Körper.

9

Wir beschlossen, Onkel Scott nichts von den nächtlichen Ereignissen zu erzählen. Obwohl alles gut abgelaufen war, hätte er sich doch unweigerlich aufgeregt und vielleicht versucht, das Krankenhaus vorzeitig zu verlassen.

Es reichte, dass Mrs. Kirkish im Viereck sprang und sich mächtige Sorgen machte, weil drei »bairnies« wie wir allein in einem so großen Haus wohnten und jederzeit überfallen und niedergemetzelt werden konnten.

»Wir sind keine Kinder mehr!«, sagte Allan mit seinem drohendsten Stirnrunzeln. »Jedenfalls ich nicht.«

»Allan hat die Mistkerle mit dem Gewehr verjagt«, bestätigte Rian stolz.

»Aye! Was fürrr ein Glück, dass errr sich nicht selbst ins Bein geschossen hat!«, erwiderte Mrs. Kirkish, worauf Allan mit verbissener Miene aus dem Haus stürmte, den Kopf gesenkt wie ein wütender Stier beim Angriff.

Ich wies sie sanft zurecht. »Das hätten Sie nicht sagen dürfen. Immerhin ist den Pferden nichts passiert und uns auch nicht, weil Allan Wache gehalten hat.«

Mrs. Kirkish hatte einen Ingwer-Walnuss-Kuchen gebacken und äußerte die Absicht, nachmittags zu Onkel Scott in die Klinik zu fahren.

»Du kannst mitkommen«, sagte sie zu mir. »Ich brrringe dich anschließend zum Busbahnhof in Inverrrness.«

Auf der Fahrt zum Krankenhaus schärfte ich ihr ein, meinem Onkel gegenüber kein Sterbenswort von den Viehdieben zu erwähnen, und sie versprach es hoch und heilig.

Gegen drei Uhr betraten wir das Zimmer, in dem Onkel Scott lag. Zum Glück war er nicht länger auf der Intensivstation. Hier gab es keinen Monitor, keine Piepstöne, denen man ängstlich lauschte, auch keine Infusionsschläuche. Die Krise war überstanden.

Mrs. Tweedie saß wie das verhutzelte Männlein im Kinderreim auf einem Stuhl neben dem Bett. Sie hatte ebenfalls Kuchen mitgebracht. Onkel Scott ging es sichtlich besser. Wir zwinkerten uns zu, während sich die beiden Damen über ihre Kuchen hinweg feindselig anfunkelten.

Um sie am Streiten zu hindern, redete ich wild drauflos, erzählte von Rian, der eine so wunderbare Hilfe für uns war, von Jessie, von Belles Besserung und dass ich Willie Winkie, den Schmied, zur Hufpflege bestellen wollte.

Glücklicherweise konnte ich Onkel Scott täuschen. Er schien keinen Verdacht zu schöpfen, dass nicht alles so eierkuchenmäßig friedlich war, wie ich es darstellte. Als mir die Luft ausging, unterstützte mich Mrs. Kirkish, indem sie eindrucksvoll von den seltsamen Beulen an den Beinen ihres Mannes erzählte.

Die erste Pause in unserem Redefluss benutzte Mrs. Tweedie, um sich über die mangelnde Ehrerbietung junger Menschen dem Alter gegenüber zu beklagen. Dabei warf sie beredte Seitenblicke in meine Richtung. Ich war froh, dass die Krankenschwester kam und sagte, die Besuchszeit wäre vorüber und Mr. Montrose müsse jetzt seine Medikamente einnehmen und Ruhe haben.

»Ich fühle mich schon wieder großartig. In acht Tagen komme ich nach Hause«, verkündete mein Onkel, während wir noch um sein Bett herumstanden und uns verabschiedeten.

»Haben das die Ärzte gesagt?«, fragte Mrs. Tweedie.

»Nein, das sage ich!«

»Du musst abwarten, bis sie dich entlassen«, mahnte ich und kam mir dabei selbst wie eine alte Tante vor. »Hier hast du Ruhe; zu Hause werkelst du doch sofort wieder herum. Wir kommen eine Zeit lang ganz gut ohne dich zurecht, ehrlich. Rian ist eine große Hilfe und Jessie hat versprochen, so oft wie möglich für ein paar Stunden vorbeizuschauen.«

»Ihr braucht mich also nicht mehr, wie?«, fragte er. Doch seine Augen lächelten dabei.

»Nicht, solange Sie den Kopf unter dem Arrrm trrragen!«, sagte Mrs. Kirkish.

Als ich nach Hause kam, hatte Rian versucht, Nudeln zu kochen. Der Versuch war ziemlich in die Hosen gegangen. Die Nudeln hatten sich zu einer klebrigen Masse zusammengerottet. Rian starrte mit derart verzweifelter Miene in den Kochtopf, dass ich ihn zu trösten versuchte, indem ich sagte, das wäre mir auch schon oft passiert. Wir versuchten es mit einer weiteren Packung, diesmal italienische Spagetti, und achteten mächtig darauf, die angegebene Kochzeit genau einzuhalten und regelmäßig leicht umzurühren.

Dart und Rascal saßen erwartungsvoll um uns herum, während wir die Tomatensoße aus der Dose mit Sahne verfeinerten. Dann kam Allan und erzählte während des Essens, dass Daisy Duck, das kleine Shetlandpony, Verdauungsprobleme hätte.

»Starke Verstopfung«, sagte er. »Ich merke schon seit zwei Tagen, dass sie sich plagt. Was hinten rauskommt, ist verteufelt hart und trocken. Und jetzt geht gar nichts mehr.«

Für empfindsame Leute wäre das kein passendes Thema während einer Mahlzeit gewesen, aber ich war es gewöhnt, dass jede Art von Problemen mit den Pferden besprochen wurde, wann immer es sich gerade ergab. Das gehörte zum täglichen Leben auf *The Laurels* und mit Ausnahme von Mrs. Tweedie störte sich keiner daran.

»Onkel Scott schwört auf Leinsamen«, erwiderte ich und kämpfte mit den Spagetti, die mir hartnäckig immer wieder von der Gabel rutschten, so geschickt ich sie auch aufwickelte.

»Wir müssten noch einen halben Sack davon im Futterschuppen haben«, meinte Allan. »Täglich eine Hand voll frisch geschroteter Leinsamen, in den Hafer gemischt, das bringt's.«

Bei der Abendfütterung bekam Daisy Duck also ihre Leinsamenration. Für Belle hatte Allan von Will noch ein Fläschchen Fichtennadelsirup gegen den Husten mitbekommen, von dem wir ihr je einen Esslöffel voll auf Brot geben sollten, wenn das Aconitum gewirkt hatte. Sie fraß das Sirupbrot mit großer Begeisterung; und als wir ihre Temperatur maßen, stellten wir erleichtert fest, dass sie fast wieder normal war.

Die Koppeln versanken schon in der Finsternis und über dem *Heathery Hill* stand der Mond, als wir endlich ins Haus zurückkehren konnten. Wir waren alle drei ziemlich geschafft von der durchwachten Nacht. Rian setzte sich zu mir aufs Küchensofa und kuschelte sich an mich wie ein verlassener kleiner Hund.

Ich legte den Arm um seine Schulter. Die Augen fielen ihm zu; er seufzte im Schlaf. Ich sah auf seine noch kindlich gewölbte Stirn unter der dunklen Haarlocke nieder und dachte, dass er es in seinem bisherigen Leben nicht leicht gehabt hatte mit einer Mutter, die trank und mit sich selbst nicht zurechtkam, und einem älteren Bruder, der versuchte, ihm und seinen Geschwistern den Vater zu ersetzen.

Von Onkel Scott wusste ich, dass Allans Familie bei den meisten Leuten in der Umgebung als asozial galt. Doch Allan hatte sich immer bemüht, sich und seine Geschwister mit ehrlicher Arbeit über Wasser zu halten und seine Mutter davor zu bewahren, dass sie völlig dem Alkohol verfiel. Dafür achtete und bewunderte ich ihn.

Unsere Blicke kreuzten sich und ich sagte: »Er ist total fertig. Er schuftet ja wie ein erwachsener Mann.«

Allan stand auf. »Ich bringe ihn ins Bett«, erwiderte er. Seine Stimme klang ungewöhnlich weich.

Er zog seinen Bruder hoch. Rian riss gewaltsam die Augen auf und murmelte schlaftrunken ein paar Worte, die ich nicht verstand. Ich wäre selbst am liebsten gleich ins Bett verschwunden, dachte aber, dass ich vorher noch meine Eltern anrufen musste, um ihnen zu sagen, was mit Onkel Scott passiert war. Irgendwie hatte ich in all der Hektik noch keine Zeit gefunden, mit ihnen zu telefonieren. Eine Weile saß ich noch in der Küche und versuchte mich aufzuraffen, da schrillte das Telefon in der Halle.

»Bestimmt sind sie das«, sagte ich zu Dart und Rascal, die den Rest der Nudeln mit Tomatensoße fraßen. »So was nennt man Gedankenübertragung.«

Doch es war Annika. »Laurie, warum schreibst du nicht?«, schrie sie anklagend in den Hörer.

»Weil ich nicht kann«, erwiderte ich. »Du hast ja keine Ahnung, was hier alles los ist! Onkel Scott hatte mitten in der Nacht einen Herzanfall und wir mussten ihn ins Krankenhaus bringen. Und …«

Ich sprudelte mit allem heraus, was in den letzten Tagen passiert war, einschließlich des Vorfalls mit den Viehdieben und Allans Schießkunst.

Annika war hörbar begeistert. »Mann, bei euch tut sich was! Da kommt keine Langeweile auf«, sagte sie.

»Nicht direkt«, erwiderte ich. »Obwohl's mir etwas langweiliger glatt lieber wäre.«

Doch sie hörte nicht auf mich. Sie erzählte von ihrem Job bei dem Fotofritzen, wo sie ihre Ausbildung machte. »Wenn du wüsstest, wie mich die ganze Kiste nervt«, sagte sie. »Ich bin kurz davor, alles hinzuschmeißen.«

Das hörte ich schon seit mehr als einem halben Jahr, nahm es also nicht übermäßig ernst. Dann wollte sie Onkel Scotts

Telefonnummer im Krankenhaus wissen. »Ich rufe ihn an«, erklärte sie. »Meinst du, dass er sich darüber freut?«

Ich sagte: »Klar. Du weißt doch, er mag dich. Was ich ehrlich gesagt nie verstanden habe.«

Sie nannte mich eine fiese Ratte. »Allan übernachtet also zurzeit in *The Laurels* ... Ist er jetzt da?«, fragte sie mit diesem gewissen Unterton in der Stimme, den ich von mir selbst kannte, wenn ich von Danny sprach.

»Sicher. Er bringt gerade seinen Bruder ins Bett.« Und noch während ich das sagte, tauchte plötzlich Allan in der Halle auf, als hätte er gespürt, dass Annika am Apparat war. Vielleicht hatte er aber auch an meinem Tonfall erkannt, mit wem ich redete.

»Da steht er schon«, sagte ich. »Er lechzt danach, deine Stimme zu hören.«

»Okay, her mit ihm! Und schreib endlich!«

»Nein«, erwiderte ich. »Schrei mich nicht so an, das vertragen meine Ohren nicht! Versteh das doch, ich möchte ja schreiben, echt, aber hier ...«

»... geht's drunter und drüber, ich weiß schon. Dann legst du eben mal eine Nachtschicht ein, alter Stockfisch.« So nannte sie mich immer, wenn sie fand, dass ich nicht so flexibel war, wie ich es ihrer Meinung nach sein sollte.

Ich zog mich diskret zurück und räumte heldenmütig die Küche auf. Ich ließ Kater MacDuff herein, der vor dem Küchenfenster kauerte und mit sehnsüchtigen Augen durch die Scheibe starrte, und fütterte ihn, während die Hunde aus respektvoller Entfernung zusahen.

Nach einer Weile öffnete ich die Küchentür leise einen Spalt und spähte um die Ecke. Der Platz am Telefon war leer. Die Standuhr im Wohnzimmer schlug zehnmal.

Ich ließ ziemlich lange zu Hause anläuten. Schließlich ging mein Bruder an den Apparat und erklärte, unsere Eltern wären ins Theater gegangen. Er erkundigte sich nicht nach meinem werten Befinden; das tat er nie.

»Sag ihnen, dass Onkel Scott im Krankenhaus ist«, trug ich ihm auf. »Oder nein, sag's ihnen lieber nicht, sie regen sich bloß auf. Ich muss es ihnen selbst schonend beibringen. Es geht ihm ja auch schon wieder besser. Richte ihnen Grüße aus und sag, dass ich morgen Abend wieder anrufe, ja?«

»Schon recht«, erwiderte er muffig, fragte aber nicht, was Onkel Scott fehlte.

»Übrigens ... weißt du, ob die beiden im Sommer nach Schottland kommen wollen?«

»Ob *wir* im Sommer kommen«, verbesserte er. »Nein, das haben sie noch nicht ausgebrütet. Ist sonst noch was? Ich hab nämlich keine Zeit mehr. Seh mir gerade ein geiles Wrestling-Match im Fernsehen an.«

»Sehr freundlich! Glotz nur weiter«, sagte ich. »Bloß noch eines, Tim: Du kommst im Sommer besser nicht mit. Unser Fernseher ist nämlich hinüber und Onkel Scott sagt, ihm kommt so ein Kasten nicht mehr ins Haus. Und was tätest du dann hier? Du würdest bestimmt mit Entzugserscheinungen auf der Intensivstation landen.« Damit legte ich auf.

Früh am Morgen erschien Willie Walker, der Hufschmied, von allen »Willie Winkie« genannt. Nur wenige unserer Pferde wurden beschlagen. Ein großer Teil hatte angegriffene Beine und kranke Hufe mitgebracht und Onkel Scott vertrat die Ansicht, dass Barfußgehen das Beste war, was wir für ihre Gesundheit tun konnten.

Willie kam jedoch regelmäßig zur Hufpflege. Er wusch den Pferden die Hufe, feilte und raspelte die Tragränder glatt und rund und strich sie mit seinem selbst gemachten Spezialfett ein. Er hatte auch eine ganz besondere Heilpaste gegen Strahlfäule, die aus Zinkoxyd und Zinkchlorid bestand und mit destilliertem Wasser vermischt wurde und die wahre Wunder wirkte.

Ich war wieder einmal unheimlich froh, dass wir Rian hatten, denn etwas Anstrengenderes als die Hilfestellung für den Hufschmied gibt es kaum. Pferde, die auf drei Beinen stehen müssen, lehnen sich mit ihrem ganzen Gewicht an denjenigen, der ihr viertes Bein hochhält, und nach einem Willie-Winkie-Tag fühlte ich mich abends immer wie gerädert, bewegte mich nur noch hinkend vorwärts und hatte eine Woche lang scheußlichen Muskelkater.

Jessie kam mit dem Mittagsbus. Zu diesem Zeitpunkt war ich schon total geschafft und kreuzlahm.

»Dich schickt der Himmel«, sagte ich sehr poetisch und aus tiefstem Herzen. Irgendwie klang das auf Englisch offenbar sehr komisch, denn Jessie konnte sich eine Weile vor Lachen kaum beruhigen. Immer noch kichernd, löste sie Rian ab, der vor Anstrengung krebsrot im Gesicht war.

»Orrrdentlich festhalten, Lass!«, mahnte der kleine, drahtige Willie. »Ich hab keine Lust, dass das Beastie mirrr auf die Vorrrderpfote steigt.«

Mit »Beastie« war unser Nutmeg gemeint, der ja blind war und sich immer besonders schwer auf einen stützte. Zum Glück tauchte Allan auf und fasste mit an. Er war gleich morgens zwei Stunden lang im Einsatz gewesen und hätte heute eigentlich seinen freien Nachmittag gehabt.

Dass er aus eigenem Antrieb auf seine Freizeit verzichtete und blieb, um uns zu helfen, rechnete ich ihm hoch an.

Willie war ungemein interessiert an unserer Story von den Viehdieben. »Dem Gesindel gehört eine Ladung Schrrrot in den Hinterrrn, das ist's, was die brauchen!«, sagte er hitzig. »Daran sterrrben sie nicht, aber es ist höllisch unangenehm, wenn man wochenlang nicht auf seinem Allerwerrrtesten sitzen kann. Ich brrring dir meine Schrrrotflinte vorbei, Allan, gleich morrrgen frrrüh, wenn ich nach Strrrathpeffer fahre.«

»Die kommen nicht mehr hierher«, sagte ich zum hundertsten Mal.

Willie aber meinte, man könne nie sicher sein. »Werrr weiß, was so einem Pack alles einfällt«, brummte er.

Jessie, Allan und Rian waren sich darin einig, dass so eine Schrrrotflinte eine sehr nützliche Sache war und dass es nicht schaden konnte, sie im Haus zu haben.

»Wieso seid ihr Schotten bloß so kampflustig?«, fragte ich.

Willie erwiderte, das hätte mit der schottischen Geschichte zu tun und damit, dass sein Volk immer gezwungen war, sich gegen die Übermacht der Engländer zu wehren.

Ich dachte, dass aller Widerstand nichts genützt hatte, dass nur eine Menge Blut geflossen war und die Briten schließlich doch Sieger geblieben waren, aber das sagte ich nicht. Immerhin schafften es die Schotten auf wunderbare Weise, ihre Eigenart zu bewahren. Ich fand, dass sie in ihrer dickköpfigen Art den Bayern nicht unähnlich waren. Vielleicht war das ja mit ein Grund, weshalb ich mich hier so rasch zu Hause gefühlt hatte.

Sie sind auch so ein widerspenstiges Bergvolk wie wir

Bayern, dachte ich und lächelte in mich hinein, während ich auf Jessies und Rians gesenkte Köpfe niedersah. Vielleicht liebe ich sie gerade deshalb so.

10

Vor der Abendfütterung telefonierte ich mit meiner Mutter. Sie meinte, es sei wohl eine Fügung des Schicksals, dass ich gerade jetzt in Schottland war, wo mich Onkel Scott so dringend brauchte.

»Aber du bist doch hoffentlich nicht ganz allein im Haus?«, fragte sie.

Ich erzählte ihr, dass Allan und sein jüngerer Bruder hier wohnten, solange Onkel Scott in der Klinik war, dass Mrs. Kirkish fast täglich kam und dass wir bis jetzt mit allem gut zurechtkamen. Nur von den Viehdieben erwähnte ich kein Wort.

»Laurie, ich bin stolz auf dich!«, sagte meine Mutter. »Dass du das alles so gut meisterst, hätte ich nicht von dir gedacht.«

Ich ließ vor Überraschung fast den Hörer fallen. So etwas hatte sie nie zuvor zu mir gesagt, so lange ich mich erinnern konnte. Eigentlich neigte meine Mutter mehr dazu, mich zu kritisieren und auf meine zahllosen Fehler hinzuweisen.

»Ich glaube, du bist in diesem Jahr in Schottland ein gutes Stück erwachsener geworden«, fügte sie hinzu.

Das gefiel mir weniger. Es klang irgendwie so abschließend.

»Vorerst kann ich Onkel Scott nicht allein lassen«, sagte ich schnell. »Er braucht mich dringend.«

»Natürlich, das sehe ich ein. Kann ich ihn denn im Krankenhaus anrufen?«

Ich gab ihr die Nummer. »Habt ihr euch schon überlegt, ob ihr im Sommer kommen wollt, du und Vati?«, fragte ich dann.

»Wir wissen es noch nicht, Laurie. Es hängt von unseren Finanzen ab, das weißt du ja. Wir haben uns erkundigt; die billigsten Flüge nach Aberdeen kosten so zwischen sechs- und siebenhundert Mark. Aber bei uns heißt das ja dann mal drei, also um die zweitausend Mark. Und mit dem Geld für den Flug allein ist's nicht getan. Es kommt immer noch allerhand dazu ...«

»Nicht viel«, wandte ich ein. »Allan würde euch in Aberdeen abholen und hier braucht ihr keinen Penny.«

Fast hätte ich meiner Mutter noch geraten, das Geld für Tims Flugticket zu sparen und ihn zu Hause zu lassen; ich sagte aber nur: »Was Tim angeht, weiß ich sowieso nicht recht, ob das hier sein Geschmack wäre. Dem ist es garantiert zu langweilig zwischen lauter Bergen und Pferden und Moorschneehühnern ...«

»Wir können ihn doch nicht einfach allein zu Hause lassen!«, erwiderte meine Mutter empört, als wäre er fünf und nicht fast fünfzehn.

Kaum hatte ich aufgelegt, rief Danny an und fragte, ob ich abends Zeit hätte.

»Mom wollte dich zum Essen einladen. Es gibt Rumbledethumps.«

»Rumble... was?«

Er lachte. »Rumbledethumps. Das ist eigentlich eine Spezialität aus den Borders, dem Grenzgebiet zwischen Schottland und England; eine Mischung aus Gemüse und Kartoffelbrei, die mit Käse überbacken wird.«

Ich schluckte, denn mir lief das Wasser im Mund zusammen. »Das klingt gut«, sagte ich. »Du hast mich schon überredet.«

Aus dem Hintergrund hörte ich Sheilas Stimme und Danny fügte hinzu: »Shee hat eben versprochen, zum Nachtisch Aberdeen Buttery Rowies zu backen. Aber was das ist, verrate ich jetzt nicht. Wann soll ich dich abholen?«

»Du brauchst mich nicht abzuholen. Ich kann Dandy reiten.«

»Kommt nicht in Frage! Es sieht nach Regen aus und auf dem Heimweg wär's stockdunkel. Außerdem muss man immer damit rechnen, dass diese Viehdiebe noch die Gegend unsicher machen.«

Wir verabredeten uns für halb neun. Ich versuchte mich bei der Fütterung besonders zu beeilen, damit ich anschließend noch Zeit hatte, in Ruhe zu duschen und meine Haare zu waschen. Doch ausgerechnet an diesem Abend stach Rae und Owlie der Hafer. Sie brachten die ganze Herde durcheinander, bissen um sich und konnten nur gewaltsam davon abgehalten werden, das Futter aus fremden Eimern zu klauen.

»Bleibt bloß weg von den beiden!«, schrie Allan seinem Bruder und mir zu. »Ich bringe sie hinüber auf *Laurels Pasture*. Es ist besser, wenn sie einige Zeit allein auf der Weide sind, sonst gibt's hier noch den totalen Aufruhr.«

Es war ein richtiger Kampf. Zuerst gelang es Allan nur mit Mühe, Owlie einzufangen. Er streifte ihm blitzschnell das Halfter über und musste alle Kraft aufbieten, um ihn zum Gatter zu dirigieren, während die anderen Pferde und auch wir respektvoll Platz machten. So rasch ich konnte, schloss ich hinter den beiden das Gatter, das *Laurels Pasture* von *Bulls Field* trennte.

Mit Rae war es noch schlimmer. Er ließ sich nicht fassen, sondern rannte wie ein Mustang kreuz und quer über die Koppel. Schließlich holte Rian einen Strick aus dem Schuppen, den Allan zu einem Lasso knüpfte.

»Weg von der Koppel!«, rief er uns zu.

Rae galoppierte jetzt im Kreis, immer rundherum; er wieherte dabei zornig und buckelte wie bei einem Rodeo. Es sah verdammt gefährlich aus, so gefährlich, dass ich Angst um Allan bekam.

»Lass ihn!«, rief ich. »Lass ihn hier auf der Weide! Wir bringen lieber den Rest der Herde auf *Brooks Pasture.*«

Doch Allan schüttelte den Kopf. Ich wusste, dass er daran dachte, wie mühsam es war, die Gatter auszuhängen und die beiden Koppeln durch einen provisorischen Zaun über den Pfad hinweg zu verbinden, sodass die Herde von einer Weide zur anderen getrieben werden konnte.

Das Ganze war nun zu einer Art Machtkampf zwischen Allan und Rae geworden. Wie schon so oft, wollte der Wallach beweisen, dass er der Stärkste war, der Anführer der Herde, stärker als wir Menschen und Owlie. Doch Allan schwang das Lasso so geschickt wie ein Cowboy. Er schleuderte es und verfehlte Raes Kopf um wenige Zentimeter. Blitzschnell zog er es wieder zurück, warf es noch einmal und schlangengleich glitt es über Raes Ohren und Nase.

Rae stieß ein schrilles Wiehern aus. Es klang wie ein zorniger Schrei, einem indianischen Kampfruf nicht unähnlich. Das Lasso zog sich zusammen, lag nun fest um seinen Hals.

Schon atmete ich auf. Da, plötzlich, machte Rae einen Satz und raste auf Allan zu. Allan sprang zur Seite. Rian schrie mir ins Ohr: »Er trampelt ihn nieder, er trampelt ihn nieder!«

Allan schien jedoch auf Raes Angriff gefasst zu sein. Er schwang sich blitzschnell auf die Koppelmauer, war schon auf der angrenzenden Weide, und Rae, gestoppt durch das unerwartete Hindernis, in seiner Freiheit beschnitten durch das Lasso um seinen Hals, bremste, dass Grasbüschel und Steine durch die Luft wirbelten, und begann vor Raserei wieder wie ein Wildpferd zu buckeln.

Mir schlug das Herz bis in den Hals hinauf. »Verdammt«, flüsterte ich. »Das war knapp!«

Eine Weile hielt Allan den Wallach am Strick; er jenseits der Koppelmauer, Rae diesseits, so lange, bis die wütende Energie aus dem Pferdekörper wich. Auch Owlie hatte sich inzwischen etwas beruhigt und ich lief auf *Laurels Pasture* und öffnete das Gatter wieder, sodass Allan Rae am Lasso auf die Nachbarweide führen konnte.

Rian holte noch etwas Hafer, mit geschrotetem Mais vermischt, und Allan nahm die Eimer entgegen. Das besänftigte die beiden Zombies. Rae ließ sich den Strick abnehmen. Er hatte Schaum ums Maul und Schweiß auf dem dunklen Fell.

»Das war einfach galaktisch!«, sagte ich zu Allan, der völlig außer Atem war und aussah, als hätte er einen Marathonlauf hinter sich gebracht.

Er schnitt eine Grimasse. »Bullshit!«, keuchte er. »Die beiden sind gefährlich – besonders Rae, er ist ein richtiger

Django. Er tyrannisiert die Herde. Die anderen Pferde fürchten ihn. Ich weiß nicht, ob es richtig ist, ihn auf die Dauer zu behalten.«

In der sinkenden Dämmerung sahen wir uns an. Wir wussten beide, was es bedeutete, wenn Rae und Owlie nicht in *The Laurels* bleiben konnten. Kein Mensch würde bereit sein, derart angriffslustige Pferde aufzunehmen und zu versorgen.

Natürlich stand eine traurige Geschichte hinter Raes und Owlies Aggressivität. Sie waren nicht immer so gewesen; kein Tier kommt als Bösewicht zur Welt. Menschen sind es, die ein Tier verderben können, die ihm so lange Gewalt antun, bis es schließlich selbst gewalttätig wird.

Als wir unsere Arbeit endlich geschafft hatten und ins Haus kamen, rief Mrs. Tweedie an und wollte mir Anweisungen geben, wie wir den Haushalt in Onkel Scotts Abwesenheit zu führen hatten. Ich trat vor Ungeduld von einem Fuß auf den anderen, denn es war schon zehn vor halb neun und ich steckte noch in meinen Stallklamotten, roch wie ein Misthaufen und meine Haare sahen aus wie ein abartiger Reisigbesen. Dazu strich MacDuff kläglich maunzend um meine Beine und verlangte sein Futter.

»Wir kommen sehr gut zurecht, Mrs. Tweedie«, versicherte ich mehrmals. »Mrs. Kirkish kommt ja jetzt jeden zweiten Tag. Morgen ist sie wieder da und …«

Das hätte ich besser nicht sagen sollen. Der Name Kirkish war ein absolutes Reizwort für sie. Mit der Drohung, morgen ebenfalls vorbeizuschauen und »nach dem Rechten zu sehen«, entließ sie mich endlich.

Ich schrie Rian durch die Küchentür zu, er solle Kater MacDuff füttern, raste ins Bad und zerrte mir die Arbeitshose vom Leib. Ich stand gerade unter der Dusche, als die hallenden Schläge des Türklopfers erklangen.

Das Haarshampoo lief mir übers Gesicht und in die Augen. Ich dachte: Verdammt, verdammt, verdammt! Ewig dieser Stress! Warum kann ich nie rechtzeitig fertig sein?

Doch dann fielen mir die letzten Jahre in München ein, in denen ich genug Zeit für mich gehabt hatte und trotzdem nicht halb so glücklich und ausgefüllt gewesen war wie hier. Und ich dankte dem Himmel und bat sämtliche Brownies, die schottischen Kobolde, im Verein mit den Berg- und Quellgeistern des Hochlands um Vergebung für meine Unzufriedenheit.

11

Onkel Scott strahlte wie ein Weihnachtsengel, als ich ihn zwei Tage später wieder besuchte. Er versuchte es vor mir zu verbergen und gab sich Mühe, ein ernstes und gesetztes Gesicht zu machen, doch es gelang ihm nicht, mich zu täuschen. Vielleicht hätte er es ja gekonnt, wenn ich nicht am Donnerstagabend in *Braeside* das besondere Lächeln in Mrs. MacClintocks Augen bemerkt hätte; und Donnerstag war der Tag, an dem sie meinen Onkel im Krankenhaus besucht hatte.

»Da ist was im Busch«, hatte Danny auf der Heimfahrt zu mir gesagt. »Als sie nach Hause kam, war sie ganz verwirrt und rannte herum wie ein aufgescheuchtes Moorschneehuhn.«

Onkel Scott saß im Morgenmantel am Fenster. Er hatte einen Spiegel aufs Fensterbrett gestellt und war im Begriff, sich zu rasieren. Dabei summte er die Melodie eines Liedes vor sich hin, das ich von Danny kannte: »Will you come to the Highlands, Lissie Lindsay? Will you come to the Highlands with me … Me bride and me darling to be …«

Sein Gesicht war nicht mehr blass, sondern leicht gerötet, als er sich bei meinem Eintritt umwandte; es mochte vom Rasieren kommen, doch das war es wohl nicht allein. Ich küsste ihn auf die Wange und er räusperte sich und versuchte sein Gesicht in würdige Falten zu legen.

»Ist Allan nicht dabei? Wer hat dich hergebracht?«, fragte er.

»Ich bin mit dem Bus nach Inverness gefahren und dann per Anhalter zur Klinik. Ein Pärchen aus London hat mich mitgenommen.«

Normalerweise hätte er mir bestimmt eine Predigt darüber gehalten, dass ich nicht trampen sollte, und wenn, dann nur in einem schottischen Wagen und mit einer Schottin hinter dem Steuer, doch er verlor kein Wort darüber. »Im Klinikgarten ist gestern der Flieder aufgeblüht«, sagte er träumerisch. »Blüht unser Flieder zu Hause auch schon?«

Aha! Da haben wir den Beweis!, dachte ich. Wenn da keine Liebe im Spiel ist, kenne ich die Zeichen nicht mehr. Laut erwiderte ich, ja, alles blühe wie der Teufel. Dann holte ich die Tüte mit den frisch gebackenen Scones heraus, die Danny mir am Vormittag gebracht hatte.

»Das soll ich dir von Mrs. MacClintock geben. Sie lässt dich grüßen.« Und ich drückte ihm die Tüte in die Hand.

Er nahm sie, als hätte ich ihm die Krone der englischen Königin überreicht. Ich sah, wie er schluckte.

»So, so«, murmelte er. »Hm … das ist ja sehr aufmerksam von ihr. Sehr freundlich. Scones? Selbst gebacken? Danke. Sag ihr, ich lasse mich herzlich bedanken!«

»Am besten, du sagst es ihr selbst«, riet ich ihm und deutete mit dem Kinn aufs Telefon.

Um ihm Zeit zu geben, seine Verlegenheit zu überwinden, bückte ich mich und packte aus, was ich sonst noch mitgebracht hatte: einen frischen Schlafanzug, allerhand Post, die Verbandszeitschrift eines britischen Tierschutzbundes, Haarshampoo, Äpfel und Bananen und das Magazin *Horse and Hound*.

Wir gingen eine Weile Arm in Arm auf dem Krankenhausflur spazieren, denn die Zeit des Stillliegens war vorbei und Onkel Scott sollte wieder Bewegung haben. Wie immer fragte er nach den Pferden, nach Allan und Rian und wie wir zurechtkämen, wirkte aber ziemlich geistesabwesend, als ich antwortete. Ich hätte nicht sagen können, ob er wirklich hörte, was ich ihm erzählte.

»Haben meine Eltern bei dir angerufen?«, fragte ich schließlich.

»Deine Eltern? Ach, ja, deine Mutter; das war gestern Abend – oder ist's vorgestern gewesen?«

»Und? Was hat sie gesagt? Hast du ihr zugeredet, im Sommer zu kommen?«

»Sicher hab ich das. Sie scheinen noch zu überlegen, aber ich glaube schon, dass sie kommen werden.«

Ich fragte mich, ob sie Tim mitbringen würden. Vielleicht würde es ihm ja gut tun, einmal wegzukommen vom ewigen Fernsehen, von den Computerspielen und seinen Freunden, die mit ihrem ausländerfeindlichen Geschwätz einen schlechten Einfluss auf ihn ausübten. Meiner Ansicht nach ist es nur gut, wenn Menschen in fremde Länder kommen, wo sie selbst Ausländer sind und erleben, dass man trotzdem freundlich und ohne Vorurteile aufgenommen wird und dass man überall auf Leute trifft, die man verstehen und gern haben kann.

Dann stellte ich mir vor, wie Tim auf Raes Rücken saß, wie Rae buckelte und Tim drei Meter hoch in die Luft flog wie eine Rakete; und ich hatte die Backen voller Lachen.

»Ich schätze, dein nächstes halbes Jahr im Hochland ist auf alle Fälle gesichert«, sagte Onkel Scott und wir lächelten uns zu. »So seltsam es klingt, aber manchmal sind Ereignisse, die im Moment wie Katastrophen erscheinen, auch zu etwas gut. Kein Schaden ohne Nutzen, wie es so schön heißt.«

Damit meinte er wohl seinen Herzinfarkt, der ihm und mir in jener Nacht, als es geschah, fast wie das Ende der Welt erschienen war. Nun hatte ich dadurch eine Art Gnadenfrist erhalten; und womöglich war das nicht der einzige »Nutzen«, wie mein Onkel es ausdrückte. Vielleicht hatte ja auch Dannys Mutter erst jetzt ihre Gefühle für ihn entdeckt, weil sein Leben in Gefahr gewesen war.

»Übrigens, deine Freundin hat auch angerufen«, sagte er unvermittelt. »Annika. Sie scheint zu Hause nicht übermäßig glücklich zu sein.«

Es gefiel mir nicht besonders, dass sie Onkel Scott die Ohren voll gejammert hatte, gerade jetzt, wo er anfing sich wieder zu erholen. Doch das sagte ich nicht.

»Ich glaube, sie würde gern wieder zu uns kommen«, fügte er hinzu.

Ich hätte schwören können, dass es in erster Linie wegen Allan war, bemerkte aber nichts dazu. Schließlich musste doch gerade ich sie am besten verstehen, mit all meinem Widerstreben, mich von Danny zu trennen.

»Ja, es ist gar nicht immer so einfach, jung zu sein«, sagte mein Onkel. »Auch wenn man das als Erwachsener leicht vergisst.«

Heute kam keine Krankenschwester, um mich zu vertreiben, und ich blieb fast zwei Stunden. »Fahr mit dem Taxi nach Inverness zurück«, sagte Onkel Scott. »Versprich mir das, Lass! Die Taxis stehen vor dem Klinikeingang. Hier, nimm das.« Und er griff in seine Nachttischschublade und drückte mir eine Zehnpfundnote in die Hand. Dann küsste er mich auf die Wange und fügte hinzu: »Es wird Zeit, dass ich nach Hause komme. Lange halten die mich hier nicht mehr fest.«

Das Geld tat mir Leid, doch ich hielt mein Versprechen und fand es dann auch romantisch, in dem altertümlichen schwarzen Wagen auf dem Rücksitz zu thronen, mit der trennenden Glasscheibe zwischen mir und dem Fahrer, in einem Gefährt, das so geräumig war wie eine Postkutsche.

In Inverness ging ich zur Bank und löste den Scheck ein, den mein Onkel mir gegeben hatte. Es wurde höchste Zeit, dass Geld in die Kasse kam. Wir hatten schon ein Darlehen bei Mrs. Kirkish aufnehmen müssen, um den letzten Einkauf im Supermarkt zu bezahlen.

Dann saß ich im Dingwall-Inverness-Bus und dachte über Onkel Scott und Dannys Mutter nach, über die Zukunft und auch über Annika. Sie hatte manchmal eine Art, Dinge erzwingen zu wollen, die mir auf den Geist ging. Dabei hätte ich nicht sagen können, warum mir gerade jetzt diese Eigenschaft in den Sinn kam, die ich früher eher an ihr bewundert hatte. Ich selbst bin eigentlich nicht der Typ, der Ziele hartnäckig verfolgt und notfalls mit dem Kopf durch die Wand geht, um etwas durchzusetzen. Annika konnte das. Doch wieso fiel es mir ausgerechnet jetzt wieder ein?

Als ich nach Hause kam, standen Rian und Jessie zusammen in der Küche, brieten Spiegeleier und palaverten darüber, ob Speck dazugehörte oder nicht.

»Ich esse nichts, was Augen hat«, sagte Rian. »Außerdem haben wir auch keinen hier.«

»Speck hat keine Augen«, erwiderte Jessie, die zwar sehr tierliebend war, aber trotzdem nicht auf Fleisch verzichten konnte oder wollte.

»So ein Schwachsinn! Speck kommt von Schweinen, das ist doch so klar wie noch was«, ereiferte sich Rian. »Tiere sind unsere Freunde, und wer isst schon seine Freunde? Nicht mal ein Kannibale!«

Dann klingelte das Telefon. Es war Mrs. Browning aus Edinburgh, die sagte, sie hätte einen guten Platz für eines unserer Pferde gefunden, bei einem Freund, dessen eigenes Pferd im Alter von siebenundzwanzig Jahren gestorben war.

Wieder einmal hätte ich am liebsten spontan erwidert: Nein, wir geben keins von unseren Pferden her! Doch ich dachte daran, dass jedes Tier, das gut untergebracht wurde, wieder Platz für ein neues Pferd machte, dem sonst der Tod und vorher vielleicht noch ein qualvoller Hinrichtungsweg durch ganz Europa drohte. So bat ich Mrs. Browning nur, sich noch eine Weile zu gedulden, bis Onkel Scott aus dem Krankenhaus entlassen wurde. »Sie wissen ja, solche Dinge entscheidet er«, erklärte ich.

Sie ließ sich von seiner Krankheit erzählen und fragte

dann, wie es Danny und mir ginge. »Wenn ihr Lust habt, besucht mich doch bald mal wieder«, sagte sie. »Ihr seid mir jederzeit herzlich willkommen!«

Voller Sehnsucht dachte ich an die Tage zurück, die Danny und ich zusammen in Mrs. Brownings Haus am Rand von Edinburgh verbracht hatten. Das Angebot war verlockend, doch da gab es nichts zu überlegen. »Unheimlich gern, Mrs. Browning«, erwiderte ich. »Lieber heute als morgen, ehrlich! Nur – ich muss erst abwarten, bis Onkel Scott wieder ganz gesund ist. Und bei Danny lammen bis Juni die Schafe.«

»Natürlich«, erwiderte sie. »Ich richte mich da ganz nach euch. Falls ich nicht gerade auf Reisen bin, ist mir jeder Termin recht. Und was das Pferd angeht – glaubst du, ich könnte in den nächsten vierzehn Tagen mal mit Peter Branagh bei euch vorbeischauen?«

Das war typisch Mrs. Browning. Geduld war nicht ihre starke Seite. Wenn sie sich etwas in den Kopf gesetzt hatte, musste es schnell passieren.

»Ich denke schon«, sagte ich zögernd. »Aber dann müssten Sie vorher mit Onkel Scott telefonieren.«

Ich wollte ihr nicht vorschlagen, ihn im Krankenhaus zu besuchen, denn es war mir wichtig, jede Anstrengung oder Aufregung von ihm fern zu halten. Außerdem wusste ich, dass ihm Mrs. Browning mit ihrer bestimmenden Art leicht auf die Nerven ging.

Zu viert schafften wir die Abendfütterung wunderbar schnell, nicht zuletzt deshalb, weil Rae und Owlie uns dabei nicht ständig in die Quere kommen konnten. Wir hatten beschlossen, die beiden vorerst auf der kleinen Koppel zu lassen, was ihre Laune nicht gerade besserte. Rae hatte im Laufe des Tages schon zweimal versucht, über die Mauer zu springen. Er fühlte sich als Anführer der Herde und war stinkbeleidigt, weil wir ihm seine Rechte streitig machten und ihn daran hinderten, den anderen Pferden seinen Willen aufzuzwingen.

Ich erzählte Allan von Mrs. Brownings Anruf. Auch er war alles andere als begeistert, denn er hing womöglich noch mehr an den Pferden als ich.

»Wir müssen froh darüber sein«, sagte ich ohne große Überzeugungskraft.

»Falls es wirklich ein guter Platz ist«, schränkte Allan ein. »Das muss man erst mal überprüfen. Für die Pferde ist es immer eine schmerzhafte Umstellung, ihr altes Heim und ihre Gefährten zu verlassen. Tiere schließen ja auch Freundschaften untereinander und die Trennung ist schwer für sie. Darum kümmert sich kaum jemals ein Mensch.«

Ich wusste, dass er Recht hatte; beobachtete ich doch täglich, wie Brownie und Cassie sich beknabberten und dicht nebeneinander grasten, oder wie Fairy Queen und der blinde Nutmeg einträchtig beisammenstanden wie ein altes Paar, und dass der eine den anderen durch leises Wiehern rief, wenn sie voneinander entfernt waren.

Tierfreundschaften sind oft beständiger als Menschenfreundschaften. Sie können ein Leben lang dauern, genau wie die Liebe eines Tieres zu seinem Besitzer. Warum denken wir so selten daran, wenn wir ein Pferd, einen Hund oder eine Katze kaufen, verkaufen oder verschenken, weggeben wie ein Möbelstück, das überflüssig geworden ist oder durch ein neues ersetzt werden soll?

Wie zur Bestätigung dessen, was Allan gesagt hatte, tauchte Kater MacDuff an diesem Abend in Begleitung auf.

Er saß wie gewöhnlich bei Einbruch der Dunkelheit hinter dem Küchenfenster und starrte durch die Scheibe, als wollte er uns hypnotisieren.

Rian schob das Fenster hoch. Diesmal hörten wir gleich darauf nicht nur einen Plumpser auf dem Fußboden, sondern zwei.

»Er hat jemanden mitgebracht«, sagte Rian.

Es war eine zerzauste, grau getigerte Katze, klein und so mager, dass man unter ihrem Fell das Rückgrat hervortreten sah. Sie zog sich in eine Ecke der Küche zurück und beobachtete uns angstvoll mit ihren gelb-grünen Augen, während MacDuff schnurrend zu seinem Futternapf lief.

Ich sagte: »Wen bringst du uns denn da, alter Kater? Ist das deine Freundin?«

»Mrr, mrrr!« Er stürzte sich auf sein Abendessen.

Zum Glück waren Dart und Rascal nicht in der Küche, denn Allan ging wegen der Viehdiebe noch jeden Abend mit den Hunden die Grundstücksgrenze zur Landstraße ab. Rian, der laut Aussage seines Bruders ein richtiger Tierretter war und ständig verletzte Hasen, aus dem Nest gefallene Vögel, einbeinige Tauben, angeschossene Moorschneehühner und anderes Getier mit nach Hause brachte, kniete in einigem Abstand vor der grauen Katze nieder und redete in sanftem Ton mit ihr.

»Wer bist denn du?«, fragte er. »Woher kommst du, armes kleines Beastie? Hast sicher gewaltigen Hunger, wie du aussiehst! Haben sie dich irgendwo weggejagt? Pass auf, ich bring dir was Gutes zu futtern und eine warme Decke zum Ausruhen. Hier tut dir keiner was. Musst keine Angst haben …«

Sie hörte zu, fluchtbereit, doch Rian war klug genug, sie

nicht anzufassen und zu bedrängen. Ich füllte ein Schälchen mit Milch und eines mit Katzenfutter und Rian stellte beides vor sie hin, vorsichtig, um ihr nicht das Gefühl zu geben, dass sie in die Enge getrieben oder eingefangen werden sollte.

»Ihr Schwanz ist komisch«, sagte er über die Schulter. »Bloß ein Stummel. So, als wäre er mal abgebissen oder abgehackt worden.«

Die graue Katze starrte mit großen Augen auf das Futter. Sie sah Rian an, dann wieder mich. Ich murmelte beruhigend: »Ja, das gehört dir. Friss es nur. Du bist doch hungrig? Keiner tut dir was. Bei uns passiert dir nichts.«

MacDuff, der sich ordentlich angemoppelt hatte, kam durch die Küche und setzte sich neben die Kätzin.

Rian sagte: »Nimm ihr bloß nichts weg!«

Doch MacDuff hatte nichts dergleichen vor. Er war Kavalier. Und als würde ihr seine Gegenwart ein Gefühl der Sicherheit geben, beugte sich die graue Katze vor und begann aus dem Schälchen Milch zu trinken, langsam und andächtig; und genauso langsam und andächtig kaute sie die Bröckchen Katzenfutter. Ich sah die Schluckbewegungen ihres dünnen kleinen Halses und hätte am liebsten geweint.

»Die hat's schwer gehabt«, murmelte Rian. »Armes Beastie!«

Wir richteten ihr neben MacDuffs Schlafplatz unter der Heizung ein Bett aus Decken und einem Kissen. Als sie alles aufgefuttert hatte, folgte sie dem Kater dorthin und wir sahen, dass nicht ihr ganzer Körper so mager war. Ihr Bauch wölbte sich unter dem eingefallenen Rücken, sodass sie irgendwie unförmig wirkte. Ihre Bewegungen waren schwerfällig.

»Sie ist trächtig«, sagte Rian.

»Ich würde mich nicht wundern, wenn MacDuff der Vater wäre«, erwiderte ich. »Insofern ist's auch nicht anders als recht und billig, dass er seine Freundin hierher mitbringt. Wir sind verpflichtet, für sie und ihre Kinder zu sorgen.«

Wir lachten uns an. Erst später fragte ich mich, was Onkel Scott zu dem Familienzuwachs sagen würde, vorausgesetzt, die graue Katze blieb. Im Augenblick sah sie herzergreifend zufrieden aus, wie sie dalag, ihren grauen Rücken an MacDuffs schwarzen geschmiegt, die Augen zugekniffen. Wir hörten sie ganz leise vor sich hin schnurren.

Der paradiesische Zustand hielt jedoch nur so lange an, bis Allan zurückkam. Hechelnd rannten die Hunde in die Küche, auf diese stürmische Art, die Hunde nun einmal an sich haben und an die sich Katzen so schwer gewöhnen können.

Die graue Katze stand auf, fauchte und presste sich an die Wand. Alle Haare auf ihrem mageren Rücken sträubten sich, ihre Augen funkelten. MacDuff, der ja mit Dart und Rascal zusammen aufgewachsen war und sie für gewöhnlich nicht beachtete, erhob sich ebenfalls, plusterte sich zu doppelter Größe auf und murrte drohend.

Die Hunde standen stocksteif mitten in der Küche und starrten auf die beiden Katzen. »Schscht, schscht!«, machte Rian. Er stellte sich zwischen Dart und Rascal und streichelte sie. »Das ist MacDuffs Freundin und ihr müsst sie in Ruhe lassen, verstanden? Sie hat's nicht gut gehabt. – Sieh mal, Puss, die zwei sind ja total brav und friedlich!«

Ich schüttelte die Schachtel mit den Hundeleckerbissen. Damit konnte ich Dart und Rascal immer ablenken, denn dieses Geräusch war Musik in ihren Ohren. Eifrig liefen sie zu ihren Futternäpfen. Ich gab jedem von ihnen eine Hand voll Leckerbissen und goss den Rest Milch dazu.

Allan sagte: »Die sieht schlimm aus! Hast du sie irgendwo gefunden, Rian?«

»MacDuff hat sie mitgebracht«, erwiderte ich. »Sie kriegt Junge. Vermutlich ist er der Vater.«

MacDuff legte sich wieder auf seine Decke, doch die graue Katze blieb an die Wand gedrückt stehen und beobachtete die Hunde mit ihren großen, angstvollen Augen. Wahrscheinlich hatte sie schlechte Erfahrungen mit Hunden gemacht.

Ich kniete nieder und streichelte MacDuff. Dabei redete ich mit der Kätzin, so zärtlich und sanft ich konnte. »Die beiden tun dir nichts«, versicherte ich. »Sie sind an Katzen gewöhnt. Schau, MacDuff ist ja auch wieder ganz ruhig. Er lässt nicht zu, dass dir etwas passiert. In diesem Haus gibt's keine Feindschaft.«

»Ob die Deutsch versteht?«, fragte Rian.

Ich musste lachen. »Tiere verstehen jede Sprache. Oder vielmehr, sie verstehen den Ton, in dem man mit ihnen redet.«

»Ich schätze, sie kriegt mindestens fünf«, meinte Rian sachkundig. »So dick, wie sie ist.«

Unwillkürlich seufzte ich. »Dann hätten wir sieben Katzen im Haus! Mrs. Tweedie wird in Ohnmacht fallen.« Und ich ahmte ihre hohe, etwas gackernde Stimme nach: »Das ist doch einfach unerträglich, das ganze Haus ist ein einziger Zoo, nichts als schmutzige Pfoten und hungrige Mäuler und Hundehaare und Katzenhaare und Flöhe und Bazillen ...«

Rian kicherte.

Sogar Allan lachte. Das tat er selten.

»Vielleicht kommt sie dann ja nicht mehr«, meinte Rian hoffnungsvoll. Er mochte Mrs. Tweedie nicht, seit er ihr zum ersten Mal in *The Laurels* begegnet war. Damals hatte sie Mrs. Kirkish gegenüber geäußert, es wäre ein hirnrissiger Unfug mit all diesen unzuverlässigen Kindern im Haus.

Dass Rian dabeistand und es mit anhörte, hatte sie nicht weiter gekümmert. Später sagte ich zu ihm: »Mach dir nichts draus, damit hat sie uns alle gemeint – dich und mich und Jessie, vielleicht sogar Allan. Wenn man so alt ist wie sie, kommt einem jeder unter vierzig wie ein Grünschnabel vor.«

Doch Rian war nachtragend. »Sie ist ein fieser Waldschrat!«, sagte er.

Später gingen wir ins Wohnzimmer, was wir sonst selten taten, wenn Onkel Scott nicht zu Hause war. Wir nahmen die Hunde mit und hofften, dass die kleine graue Katze dann zur Ruhe kommen würde. Und wirklich, als ich nach einer Viertelstunde durch die angelehnte Küchentür spähte, sah ich, dass sie wieder an MacDuff geschmiegt auf ihrer Decke lag, eingerollt, den Kopf seitlich auf ein Pfötchen gelegt, und schlief.

Mitten im Mai schneite es; und weil nach einem beliebten Spruch meines Vaters »ein Schweißfuß selten allein kommt«, war auch noch die Wurmkur für die Herde überfällig, eine Prozedur, die ich ebenso wenig leiden konnte wie unsere Pferde selbst. Manche ließen sich die Paste zwischen die Zähne streichen, ohne sich groß zu sträuben, doch andere führten sich auf, als wollten wir ihnen ans

Leben. Sie wichen mit entsetztem Wiehern zurück, warfen die Köpfe hoch, büxten aus, versuchten sogar zu beißen.

Ganz und gar unmöglich war es mit Rae und Owlie. Bei den beiden hatten wir es aufgegeben, auch nur den Versuch zu wagen, uns mit der Wurmpaste zu nähern. Sie witterten förmlich, worum es ging. Es hatte auch keinen Sinn, die Paste unter ihr Futter zu mischen. Sie fraßen drumherum oder spuckten alles aus, warfen ihre Eimer um und rollten so wild mit den Augen, dass sich selbst Onkel Scott und Allan einige Zeit respektvoll fern hielten.

Belle hatte sich wieder erholt. Wir beschlossen jedoch, die Wurmkur bei ihr noch aufzuschieben, um sie nicht mit dem Gift zu belasten, das ja in jedem Wurmmittel enthalten ist. Irgendwie war an diesem Mittwoch die ganze Herde durchgedreht. Wir mussten höllisch aufpassen, dass wir nicht angerempelt oder über den Haufen gerannt wurden.

Bairnie war der Einzige, der die Paste mochte. Er leckte sich die schwarzen Lippen und folgte mir überallhin; und als ich mich einmal umdrehte und die Tube mit der Paste neben mich ins Gras legte, schrie Allan: »Pass auf, er frisst das ganze Zeug!«

Wie von der Tarantel gestochen sprang ich auf. Der Schraubverschluss der Tube ragte gerade noch zwischen Bairnies Zähnen hervor. Es sah aus, als hätte er einen Schnuller im Maul.

»Spuck's aus!«, schrie ich. »Gib's wieder her! Loslassen, sag ich, lass sofort los!«

Bairnie sah mit seinen großen unschuldsvollen Augen auf mich nieder und rümpfte die Nase, sodass ich durch seine Zähne mit dem Schraubdeckel wie durch ein Vergrößerungsglas sah. Der Schreck saß mir in allen Knochen. Wenn er jetzt die Tube frisst, dachte ich, muss Dr. Drury kommen und ihn operieren, falls sie nicht von selbst hinten wieder herauskommt! Und was passiert, wenn er das Plastik durchbeißt und die ganze Paste auf einmal schluckt? Das wäre doch viel zu viel, er wird krank davon, das hält sein Darm niemals aus!

Ich packte Bairnie an der Mähne, griff nach dem Schraubverschluss und zog daran. »Bairnie!«, sagte ich beschwörend. »Mach den Schnabel auf! Sofort! *Sofort!* Du musst das wieder hergeben! Ich versohle dir den Hintern, ich rede nie wieder ein Wort mit dir – hast du kapiert? *Ausspucken, sage ich!*«

Bairnies Augen funkelten. Ich hätte schwören können, dass er sich über mich lustig machte. Er ließ die Tube nicht los, sosehr ich auch daran zog. Plötzlich riss er sich los und galoppierte wie Rumpelstilzchen um mich herum, gerade so weit entfernt, dass ich ihn nicht erwischen konnte. Er vollführte Kapriolen und sprang mit allen vier Hufen auf einmal in die Luft.

Allan und Rian kamen angerannt. »Bist du verrückt geworden?«, schrie ich. »Bairnie!!! Spuck's aus, spuck das sofort aus!«

»Was ist los?«, fragte Rian. »Sticht ihn der Hafer, oder was?«

In diesem Augenblick deutete Allan auf etwas, das am Boden in der dünnen Schneeschicht lag. Es war die Tube, seltsam verbogen zwar wie ein abstraktes Kunstwerk, aber sie war es!

Ich rannte hin, ohne mich darum zu kümmern, dass Bairnie noch immer seine Luftsprünge vollführte. Blitzschnell griff ich danach und hatte die Hände voller Wurmpaste. Die Tube war mitten durchgebissen.

Bairnie hielt sehr plötzlich in einem seiner kunstvollen Sprünge inne und kam neugierig näher. Mein Herz klopfte wie verrückt. »Verschwinde, du Monster!«, keuchte ich und deutete mit zitterndem, verschmiertem Finger auf ihn. »Geh mir bloß aus den Augen! Wie viel davon hast du runtergeschluckt?«

Doch nach dem Brei zu urteilen, der zwischen meinen Fingern hervorquoll, konnte er nicht allzu viel davon erwischt haben. Ich hätte mich am liebsten in den Schnee gekniet und ein Dankgebet zum Himmel geschickt. Bairnie puffte mich zwischen die Schulterblätter. Für ihn war das alles ungeheuer lustig gewesen, ein wunderbares Spiel; etwas, was wir jeden Tag veranstalten konnten.

Allans Gesicht war finster. »Du musst die Wurmpaste …«, begann er. Dann verstummte er plötzlich und starrte über meinen Kopf hinweg, als hätte er einen Geist gesehen.

Ich drehte mich um. Jenseits der Koppeln, beim Eingang zum Stall, stand meine Freundin Annika.

12

Ich schüttelte den Kopf und sagte: »Das kann doch nur ein Traum sein! Allan, siehst du auch, was ich sehe?«

Doch er war schon fort. Ich beobachtete, wie er sich über die Koppelmauer schwang, als könnte er es nicht abwarten, zum Gatter zu kommen und es zu öffnen, sah, wie er den Pfad entlangrannte und wie die Gestalt, die ich für Annika hielt, über den Stallhof lief, ihm entgegen.

»Ich glaube, ich spinne«, murmelte ich.

»Wer ist das?«, hörte ich Rian fragen.

»Ich vermute«, erwiderte ich vorsichtig, »es ist meine Freundin Annika aus Deutschland.«

»Aber warum rennt Allan so? Kennt er sie?«

In meinem Kopf herrschte totale Verwirrung. Ich fuhr mir mit den Fingern durchs Haar und verteilte die Wurmpaste darin, ohne es richtig zu merken.

»Er kennt sie, ja«, sagte ich nur, denn ich wollte nichts ausplaudern, was Allan nicht freiwillig zu erzählen bereit war.

Jetzt standen die beiden voreinander. Ich beobachtete, wie sie sich umarmten, und Rian sah es auch.

»Versuch, Dwarf einzufangen«, sagte ich, um ihn abzulenken. »Er hat noch nichts von dem Wurmmittel abgekriegt. Dabei braucht er's dringend. Er scheuert sein Hinterteil schon tagelang an jedem erreichbaren Baum. Das ist ein sicheres Zeichen, dass er entwurmt werden muss.«

Rian trottete davon, nicht ohne sich immer wieder nach Allan und Annika umzusehen. Ich bückte mich und begann meine Hände an einem verschneiten Grasbüschel abzuwischen, bis mir einfiel, dass ich das besser nicht tun sollte, falls Bairnie auf die Idee kam, das Gras zu fressen. Bei den anderen Pferden bestand in dieser Hinsicht keine Gefahr.

Ich dachte: Ich muss den beiden Zeit lassen. Ich will sie nicht stören. Doch es fiel mir schwer, nicht loszulaufen, Annika zu umarmen und mit Fragen zu überhäufen.

Als ich es endlich für passend hielt, mich umzudrehen,

standen sie beim Gatter, Annika und Allan. Ihre Haare waren weiß vom frisch gefallenen Schnee. Einen Augenblick musste ich blinzeln, weil ich eine Vision von den beiden hatte, wie sie alt und weißhaarig waren und sich an den Händen hielten, die Blicke ineinander getaucht.

Annika schrie: »He, Laurie, was ist los mit dir? Mach dir nicht in die Hosen vor lauter Taktgefühl!«

Und ich lachte und rief zurück: »Du bist also kein Gespenst?«

Da lachte sie ebenfalls und erwiderte: »Kann man's wissen? Vielleicht bin ich nur eine Ausgeburt deines schlechten Gewissens?«

Wir rannten aufeinander zu und fielen uns in die Arme, und Allan stand dabei und sah so überwältigt aus, als wüsste er nicht, ob er lachen oder weinen sollte. Erst später merkten wir, dass ein Teil der Wurmpaste an Annikas Jacke klebte, dort, wo ich sie festgehalten hatte.

Dart und Rascal kamen von irgendwoher angestürmt, die Nasen und Pfoten voller Erde. Ich dachte, wie treu Hunde doch sind, denn sie erkannten Annika sofort wieder, sprangen an ihr hoch, winselten und leckten ihre Hände.

Das Wiedersehen mit den Pferden verlief kühler. Die meisten von ihnen hatten an diesem Wurmkurtag offenbar die Nase voll von uns Menschen. Sie zogen sich unter die Bäume zurück und stellten sich blind und taub. Nur Bairnie, Nutmeg, Ginger und Dandy ließen sich von Annika bereitwillig mit Liebkosungen überhäufen.

Als ich mich nach Rian umsah, war er verschwunden. Vermutlich war er eifersüchtig, weil keiner ihn beachtete und weil Allan nur Augen für Annika hatte. Doch als wir in die Küche kamen, war er bereits da und fütterte MacDuff und die graue Katze, die wir Emma nannten.

»Rian«, sagte ich, während Allan Annikas Rucksack in eine Ecke stellte, »das ist Annika, meine beste Freundin.«

Rian kniete bei Emma auf dem Boden und sah stumm zu uns auf. Annika bückte sich und hielt ihm die Hand hin. »Hallo«, sagte sie. »Du bist Allans Bruder, nicht? Ihr seht euch total ähnlich, man kann's einfach nicht übersehen!«

Ihr Englisch klang witzig in meinen Ohren. Ich sah Allan lächeln. Sein Gesicht wirkte, als wäre er aus dem Schatten gekommen und in eine Flut von Licht getaucht. Doch Rians Miene blieb ernst. Abwartend beobachtete er Annika unter seiner Haarlocke hervor, erwiderte »Hallo«, nahm zögernd ihre Hand und ließ sie sofort wieder los.

Emma begann zu fressen, wohlwollend beobachtet von MacDuff, der sich wie ein richtiger Ehemann benahm, obwohl ich ihn immer für einen absoluten Einzelgänger gehalten hatte. Annika fragte nach Onkel Scott, begann aber fast im gleichen Atemzug von sich zu reden, vom Flug nach Aberdeen, von ihrem Entschluss, München zu verlassen, und dass sie keinen Bock mehr hätte, je wieder nach Hause zurückzukehren.

»Allmächtiger!«, sagte ich und musste mich aufs Sofa setzen. Erst jetzt dämmerte mir langsam, was passiert war. »He, was denkst du dir eigentlich? Hast du deinen Job hingeschmissen? Hast du mit deinen Eltern geredet? Was sagen sie? Oder bist du einfach so abgehauen …?«

Vor Aufregung redete ich Deutsch. Allan warf einen Blick auf uns beide und verschwand, vermutlich, um ins Bad zu gehen und zu duschen. Annika ließ sich neben mich plumpsen, zwischen alte Socken, Pferdezeitschriften und Pullover.

Dart kam und legte den Kopf auf Annikas Knie. Sie streichelte seine gefleckte Stirn und sagte: »Keine Panik, es ist alles paletti.« So als hätte sie nur eben mal auf einen Sprung bei uns vorbeischauen wollen.

»Ach?«, fragte ich. »Ist es? Echt?«

Rian setzte den Teekessel auf. Er redete noch immer kein Wort. Emma schnurrte und Rascal versuchte sich zwischen Annika und mich aufs Sofa zu zwängen.

»Den Scheißjob hab ich aufgesteckt«, erklärte Annika lässig. »Meine Eltern sind ein bisschen stinkig mit mir, aber sie beruhigen sich schon wieder. Und dein Onkel hat am Telefon gesagt, ich könnte jederzeit kommen und hier mitarbeiten. Also, was regst du dich auf?«

»Echt?«, sagte ich wieder, nicht gerade sehr einfallsreich.

Mein Kopf war wie mit Watte gefüllt. Das ging mir mit Annika öfter so. Sie konnte einem zeitweise das Gefühl geben, als würde ein Schnellzug über einen hinwegbrausen.

»Ewig auf einem Fleck sitzen und immer bloß den vorgeschriebenen Trampelpfad gehen, das ist nichts für mich«, belehrte sie mich. »Erstens bin ich dazu zu jung und zweitens kann und will ich das nicht. Ich will leben! Schau mich nicht so verdammt strafend an, Laurie! Schließlich hast du im Grunde das Gleiche getan …«

Ich machte den Mund auf und wieder zu, denn es stimmte. Ich hätte ja auch brav und sittsam zu Hause bleiben, ein Berufsfindungsjahr machen und dann irgendwo eine Ausbildung beginnen können, statt mich ins Abenteuer zu stürzen und nach Schottland zu gehen. Denn ein Abenteuer war es für mich gewesen. Und eines, das sich gelohnt hatte.

Jetzt begann ich Annika besser zu verstehen. Doch einfach so hier hereinzuschneien … »Warum hast du nicht wenigstens vorher angerufen und Bescheid gesagt?«, fragte ich und kam mir wie eine alte Moraltante vor. »Weiß Onkel Scott, dass du da bist?«

»Mehr oder weniger«, erwiderte sie unbestimmt und kraulte mit der einen Hand Rascal, mit der anderen Dart hinter jeweils einem Ohr. »Ich hab ihn gefragt, ob ich wiederkommen darf, wenn ich's in München nicht mehr aushalte, und er hat gesagt, ja, das könnte ich.«

»Aha. Und da hast du dich einfach in den nächsten Flieger gesetzt?«

»Ich wollte kein langes Palaver mit dir oder Allan«, gab sie zu. »Das Gebrabbel zu Hause hat mich schon genug genervt.« Sie nahm mir allen Wind aus den Segeln, indem sie sich in der Küche umsah, seufzte und hinzufügte: »Mann, ist das schön, wieder hier zu sein! Du kannst dir nicht vorstellen, was für eine Sehnsucht ich nach all dem hatte – nach Allan und dir und den Pferden, nach dieser Küche und den Highlands und den Hunden …«

»Doch«, sagte ich und gab ihr einen Kuss, der auf ihrer ziemlich blassen Nasenspitze landete. »Doch, du, das kann ich.«

Rian brühte den Tee auf, gerade als Allan wieder auftauchte, sauber und duftend und mit nassen schwarzen Haaren, die sich über seinen Ohren lockten. Annika sah zu ihm auf, als wäre er eine himmlische Erscheinung. Ich musste mir eingestehen, dass er nicht übel aussah. Ein Johnny Depp wäre bestimmt vor Neid erblasst.

Von da an war der Abend praktisch gelaufen. Die beiden hatten nur noch Augen füreinander. Ich übernahm es, Rian von ihnen wegzulocken und zu beschäftigen, indem ich mit ihm ins Wohnzimmer verschwand, wo wir Feuer im offenen Kamin machten.

MacDuff und Emma kamen hinterdrein; sie ließen sich in schöner Eintracht auf einem Polstersessel nieder und schlossen genießerisch die Augen, während die Holzscheite prasselten und Funken sprühten. Ich zeigte Rian, wie man mit einer Ledernadel umgeht und ein zerrissenes Halfter repariert.

Die ganze Zeit über blieben Annika und Allan in der Küche; und wenn Rian sich wunderte, weshalb sie nicht kamen und sich zu uns setzten, sagte er es jedenfalls nicht.

Später richtete ich für Annika eines der Schlafzimmer in der Mansarde her, einen Raum mit verblasster Rosentapete, weiß gestrichenen Schrägbalken und einem etwas windschiefen Bett.

Während ihres Osterbesuchs hatte sie bei mir im Zimmer geschlafen, in einem Gästebett, das wir neben dem meinen aufgestellt hatten. Diesmal aber war die Situation anders. An unserer Freundschaft, dem Gefühl von Vertrautheit und Nähe hatte sich nichts geändert. Trotzdem war Allan jetzt wichtiger als ich. Ich wollte, dass Annika frei entscheiden konnte, was sie tat, dass sie sich nicht durch mich eingeengt fühlte. Die Freundschaft zu mir war eine Sache, die Liebe zu Allan eine andere. Ich hatte Verständnis dafür, denn mir ging es ja mit Danny genauso.

Noch während ich das Bett bezog, tauchten die beiden im Türrahmen auf.

Allan trug Willie Winkies Schrotflinte unter dem Arm und sah wie Wyatt Earp höchstpersönlich aus. »Ich schau noch nach der Herde«, sagte er.

Annika war todmüde, erklärte jedoch, sie wolle mit ihm gehen. »Gib mir die Flinte«, sagte sie. »Wenn mir einer von diesen Viehdieben in die Quere kommt, schieß ich ihn in den Hintern!«

»Du hast zu viele Western gesehen«, erwiderte ich. »Überlass das Allan. Kannst du mit so einem Ding überhaupt umgehen?«

Sie behauptete, das wäre kinderleicht.

Allan lächelte auf sie nieder. Seine Augen und sein Mund waren sanfter, als ich es je für möglich gehalten hatte. »Geh schlafen«, sagte er. »Dir fallen doch schon die Augen zu.«

»Blödsinn! Ich bin ... Laurie, was heißt putzmunter?«

»Wide awake«, übersetzte ich. »Stimmt. Ich hab noch nie jemanden gesehen, der so wide awake war wie du.«

Wir lachten; doch sie bestand darauf, mit Allan zu gehen.

Ich strich die Patchworkdecke auf ihrem Bett glatt und dachte, dass dies eine Nacht war, in der es wichtigere Dinge für Annika gab als Schlaf.

13

Am nächsten Morgen schien die Sonne und schmolz die dünne Schneedecke weg, so rasch, als wäre der späte Wintereinbruch nur ein kurzer Traum gewesen. Annika half bei der Morgenfütterung. Das Leuchten auf ihrem Gesicht war wärmer als die Sonnenstrahlen. Mrs. Kirkish kam und konnte sich gar nicht mehr einkriegen vor Verwunderung über Annikas plötzliche Rückkehr.

»Ich denke mirrr, das ist ein Geist, wie ich sie da auf dem Stallhof stehen seh, die Lass. Aye, wenn das keine Überrraschung ist!«, sagte sie ein ums andere Mal.

Als Annika erwiderte, sie hätte es vor Sehnsucht nach den Highlands nicht mehr ausgehalten, war Mrs. Kirkish so ungeheuer geschmeichelt, als hätte man ihr höchstpersönlich ein dickes Kompliment gemacht. Sie war derart gerührt, dass sie sich mehrmals schnäuzen musste und versprach, zum Mittagessen »Hairy Tatties« auf den Tisch zu bringen, was offenbar eine besondere Köstlichkeit war.

»Wenigstens eine, die sich echt freut, mich zu sehen, statt mir Moralpredigten zu halten«, sagte Annika mit einem bedeutungsvollen Seitenblick auf mich.

Nach fünf Minuten tauchte Mrs. Kirkish wieder auf und schwenkte die Zeitung. »Hab ich doch ganz verrrgessen euch zu errrzählen, dass die Viehdiebe gefasst worrrden sind!«, verkündete sie atemlos. »Hierrr! Es steht im *Scotsman,* schwarrrz auf weiß!«

Wir entrissen ihr die Zeitung. Da stand es wirklich, eine fett gedruckte Überschrift auf Seite 3: *Viehdiebe in den Highlands auf frischer Tat ertappt!*

Allan las den Artikel vor. Demnach waren vor zwei Tagen in der Morgendämmerung zwei Männer mit einem Lastwagen bei Culloden von einem Farmer erwischt worden, als sie einige seiner Galloway-Rinder von der Weide holen und in ihren Anhänger laden wollten. Der Farmer hatte die Hunde auf sie gehetzt und sie so an der Flucht gehindert, während seine Frau die Polizei verständigte.

»Die beiden Männer haben schon seit längerem in der Gegend von Inverness und Wick ihr Unwesen getrieben«, las Allan. »Sie gestanden eine Reihe von Viehdiebstählen ein und sollen nächste Woche dem Untersuchungsrichter in Aberdeen vorgeführt werden.«

»Schade«, sagte Rian betrübt. »Was für ein Bockmist, dass wir sie nicht gefasst haben! Wir hätten sicher eine Belohnung gekriegt.«

»Oder eine Gefängnisstrafe, falls ihr einen von ihnen in den Hintern geschossen hättet. Denn das habt ihr schließlich vorgehabt«, erwiderte ich.

Mittags, als wir uns gerade friedlich zu Mrs. Kirkishs Hairy Tatties niederlassen wollten, erschien Mrs. Tweedie auf der Bildfläche. Ihre Freude über Annikas Rückkehr hielt sich in Grenzen.

»Weiß Scott Montrose, dass dieses Mädchen wieder hier ist?«, fragte sie.

Beim Klang ihrer Stimme kroch Emma unters Küchensofa.

Mrs. Kirkish zwinkerte mir bedeutsam zu.

Ich sagte: »Natürlich weiß er es.«

Eine Weile herrschte unbehagliches Schweigen. Dann befahl Mrs. Tweedie: »Hol mir einen Stuhl, Junge.« Sie sah Allan an, doch der stellte sich taub. Rian stand eingeschüchtert auf, verließ die Küche und kam mit einem Stuhl zurück, auf dem sie Platz nahm, während Mrs. Kirkish einen Teller vor sie hinstellte.

»Nein, danke«, schnappte die alte Dame. »Ich bin nicht hungrig!« Ihre Nasenspitze zuckte, ihre Augen funkelten. Ich kannte die Zeichen und wusste, dass die Stimmung auf Sturm stand. »Und wo«, fragte sie, »ist dieses Mädchen untergebracht?«

Die Frage war an niemanden im Besonderen gerichtet,

also antwortete auch keiner. Sie sah mich an. »Schläft sie hier im Haus?«

»Sicher«, erwiderte ich. »Ich hab eins von den Mansardenzimmern für sie hergerichtet.«

»Aha!« Mrs. Tweedie machte ein triumphierendes Gesicht. »Und die beiden Jungen schlafen auch im Haus?« Dabei deutete sie mit ihrem gichtgekrümmten Zeigefinger auf Allan und Rian.

Die »Jungen« antworteten nicht.

Jetzt mischte sich Mrs. Kirkish ein. »Ich weiß nicht«, sagte sie, »was darrran ein Prrroblem sein sollte. Die jungen Leute kommen gut miteinanderrr aus. Sie tun ihre Arrrbeit zuverlässig. Mr. Montrrrose kann sich in Rrruhe auskurieren. Alles läuft prrrima. Sie haben sogar die Viehdiebe verrrjagt!«

Natürlich wollte sie uns helfen, doch es wäre besser gewesen, sie hätte sich da herausgehalten. Mrs. Tweedie wurde nur noch aufgebrachter.

»Darum geht es nicht!«, verkündete sie. »Was interessieren mich irgendwelche Viehdiebe? Es geht um *Moral*!«

Das letzte Wort kam mit derart dramatischer Betonung, dass ich um ein Haar losprustete. Ich griff nach einer Papierserviette, hielt sie mir vors Gesicht und versuchte die erstickten Lachgeräusche in Schnauben und Prusten zu verwandeln. In der eingetretenen Stille klang es wie Kanonendonner. Ich merkte, wie mein Gesicht rot anlief.

Annika steckte den Kopf unter den Tisch und zwickte mich ins Bein. Allan stand unvermittelt auf, schob seinen Stuhl zurück und ging aus der Küche. Nur Rian aß weiter und sah sich dabei fragend um.

»In diesem Haus«, sagte Mrs. Kirkish, »passiert schon

nichts Unmorrralisches, alte Lady. Außerrrdem sind die Lassies siebzehn und Allan ist neunzehn. Sie sind alt genug, um zu wissen, was sie tun. Aye!«

Mrs. Tweedie schnüffelte geringschätzig. Eine ihrer Haarnadeln fiel zu Boden. »Wirklich?«, erwiderte sie spitz. »Zu meiner Zeit ...«

Mrs. Kirkish unterbrach sie. »Das ist lange herrr. Die Zeiten haben sich geänderrrt.«

So komisch das auch alles war, ich hätte Mrs. Kirkish am liebsten dafür umarmt und geküsst, dass sie sich so für uns einsetzte. Die beiden Frauen funkelten sich an wie zwei Kampfhähne. Da klingelte das Telefon. Annika und ich sprangen gleichzeitig auf.

»Meine Eltern!«, sagte Annika.

»Danny!«, sagte ich. Dann stürmten wir in die Halle.

Kaum war die Küchentür hinter uns zugefallen, da hüpfte Annika von einem Bein aufs andere und prustete: »Ich mach mir in die Hosen, ich mach mir in die Hosen!« Und wir fielen uns in die Arme, wobei jede in den Pullover der anderen kicherte, während das Telefon läutete und läutete, bis Allan aus seinem Zimmer getrabt kam, uns einen strengen Blick zuwarf und den Hörer abnahm.

Allan lauschte, dann hörten wir ihn sagen: »Wir haben's auch schon gelesen. Bei Culloden, ja. Mhm, die steht neben mir.«

Er übergab mir den Hörer. Es war Danny. »Nachdem sie die Viehdiebe jetzt erwischt haben, könnten wir doch heute Abend mal was unternehmen«, meinte er. »Ich hab Lust zu feiern, dass wir uns mit diesem Schrott nicht mehr herumschlagen müssen.«

»Annika ist gekommen«, erwiderte ich statt einer Antwort. »Ja, du, stell dir vor, gestern stand sie einfach auf unserem Stallhof! Nein, ich hab nichts davon gewusst. Wie wär's, wenn du mit Shee abends zu uns kommen würdest? Wir könnten miteinander kochen und ein bisschen Musik hören und tanzen.«

In diesem Augenblick trippelte Mrs. Tweedie mit hoch erhobenem Kopf an mir vorbei, nahm ihren Schirm und öffnete die Haustür.

Ich rief ihr nach: »Farewell, Mrs. Tweedie!«, aber sie würdigte mich keiner Antwort, sondern klappte die Tür hinter sich zu.

»Ob Shee mitkommt, kann ich nicht sagen«, hörte ich Danny erwidern. »Ich glaube, sie hat Liebeskummer, aber sie will nicht darüber reden. Jedenfalls, mit mir könnt ihr rechnen. Wäre halb neun okay?«

»Du strahlst ja«, sagte Annika, die auf der untersten Treppenstufe saß. »Kommt Danny?«

Ich nickte. »Was sollen wir heute Abend kochen? Hast du eine Idee?«

»Auflauf«, sagte sie sofort. Annika ist ein Auflauf-Freak. »Kartoffelauflauf mit Tomaten und Zucchini, zum Beispiel. Mit Käse überbacken, würde ich sagen.«

»Dann müssen wir noch nach Dingwall fahren. Wir haben weder Tomaten noch Zucchini und mit den Kartoffeln sieht's auch bescheiden aus.«

»Ich hab welche mitgebrrracht«, verkündete Mrs. Kirkish durch die offene Küchentür. Es war ihre Spezialität, die Gespräche anderer Leute mit halbem Ohr mitzuhören. »Karrrtoffeln, meine ich. Käse ist keinerrr mehr da. Emma hat den Rrrest gefrrressen.«

»Sahne«, sagte Annika. »Die brauchen wir auch.«

Nachmittags fuhr sie mit Allan zum Einkaufen und anschließend zu Onkel Scott ins Krankenhaus, um ihm »schonend beizubringen, dass sie schon hier war«, wie sie sich ausdrückte.

Ich schärfte ihr ein, sich innerhalb von fünf Minuten wieder zu verkrümeln, falls mein Onkel gerade Besuch von Dannys Mutter hatte. Sie versprach es, sagte aber: »Ich fürchte eher, dass die alte Lady Piepsi sein Bett bewachen wird«, womit sie Mrs. Tweedie meinte.

»Dann lass dir was einfallen, damit sie schnell wieder verschwindet und ihn nicht ewig mit ihrem Moralgebrabbel nervt.«

Ich benutzte den freien Nachmittag, um an meine Eltern zu schreiben, mir die Haare zu waschen und Blusen zu bügeln. Gegen fünf kam Rian von den Koppeln zurück. Ich half ihm, Rascal in die Badewanne zu stecken und abzuseifen, da er sich wieder einmal in einem Schlammloch und anschließend in Kaninchendreck gewälzt hatte.

Das Telefon klingelte, während Rascal noch zitternd und mit jämmerlicher Miene in der Wanne stand. Ich stürmte in die Halle hinunter, die Arme bis zu den Ellbogen nass und voller Seifenschaum.

Es war Frau Renger, Annikas Mutter. Ich setzte mich mit dem Telefon auf eine Treppenstufe und hörte mir ihre Klagen über Annikas Sturheit und Leichtsinn an.

»Einfach ihre Ausbildung hinzuwerfen!«, sagte sie. »Dabei ist es heutzutage so schwierig, bei einem guten Fotografen unterzukommen. Viele junge Leute wären froh und dankbar ...«

»Aber der Job hat ihr von Anfang an keinen Spaß gemacht«, wandte ich ein.

»Spaß! Man kann nicht erwarten, dass alles im Leben Spaß macht«, erwiderte Frau Renger. »Uns Erwachsenen macht es auch nicht immer Spaß, von morgens bis abends Jahr für Jahr in der Tretmühle zu sein, nur um leben zu können und unsere Kinder zu ernähren ... Laurie, kannst du Annika nicht zur Vernunft bringen? Auf dich hört sie doch.«

»Nein«, sagte ich wahrheitsgemäß. »Ich glaube nicht, dass Annika in dieser Sache auf irgendjemanden hört.«

Aber Frau Renger ließ sich nicht von ihrer Überzeugung abbringen, ich könnte einen »mäßigenden Einfluss« auf Annika ausüben, wie sie sich ausdrückte.

»Na gut, wir sind ja damit einverstanden, dass sie eine Weile in Schottland bleibt, falls es deinem Onkel recht ist«, räumte sie ein. »Vier Wochen vielleicht oder fünf, wenn sie verspricht, dann zurückzukommen und sich um ihre Ausbildung zu kümmern. Mein Mann will versuchen, mit Annikas Chef zu reden; vielleicht ist er ja bereit, sie im Sommer wieder einzustellen.«

Ich unterdrückte einen Seufzer. »Ich weiß nicht, ob das viel Sinn hat«, sagte ich dann. »Aber Sie müssen selbst mit Annika darüber reden.«

»Sie hört doch nicht mehr auf uns! Sie hat nur noch die Highlands im Kopf, und die Pferde ... und vor allem diesen jungen Mann, diesen Allan!«

Obwohl ich verstand, dass sie sich beunruhigte, war ich doch ziemlich genervt, als sie endlich auflegte. Ich musste ihr noch versprechen, dafür zu sorgen, dass Annika in den nächsten Tagen zu Hause anrief. Noch während ich ein bisschen ratlos dasaß und das Telefon anstarrte, kam Rascal die Treppe heruntergedüst, nass wie eine Bachratte.

Kaum war er an mir vorbei, schüttelte er sich wie verrückt und schob sich dann zwischen Garderobe und Wohnzimmertür an der Tapete entlang, sodass ein nasser, dunkler Streifen entstand.

Rian erschien auf dem Treppenabsatz. »Er ist aus der Wanne gesprungen und abgehauen, ehe ich ihn erwischen konnte«, rief er.

»Mist! Her mit den Handtüchern!«

Rian holte sie und wir rannten hinter Rascal her, der wie ein Komet durchs Wohnzimmer zischte und überall nasse Spuren hinterließ.

Endlich hatten wir ihn gepackt und rubbelten ihn gründlich ab, wobei ich ihm meine Meinung sagte. »Du bist ein verflixter Mistkäfer! Man hat nichts als Arbeit mit dir. Mach das bloß nie wieder, verstanden?«, schimpfte ich.

Kaum lüfteten wir das Handtuch, sprang er hoch und fuhr mir mit seiner schwarzen Nase ins Gesicht, was wohl eine Art von Entschuldigung sein sollte.

Annika und Allan kamen gegen sechs zurück und erzählten, dass sie sowohl Mrs. MacClintock als auch Mrs. Tweedie an Onkel Scotts Bett vorgefunden hatten.

»Der neugierige alte Waldschrat ist nicht gewankt und nicht gewichen«, sagte Annika. »Ich hätte ihr am liebsten eine Bombe unter den Hintern gelegt.«

»Pass bloß auf, dass ich dir nicht auch demnächst eine Bombe unter den Hintern lege«, erwiderte ich, denn ich war nicht besonders gut auf sie zu sprechen. »Du verschwindest einfach von der Bildfläche und ich kann mich mit deinen armen, unglückseligen Eltern herumschlagen.«

»Echt? Haben sie angerufen?«

»Ja«, sagte ich. »Stell dir mal vor! Deine Mutter scheint

ziemlich fertig zu sein. Sie will, dass du spätestens in fünf Wochen wieder nach Hause kommst und mit deinem Job weitermachst.«

»Ich denk ja gar nicht daran«, erklärte Annika. »Nie im Leben! Lieber schlage ich mich als Klofrau durch.«

Ich seufzte. »Hör doch auf. Sie können dich zwingen, nach Hause zurückzukommen. Schließlich bist du erst siebzehn.«

»Siebzehneinviertel«, verbesserte sie. »Gut, wenn sie mich zwingen wollen heimzukommen, sollen sie mal merken, was sie davon haben. Sobald ich volljährig bin, haue ich ab, dann sehen sie mich nie wieder!«

»Man sollte nie nie sagen.«

Sie starrte mich an. »Hat meine Mutter das etwa gesagt? Dass sie mich zwingen wollen heimzufahren?«

»Hat sie nicht.« Ich schüttelte den Kopf. »Ich meine nur, sie könnten's, das weißt du so gut wie ich. Ich hab übrigens versprochen, dass du in den nächsten Tagen zu Hause anrufst.«

»Keine Lust«, sagte sie mürrisch. »Zwingen lass ich mich zu gar nichts!«

Ich sah sie an und erwiderte: »Ruf bitte an. Ich hab's schließlich versprochen.«

»Wie kannst du ...« Annika hielt mitten im Satz inne und biss sich auf die Lippen. »Okay, ich mach's. Tut mir Leid, dass du meinetwegen trouble gehabt hast.«

»Ist schon vergessen«, sagte ich. »Ich versteh dich.«

Die Pferde waren an diesem Abend ausgesprochen liebesbedürftig und anhänglich. Das musste am Wetter liegen. Plötzlich schienen sie begriffen zu haben, dass sie Annika kannten, und liefen ihr grüppchenweise überallhin nach. Sie konnte sich kaum retten vor Pferdenasenküssen und zärtlichen Püffen.

»Hilfe!«, sagte sie. »Ich bin schon total abgenutzt. Die fressen mir noch die Haare vom Kopf.« Doch sie strahlte dabei. »Ich dachte schon, diese treulosen Knochen hätten mich vergessen.«

»Sie sind nicht treulos«, wandte ich ein. »Sie haben nur schlechte Erfahrungen mit Menschen gemacht. Wenn einer jahrelang schlecht behandelt und geschlagen und immer wieder verlassen worden ist, wird er sich irgendwann an niemanden mehr binden wollen. Das ist bei Tieren genauso wie bei unsereinem. Sie sind nicht mehr so leicht bereit, jemandem zu vertrauen.«

»Das weiß ich doch«, erwiderte Annika. »Du brauchst sie nicht zu verteidigen.«

Dandy kam und schnupperte an meiner Jackentasche. Ich dachte, dass ich lange nicht mehr mit ihm ausgeritten war. Die vergangenen Tage waren so voller Hektik und Arbeit gewesen, dass für die schönen Dinge des Lebens kaum noch Zeit geblieben war.

»Morgen«, versprach ich ihm und streichelte seine Nase, die so weich war wie grauer Samt. »Morgen reiten wir beide auf den *Heathery Hill.*«

»Nimmst du mich mit?«, fragte Annika. »Weißt du, das gehört zu den Dingen, von denen ich in den letzten Wochen geträumt habe – mit dir und Allan auszureiten, übers Hochmoor und den Hügelweg hinauf, und vom Gipfel des *Heathery Hill* in der Ferne das Meer zu sehen.«

Ich sah sie an und dachte, dass die Liebe zu diesem Stück Erde, wenn sie einen einmal erwischt hat, wie eine Krankheit ist, für die es keine Heilung gibt als die Rückkehr in die

Highlands – genau wie es in dem alten Song von Paul McCartney heißt: »*My desire is always to be here, oh Mull of Kintyre* ...«

14

Danny kam ohne Sheila. Er sagte, er hätte sie nicht überreden können, ihr Zimmer zu verlassen.

»Sie sagt, sie muss über etwas nachdenken«, erzählte er. »Ich vermute, es ist dieser Dan. Sie kann ihn einfach nicht in die Wüste schicken, obwohl er ein absoluter Macho ist. Er hält sich für unwiderstehlich und denkt, alle Frauen müssten ihm die Füße küssen.«

»Wenn man verliebt ist, ist der Verstand im ... im hintersten Teil des Körpers«, meinte Annika weise. Es klang in ihrem fehlerhaften Englisch so komisch, dass wir vor Lachen fast unter den Tisch fielen.

Danny und ich schälten die Kartoffeln. Rian putzte den Salat und Annika durchwühlte den Küchenschrank nach Gewürzen. Ich saß neben Danny und war selig wie eine Glucke, die ihre Küken vollzählig um sich versammelt hat.

»Wie lange willst du hier bleiben?«, fragte Danny.

Annika erwiderte: »Frag mich was Leichteres. Am liebsten für immer!«

Ich wollte, die beiden wären endlich nicht mehr so kühl miteinander umgegangen. Sie hatten von Anfang an keinen rechten Draht zueinander gehabt. Vielleicht hatte es ja auch etwas mit Eifersucht zu tun; ich wusste es nicht und musste es hinnehmen, auch wenn ich mir noch so sehr wünschte, sie könnten Freunde sein.

Doch Danny und Allan mochten sich. Ich spürte es deutlich, obwohl Allan so abweisend tat. Nach dem Essen zog Danny seine Blechflöte aus der Tasche, die ich ihm zu Weihnachten geschenkt hatte, und fragte Allan, ob er Lust hätte, ein bisschen Musik zu machen. »Hast du deine Geige hier?«, fragte er.

Allan zögerte.

Da sprang Rian auf und sagte eifrig: »Ich hol sie!«

Es war schön zuzuhören, wie die beiden spielten. Emma lag in der Sofaecke und schlief, halb auf den Rücken gerollt, den dicken hellgrauen Bauch in die Luft gestreckt. MacDuff thronte auf Annikas Schoß.

Sie spielten erst zwei alte schottische Weisen und dann das Lied *Imagine* von John Lennon, das Danny in seinem Notenheft hatte:

Imagine there's no heaven ...
No hell below us. Above us only sky.
Imagine all the people living for today ...
Imagine there's no countries ...
Nothing to kill and die for, and no religion too.
Imagine all the people, living life in peace ...
Imagine no possessions ...
No need for greed or hunger. A brotherhood of man.
Imagine all the people sharing all the world.
You may say I'm a dreamer. But I'm not the only one.
I hope someday you'll join us.
And the world will be as one.

Wir sangen alle mit, auch Rian, der eine helle, sehr klare Stimme hatte. Die Musik war wie ein Band zwischen uns, sie erzeugte ein Gefühl von Zusammengehörigkeit, von dem ich wusste, dass es nicht von Dauer sein konnte, dass es vielleicht nur für diese wenigen Minuten galt.

Später schlugen wir die Teppiche im Wohnzimmer zurück und tanzten in Strümpfen auf dem Parkettboden zur Musik von ein paar Oldie-Kassetten, die Annika mitgebracht hatte. Dart und Rascal wuselten zwischen unseren Beinen herum und bellten aufgeregt; wahrscheinlich hatten sie nie zuvor jemanden tanzen sehen.

Ich lag in Dannys Arm, während Elvis Presley mit seiner schönsten und schmalzigsten Stimme sang: »*Take my hand, take my whole life too; for I can't help falling in love with you ...*«

Als ich um Mitternacht mit Danny in die Küche ging, um Tee zu kochen, hatte Emma ihre Jungen zur Welt gebracht. Sie hatte meinen grünen Arbeitspullover auf dem Küchensofa zu einem Nest zusammengescharrt. Darin lag sie mit ihren vier Kätzchen – winzige, mäuseartige Geschöpfe, eines grau getigert wie die Mutter, zwei schwarz (wie MacDuff, vermutete ich) und eines dunkelgrau mit weißem Gesicht.

Emma sah voller Angst zu uns hoch. Ihre großen Augen sagten deutlicher als Worte: Nehmt sie mir nicht weg! Lasst sie in Frieden! Sie gehören mir, ihr dürft ihnen nichts tun!

Ich kauerte vor dem Sofa und murmelte: »Sei ganz ruhig, deinen Winzlingen passiert schon nichts. Hier sind sie in Sicherheit. Du kannst stolz auf sie sein; sie sind wunderschön, einfach vollkommen.«

Sie antwortete mir mit einem Blick, der auch das härteste Herz zum Schmelzen bringen musste.

»Allmächtiger!«, sagte Danny hinter mir. Er hatte als Farmerssohn trotz seiner Tierliebe eine andere Einstellung zu Haustieren als ich. »Jetzt habt ihr schon sechs Katzen. Wenn die sich weiter vermehren, was Katzen ja üblicherweise reichlich tun, könnt ihr bald eine Zucht aufmachen ...«

»Hör nicht auf ihn«, flüsterte ich Emma zu. »Wir werden gute Plätze für deine Kinder finden, wenn du sie großgezogen hast. Aber erst darfst du sie mal zwei Monate lang behalten. Mach dir keine Sorgen.« Und ich streichelte sacht ihren Kopf.

MacDuff, der auf dem Fensterbrett gesessen hatte, sprang auf den Boden und stapfte quer durch die Küche auf uns zu. Emma drehte den Kopf in seine Richtung und fauchte leise. Es klang drohend, ungefähr wie: »Komm uns bloß nicht zu nahe!« Und er schien die Botschaft verstanden zu haben, denn er blieb stehen und begann sich zu putzen, als wollte er damit zeigen, wie harmlos er war.

»Emma hat Recht«, sagte Danny. »Es gibt Kater, die fressen ihren eigenen Nachwuchs auf. Komisch, dass in der Natur manchmal so verrückte Sachen passieren.«

»So was würde MacDuff niemals tun«, protestierte ich. »Aber ob er auch wirklich weiß, dass es seine Jungen sind, du? Da bin ich nicht sicher.«

Noch fasste ich Emmas Kätzchen nicht an. Ich spürte, dass ich Emma damit nur beunruhigt hätte, dass sie noch Zeit brauchte, um uns wirklich zu vertrauen. In den kommenden Tagen und Wochen, wenn ihre Jungen behütet und ungestört bei uns aufwachsen durften, würde sie begreifen, dass es auch Menschen gibt, die liebevoll und fürsorglich mit Tieren umgehen.

Dass sie ausgerechnet meinen Pullover gewählt hatte, um

ihre Kätzchen darin zur Welt zu bringen, mochte ein Zufall sein; doch ich glaubte nicht an solche Zufälle. Mir kam es wie eine Liebeserklärung vor.

Am nächsten Morgen hätte ich eine Menge darum gegeben, liegen bleiben zu können – wenigstens noch für eine halbe Stunde. Der Wind raunte so einschläfernd in den Baumwipfeln. Doch draußen warteten die Pferde auf uns, hungrig wie immer.

Alle tauchten sehr verschlafen in der Küche auf und Annika braute starken Kaffee. Ihre Haare standen wild in die Höhe, so, als hätten sie nie im Leben einen Kamm gesehen. Rian bereitete Mash vor. Ich gab Emma Milch und Futter und wir passten auf, dass die Hunde dem Sofa nicht zu nahe kamen, wo Emma noch immer mit ihren Jungen lag und sich bewundern ließ.

»Schaut bloß mal, was der Schwarze für einen dicken Kopf hat«, sagte Rian. »Das wird ein Kater! MacDuff junior.«

Während wir Kaffee tranken, beobachtete ich, wie Emma ihre Kleinen säugte. Der Anblick war so friedlich, dass mir dabei die Augen zufielen.

»Hallo, wach auf, Laurie!«, schrie Annika und versetzte mir einen mitleidlosen Stoß in die Rippen.

Die Pferde jedenfalls waren total munter. Sie erwarteten uns mit blanken Augen und knurrenden Mägen. Dicke graue Wolken zogen über den Himmel und verhüllten die Gipfel der Cairn Gorms; doch dazwischen kam immer wieder die Sonne hervor und hüllte die Wiesen und Mulden, die Hecken und Hügel in Wärme und Licht. Und mit der Arbeit verflog unsere Müdigkeit.

»Wir reiten!«, sagte Annika, sobald wir die letzte Schubkarre voll leerer Eimer zum Futterschuppen zurückgebracht hatten. »Ich möchte in die Wolkenschwaden auf dem *Heathery Hill* eintauchen wie eine Rosine in den Grießbrei.«

»Nehmt ihr mich mit?«, fragte Rian.

»Du kannst doch nicht reiten«, sagte Allan.

Doch Rian sah uns so sehnsüchtig an, dass ich einfach nicht Nein sagen konnte. »Er könnte doch eins der Ponys nehmen«, schlug ich vor. »Cassie vielleicht. Die ist lieb und gutmütig und trottet ganz gemütlich dahin.« Wie ein Esel, wollte ich noch hinzufügen, verkniff es mir aber, um Rians Stolz nicht zu verletzen.

Allan zögerte. Schließlich einigten wir uns darauf, dass er ebenfalls mitreiten sollte, um ein Auge auf Cassie und Rian zu haben.

»Es wird Zeit, dass ich dir Reitunterricht gebe, Laddie«, sagte Allan zu seinem Bruder. »Wenn man mit Pferden arbeitet, sollte man auch reiten können. Und je früher man damit anfängt, umso besser ist es.«

Rian strahlte. Ich dachte, dass ihm ein bisschen Freude zustand nach den trübseligen Jahren seiner Kindheit. Ich half ihm, Cassie aufzuzäumen, ihr die Satteldecke und den Sattel aufzulegen und den Gurt um ihren runden Bauch festzuschnallen.

Cassie spitzte die Ohren; wahrscheinlich erinnerten sie diese Vorkehrungen an ihre Vergangenheit als Trekking-Pony, wo es zu ihrem Alltag gehört hatte, ungeübte Reiter durch die Landschaft zu schaukeln.

»Wart mal ab, Rian, was du morgen für einen abartigen Muskelkater hast«, sagte Annika.

Doch ich wollte nicht, dass sie ihm die Freude verdarb. »Wenn wir heimkommen, nimmst du ein heißes Bad, dann wird's nicht so schlimm«, riet ich ihm.

Dart und Rascal kamen mit. Wir waren eine richtige kleine Kavalkade: Rian auf Cassie, Annika auf Ginger, Allan auf Tullamore und ich auf Dandy. Ein Teil der Herde stand am Mäuerchen von *Brooks Pasture* und wieherte uns nach, als wir durch die Westpforte ritten.

Wolken, Sonne und Wind jagten Licht und Schatten über die Stirnseite des *Heathery Hill*; Schatten, der flüchtig dahinzog, Licht, das mit unsagbarem Glanz auf den Farnkrautwäldern und Grasmatten lag, die so weich und sanft geschwungen waren, als hätte man geschorenes und grün gefärbtes Schaffell über Mulden und Buckel gebreitet. Ich dachte, dass unter dem Gras, den Wurzeln und Geröllbrocken, tief im Inneren des Hügels, Smaragde verborgen liegen mussten, in die das Grün der Wiesen geflossen war, und Amethyste, gefärbt von den rosa-violetten Tönen des blühenden Heidekrauts.

Die Pferde patschten mit sichtlichem Vergnügen durch das goldbraune Moorwasser, das sich in vielen Bachläufen durch die Schafweiden schlängelte. Schwärme von Fliegen folgten uns. Ein Kuckuck rief unermüdlich aus dem Wäldchen, das *The Laurels* von *Braeside* trennte. Es duftete nach Farnkraut und Thymian.

Auf dem Weg zum Gipfel des *Heathery Hill* durchquerten wir Schwaden von weißgrauem Dunst, die kreisten und wirbelten, sich hoben und senkten wie Schleier, sodass wir manchmal nur die Beine unserer Pferde sahen wie in der Spukgeschichte vom kopflosen Reiter.

Dandy begann schwerer zu atmen. Ich stieg ab, band

seine Zügel hoch und ließ ihn allein gehen, in seinem eigenen Tempo, ohne meine Last auf seinem Rücken.

Rian rutschte ein bisschen unglücklich auf Cassies Sattel herum. Er erinnerte mich an die harte Zeit meiner eigenen ersten Reitversuche. Zum Glück war Cassie ein trittsicheres Pony. Ihre kleinen, runden Hufe fanden im Geröll des Weges sicheren Halt. Sie ging mit nickendem Kopf und gespitzten Ohren, immer dicht hinter Ginger drein; und ich begleitete die beiden und stützte Rian, indem ich den rechten Arm um seine Mitte legte, bis wir den Gipfel erreichten. Hier stiegen alle ab.

Wir standen nun hoch über den Dunstschwaden in Sonne und Licht. Hier oben war der Wind stark und ungebärdig.

Annika breitete die Arme aus und schrie: »Passt auf, gleich heb ich ab und segle wie Batman durch die Lüfte, zum Meer hinunter!«

Die Pferde begannen zwischen den Wildkräutern und der Heide zu grasen. Wir legten uns dicht an die Felskante. Wieder einmal dachte ich, dass es auf der Welt keinen schöneren Blick geben konnte als den vom *Heathery Hill* – die Bergketten und Täler im blauen Dunst, und in der Ferne das Meer, das weite, sanft geschwungene Buchten ins Land gegraben hatte. Es trug die Farben des Himmels und der Wolken: von hellem Blau bis zu tiefem Dunkelblau, mit türkisfarbenen Streifen um die Felsenbuchten, klar wie das Glas einer Murmel.

»Schön«, murmelte Annika. Sie lag zwischen Allan und mir und hatte das Kinn in die Hände gestützt. »Mann, ich könnte in die Erde beißen! Hier bringt mich keiner mehr weg, das schwöre ich euch.«

Ich wollte ihr raten, nicht so leichtsinnig mit ihren Schwüren zu sein, doch ich sagte kein Wort. Niemand verstand ja besser als ich, wie ihr zu Mute war. Ich dachte an Danny. Der Wind hatte eine Melodie und ich summte sie mit ihm: »*Oh Danny boy, the pipes, the pipes are calling. Along the glen and down the mountainside …*«

Manchmal war das Leben ein Fest. Und in drei Tagen sollte Onkel Scott nach Hause kommen.

15

Du musst die Girlande dort oben festmachen! Dort, am … Shit … Laurie, was heißt Holzpfeiler auf Englisch?«

Ich streckte den Kopf aus dem Küchenfenster. Teigkrümel klebten an meinen Händen, denn ich war damit beschäftigt, Shortbread Fingers zu backen.

Rian balancierte auf der Trittleiter, ein Gewirr von Lorbeerblättern um den Hals. Er versuchte die Begrüßungsgirlande nach oben zu bugsieren, um sie am Türrahmen zu befestigen.

»Wooden pillar«, rief ich und Annika, die neben der Leiter stand und den Rest der Girlande hochhielt, nickte.

»Ja, dort, da machst du das Ding fest! Warte, ich reich dir den Hammer.«

In der Küche ging es drunter und drüber. Mrs. Kirkish zauberte zu den Dudelsackklängen der Edinburgher Polizeiband, die aus dem Radio kamen, ein Festessen mit Lachs und Gemüse. Die Hunde warteten darauf, dass etwas für sie abfiel, und standen uns im Weg. MacDuff versuchte ein Stück Butter zu klauen, das vom Shortbread-Teig übrig geblieben war. Und mitten in all der Hektik lag Emma wie ein Fels in der Brandung, in meinen Pullover gekuschelt, und bewachte ihre Jungen.

»Pfoten weg!«, sagte ich streng zu MacDuff. »Verlassen Sie die Küche und jagen Sie die Mäuse aus dem Futterschuppen, Euer Lordschaft.«

»Wir brrrauchen Weißwein aus dem Kellerrr, Lass«, sagte Mrs. Kirkish. Ihre grauen Haare sträubten sich wie bei einem wütenden Terrier, ihr Gesicht war rot. »Und sag deiner Frrreundin, sie kann jetzt den Tisch im Salon decken.« Sie nannte das Wohnzimmer immer den Salon, wohl, weil es besonders vornehm klang.

Das Telefon schrillte. Da keiner abnahm, ließ ich das Shortbread im Stich, stürzte in die Halle und nahm den Hörer mit meinen klebrigen Fingern ab.

Es war Danny. »Sie ist losgefahren«, sagte er. »Es hat geklappt. Ich hab gesagt, ich hätte keine Zeit, deinen Onkel abzuholen, und Allan ebenso wenig; da hat sie Mildred genommen und ist widerspruchslos abgedüst.«

»Phantastisch«, erwiderte ich. »Kommst du so in einer Stunde vorbei? Allan weiß Bescheid. Er hat sich zwar ein bisschen gesträubt, aber Annika konnte ihn dann doch überreden.«

Kaum drehte ich dem Telefon den Rücken zu, klingelte es schon wieder. Annika streckte ihren blonden Punk-Kopf durch die Eingangstür und schrie: »Das werden meine Eltern sein!«

»Dann geh selbst dran«, sagte ich. »Überhaupt, ich dachte, du hättest sie vorgestern angerufen?«

»Hab ich, aber wir konnten uns nicht einigen. Sie wollten, dass ich mir alles noch mal überlege. Also, nimm bitte ab und sag, ich hätte jetzt keine Zeit. Ich muss die Girlande halten.«

»Ist mir egal«, schrie ich zurück. »Mein Shortbread wartet.«

Ich hatte gerade erst drei weitere Plätzchen geformt, da kam Annika in die Küche gerannt. »Es war Lady Piepsi. Sie hat gefragt, wann Mr. Montrose hier landet. Will einen Kuchen vorbeibringen, sagt sie.«

Sie streckte die Hand aus und probierte etwas von meinem Teig. »Mmm! Schmackofatz! Jedenfalls, ich konnte sie nicht davon abbringen.«

»Na ja, sie gehört schließlich auch dazu«, sagte ich. »Wenn sie keine Moralpredigten hält, ist's schon okay. Und jetzt nimm deine unegalen Pfoten aus meiner Teigschüssel.«

»Derrr Tisch muss gedeckt werrrden«, forderte Mrs. Kirkish erneut. »Fürrr neun Perrrsonen, falls das alte Tantchen auch mitisst.«

»Erst«, sagte Annika, »muss ich noch den Kranz binden, den wir Tullamore zur Begrüßung umhängen wollen. Aus Heidekraut und … Laurie, was heißt Glockenblumen?«

»Bluebells«, übersetzte ich und schob das Kuchenblech in den Ofen.

»Aberrr einerrr muss den Tisch decken«, beharrte Mrs. Kirkish.

»Meinetwegen, dann übernehme ich das«, sagte ich. »Aber pass auf, dass Tullamore den Kranz nicht vorher auffrisst.«

Ich ging ins Wohnzimmer und holte das gute Geschirr

aus dem alten Schrank. Durchs Hinterfenster sah ich Allan auf dem Stallhof stehen und Tullamore striegeln. Annika saß auf dem Brunnenrand und wand den Kranz. Es war eine friedliche, malerische Szene wie auf einem alten Gemälde, vorausgesetzt, man konnte sich Annika mit langem Haar und einem eng anliegenden Samtkleid statt des ausgebeulten blauen Overalls vorstellen.

Rian kam und wollte, dass ich mir die Girlande ansah. Wir standen gerade auf dem Vorplatz und bewunderten das dunkelgrüne Lorbeergebinde, als sich ein Wagen über die Auffahrt näherte. Es war ein Bentley, schwarz und glänzend und sehr vornehm. Die Hunde rasten um die Hausecke und umkreisten kläffend den fremden Wagen.

»Hierher!«, schrie ich. »Zu mir, Dart! Bei Fuß, Rascal!«

Die Beifahrertür öffnete sich und eine hoch gewachsene Frau stieg aus, in Cordhose und Reitjackett und mit baumelnden Ohrringen: Mrs. Browning. Der Fahrerseite entstieg ein Mann, der nicht weniger vornehm aussah als sein Wagen, mit Blazer und schwarzer Bundfaltenhose, ungefähr wie James Bond in seinen besten Zeiten.

Bullshit, dachte ich. Ausgerechnet heute, von allen Tagen …

»Hallo, Laurie!«, rief Mrs. Browning gut gelaunt. Sie bückte sich und streichelte die Hunde, die sie wie eine alte Freundin begrüßten. »Tut mir Leid, dass wir so hereinplatzen, aber ich konnte dich telefonisch nicht erreichen. Einmal ging keiner dran, dann wieder war besetzt … du weißt ja, wie das so ist.«

Ich nickte verwirrt. »Ich hab Mr. Branagh mitgebracht«, sagte sie und die beiden kamen die Vortreppe herauf. »Er würde gern eins von euren Pferden bei sich aufnehmen, nachdem ich ihm monatelang von eurem Gnadenhof vorgeschwärmt habe.«

Rian, der Mrs. Browning und ihren Begleiter angestarrt hatte wie Erscheinungen von einem anderen Stern, verkrümelte sich rasch und lautlos ins Haus.

»Hallo, Mrs. Browning«, sagte ich und erinnerte mich rechtzeitig an meine Kinderstube. »Wie schön, Sie zu sehen! Hallo, Mr. Branagh, nett, Sie kennen zu lernen.«

»Ich hoffe, wir kommen nicht völlig ungelegen?«, fragte Mrs. Browning und sah zu der Girlande hoch, von der ein Schild herabhing. Darauf stand in roten Buchstaben *Welcome*. Sie lachte. »Das ist doch wohl nicht für uns gedacht?«

»Nein, nicht direkt ... Aber ... wissen Sie, mein Onkel wird heute aus dem Krankenhaus entlassen und wir ... also, wir wollten ihm eine Freude machen und ihn überraschen und all so was ...« Ich wurde immer verlegener.

»Herr du meine Güte!«, rief Mr. Branagh. »Da sind wir ja gerade im richtigen Moment hereingeschneit.« Und er lächelte, sodass sich ein Kranz von Fältchen um seine Augen bildete. Ich merkte, dass ich ihn mochte.

Mrs. Browning lachte noch lauter. »Na, das passt mal wieder. Ich hab ein Talent, überall zur unpassendsten Zeit aufzutauchen. Also, Laurie, wir sind schon wieder weg. Nein, keine Widerrede, du brauchst nicht höflich zu sein! Kommt nicht in Frage, dass wir euer Fest stören. Wir mieten uns im Railway Hotel in Dingwall ein und schauen morgen Nachmittag wieder vorbei. Ist das in Ordnung?«

»Klar«, sagte ich erleichtert. »Total. Ich hoffe, Sie sind nicht böse. Wenn es Ihnen nichts ausmacht ...«

»Nein«, versicherte Mr. Branagh. »Es macht uns nichts

aus. Wir wollten sowieso ein paar Tage bleiben und eine kleine Spritztour durchs Hochland machen.«

Ich sah ihnen nach, wie sie die Stufen hinuntergingen.

»Bye, bye!«, rief Mrs. Browning über die Schulter. Sie hatte eine lockere, gelassene Art, die vermittelte, dass sie nicht so leicht etwas übel nahm. »Vielleicht kannst du's einrichten, dass ich morgen auch Danny sehe? Ich mag ihn sehr, das weißt du.«

Ich kehrte ins Haus zurück. Mrs. Kirkish und Rian klebten am Küchenfenster.

»Mann, was für ein geiler Schlitten«, sagte Rian. Seine Stimme zitterte vor Ergriffenheit.

»Werrr warrr das?«, wollte Mrs. Kirkish wissen.

Ich sagte, ich hätte keine Zeit für Erklärungen. Der Tisch war noch nicht fertig gedeckt, ich wollte duschen und mich umziehen und den Hunden zur Feier des Tages rote Schleifen umbinden. Emma kam, strich mir um die Beine und forderte miauend ihr Futter, während ihre Jungen auf dem Sofa herumwuselten und wie Mäuse quiekten.

Hilfe, dachte ich. Gleich drehe ich durch!

Da tauchte Annika in der Halle auf. »Wer war das?«, fragte auch sie. »Der Großmufti persönlich oder ein Abgesandter der Königin von England?«

»Erzähl ich dir später«, sagte ich. »Bitte kümmere dich um Emma. Sie ist am Verhungern.«

Als ich aus dem Bad kam, frisch geduscht und mit nassen Haaren, war Danny da. Er hatte seine Blechflöte mitgebracht und verhandelte mit Allan darüber, was sie zu Onkel Scotts Begrüßung spielen sollten.

»Scotland The Brave«, sagte Allan.

»My Heart is in the Highlands«, sagte Danny.

»Spielt beides«, schlug ich vor.

Mrs. Kirkish sah um die Ecke. Ihre Backen glühten wie Glühlämpchen.

»Werrr holt den Wein aus dem Kellerrr?«, schrie sie.

»Kommt Shee auch?«, fragte ich Danny.

»Erst nachmittags. Sie sitzt bis zwei in der Schule fest.«

Ich holte das Shortbread aus dem Backrohr. Es duftete und war schon ziemlich braun. Auf dem Weg zum Keller begegnete mir Annika wieder, jetzt in ihren besten Jeans und einem Pulli, auf dem Elche und Weihnachtsmänner trabten. Für diese Jahreszeit war er ein bisschen warm, aber sie fand ihn wunderschön und hätte ihn am liebsten Tag und Nacht getragen.

»Es wird Zeit, dass ich Tullamore hole«, sagte sie. »Ich binde ihn vor dem Haus am Holunderbaum fest.«

Ich stellte die Weinflaschen hinter der Wohnzimmertür ab und suchte nach Dart und Rascal, um ihnen die Schleifen umzubinden. Doch sie waren wohl hinter Annika hergerannt. Danny und Allan saßen jetzt auf der Vortreppe und probten *Scotland The Brave*.

Danny sah zum Anbeißen aus, fand ich. Er trug die Flickenweste aus Samt, die ich ihm letztes Jahr geschenkt hatte. Seine Haare waren inzwischen schon so lang, dass er sie im Nacken zusammenbinden konnte.

Hinter der Hausecke tauchte Tullamore auf und zog Annika am Zügel hinter sich her. Er hatte den kaffeebraunen Kopf hoch erhoben und die Ohren gespitzt. Der Kranz um seinen Hals stand ihm prächtig.

»Dieser Mistkäfer ahnt, dass was im Busch ist«, keuchte Annika. »Wie der mich durch die Landschaft geschleift hat! Fast hätte ich meine Nase in ein Kaninchenloch gebohrt.«

Als Nächstes kam Mrs. Tweedie angetrippelt. Sie trug einen Korb mit einem Kuchen darin, ungefähr wie Rotkäppchen im Märchen. Auf ihrem Kopf thronte ein witziger kleiner Hut, rosarot und mit allerhand Obst verziert. Ein Büschel Kirschen nickte und wippte bei jedem Schritt über ihrem linken Ohr. »Ist er schon da?«, fragte sie.

Ihr strenger Blick wurde milder, als sie sah, wie Allan und Danny auf der Vortreppe saßen und Musik machten. Auch die Girlande über dem Eingang fand ihre gnädige Zustimmung. »Fein habt ihr das gemacht, Kinderchen«, sagte sie.

Ich sah ihr nach, wie sie auf die Küche zusteuerte, und hoffte, dass ihre sanftmütige Stimmung anhielt und dass es nicht in letzter Minute noch Zoff in der Küche mit Mrs. Kirkish gab.

Minuten später tauchte Rian zwischen den Lorbeerbüschen auf.

»Sie kommen!«, schrie er. Die Hunde umsprangen ihn bellend und rasten dann über die Auffahrt, Rascal immer ein paar Meter hinter Dart her, der es im Tempo mit jedem Windhund aufnehmen konnte.

Das Küchenfenster wurde hochgeschoben und die Köpfe von Mrs. Kirkish und Mrs. Tweedie erschienen einträchtig über dem Fensterbrett. Mrs. Kirkish rief etwas, das ich nicht verstand, denn die Hunde bellten immer lauter. Jetzt wieherte auch Tullamore, schrill und durchdringend, als hätte er eine Stute gewittert. Schon tauchte das alte schwarze Auto der MacClintocks prustend und knatternd hinter der letzten Wegbiegung auf. Mein Herz schlug einen Purzelbaum.

Die Hunde umsprangen den Wagen und hüpften an ihm hoch, sodass Dannys Mutter anhalten musste, noch ehe sie das Haus erreicht hatten. Annika stürmte an mir vorbei, um Tullamore zu holen, der aufgeregt unter dem blühenden Holunderbaum auf und ab tänzelte.

Ich rannte die Vortreppe hinunter. Die Wagentüren standen offen. Rascal saß auf Onkel Scotts Schoß und versuchte ihm das Gesicht abzulecken, während Dart die Pfoten auf seine Knie gestellt hatte und jaulte, total verrückt vor Freude. Ich erhaschte einen Blick auf Onkel Scotts lachende Augen und hörte ihn sagen: »Lasst mich aussteigen, ihr Ungeheuer! Schon gut, fresst mich nicht gleich auf, lasst noch was von mir übrig.«

Auf dem Vorplatz begannen Danny und Allan *Scotland The Brave* zu spielen. Die Sonne strahlte. Ich fasste Dart und Rascal an der Nackenfalte und zog sie aus dem Auto. Endlich konnte Onkel Scott aussteigen.

Er blieb neben dem Wagen stehen, den Arm um meine Schulter gelegt, und lauschte seinem Begrüßungsständchen. Doch schon kam Tullamore mit lautem Gewieher über den Kiesweg getrabt, Annika im Schlepptau. Onkel Scott musste auch ihn streicheln und seinen Hals klopfen, um den der Kranz aus Heidekraut und Glockenblumen ganz schief hing.

Mrs. Kirkish und Mrs. Tweedie winkten aus dem Küchenfenster wie Königinmutter und Königinwitwe, und der Festzug bewegte sich zur Treppe: Onkel Scott und Mrs. MacClintock, Annika, Tullamore, die Hunde und ich.

Danny und Allan flöteten und fiedelten herzergreifend. Mein Onkel holte ein Taschentuch aus der Jackentasche und behauptete, ihm wäre etwas ins Auge geflogen. »Verdammte Mücken!«, murmelte er.

Dannys Mutter lächelte mir verstohlen zu. Ihr Gesicht sah entspannt und jung aus an diesem Tag und sie gefiel mir mit den Jeans und dem grünen Leinenhemd. Ich glaubte auch eine besondere Schwingung zwischen ihr und Onkel Scott zu spüren, während sie nebeneinander standen, umringt von den Hunden und Tullamore. Was sagte meine Großmutter Nanni doch immer? Alte Liebe rostet nicht …

Die Musik endete mit einem leichten Quiekton aus Dannys Flöte. »Was macht ihr bloß für ein Theater meinetwegen, hm?«, brummte Onkel Scott. »Ihr seid mir schon ein verrücktes Volk, ihr junges Gemüse.«

Er legte die Stirn in Falten und versuchte ein ernstes Gesicht zu machen, doch es gelang ihm nicht recht, seine Rührung zu verbergen. Und er klopfte erst Allan und dann Danny auf die Schulter, während Rascal immer wieder wie ein Gummiball an ihm hochsprang.

Mrs. Tweedie erschien im Türrahmen, gefolgt von Mrs. Kirkish, die in ein Taschentuch trompetete. Sie schüttelte Onkel Scott und Mrs. MacClintock die Hände und murmelte, das wäre alles »sehrrr schön und feierrrlich und herrrzergrrreifend« und dass wir jetzt schleunigst ins Haus kommen sollten, weil das Essen fertig sei.

»Zum Nachtisch gibt es Früchtekuchen«, verkündete Mrs. Tweedie eilig.

Ich zog Rian hinter der Säule hervor und schob ihn vor mir her. »Du gehörst auch dazu«, sagte ich. »Es gibt keinen Grund, dich zu verstecken.«

Onkel Scott legte den Arm um seine Schulter. »Laurie hat mir Wunderdinge von dir erzählt. Du scheinst ja ein Naturtalent im Umgang mit Pferden zu sein, Laddie.«

Rian wurde rot. Er war wie sein Bruder, er vertrug alles andere besser als ein Lob. Er sah sich um, als suchte er verzweifelt nach einem Loch, in dem er sich verkriechen konnte, doch ich hielt ihn am Ärmel fest und sorgte dafür, dass er mit ins Haus ging, während Danny sich auf der anderen Seite bei mir unterhakte und Annika loszog, um Tullamore auf die Koppel zurückzubringen.

Es wurde ein rauschendes Festessen mit Lachs und Pasteten, Gemüse und Salat und Wein und dreierlei Nachtisch aus Eis, Mrs. Tweedies Früchtekuchen und meinem Shortbread. Onkel Scott hielt eine kleine Ansprache, in der er uns alle lobte, besonders aber mich. »Laurie, Lass«, sagte er, »dich hat mir der Himmel geschickt. Und dafür bin ich dankbar. Wer weiß, wo ich heute ohne dich wäre! Ich habe in den letzten Wochen begriffen, dass das Leben eine gute Sache ist, ein Geschenk, das man auskosten sollte.«

Er streifte Dannys Mutter mit einem Seitenblick. Danny zwinkerte mir zu und ich zwinkerte zurück. Dann tranken wir auf die Pferde, »auf das, was unserem Leben einen Sinn gibt, den Mittelpunkt unserer kleinen Welt«, wie Onkel Scott es ausdrückte.

Mrs. Kirkish, die keinen Alkohol vertrug, war schon nach dem ersten Glas Wein merklich angeheitert. »Jawohl, auf die Hoppies«, kicherte sie. »Und auf die Liebe!« Und sie prostete Dannys Mutter und meinem Onkel zu.

Mrs. Tweedie schnüffelte.

Unter dem Tisch trat mir Annika gegen das Schienbein. Als ich in ihre funkelnden Augen sah, überfiel mich ein derartiger Lachreiz, dass ich nach Luft schnappte und mich an einem Kuchenkrümel verschluckte. Ich hustete und Danny klopfte mir auf den Rücken.

Dann klingelte das Telefon. Annika lief in die Halle, tauchte aber Minuten später wieder in der Wohnzimmertür auf. »Laurie, es ist für dich!«, rief sie.

Es war mein Vater. »Lüfte schon mal die Betten, mein Mädchen«, sagte er. »Wir kommen im August. Gerade habe ich unsere Tickets nach Aberdeen gekauft.«

16

An einem Freitag Anfang August fuhr ich mit Onkel Scott nach Aberdeen, um meine Eltern und Tim vom Flughafen abzuholen. Unser Weg führte durch ein Meer aus violett blühender Heide, leuchtend hell unter der Sommersonne und dunkel wie Amethyst, wenn Wolken über den Himmel zogen.

»Das ist die beste Zeit, um hierher zu kommen«, sagte Onkel Scott. »Jetzt habe ich mein ganzes Leben im Hochland verbracht und trotzdem bin ich jeden Sommer wieder überwältigt von dieser Schönheit.«

Ich sah auf das weite, blühende Land, die Höhenzüge und Berghänge, die Mulden und Schluchten mit ihren Wasserfällen, die Täler mit den geheimnisvoll schimmernden Seen; und ich dachte: Wenn sie das sehen, werden sie mich verstehen. Sie werden verstehen, weshalb ich die Highlands so liebe. Und ich wurde ganz ruhig dabei.

Noch waren meine Eltern irgendwo über den Wolken, auf der Strecke zwischen London und Aberdeen. Doch für einen Augenblick glaubte ich ihre Gesichter zu sehen und wusste, sie würden mich bleiben lassen – hier, wohin ich gehörte.

Liebe Leserinnen und Leser,

in meinen Erzählungen ist Tier- und Naturschutz ein wichtiges Thema, das mir sehr am Herzen liegt. Ich habe darin mehrmals Organisationen erwähnt, die sich für unsere Natur und die bedrohte Tierwelt einsetzen. Für diejenigen unter euch, die bei einer solchen Organisation mithelfen wollen, aber nicht wissen, wohin sie sich wenden sollen, habe ich eine kleine Auswahl von Adressen zusammengestellt. Allerdings kann ich hier nur die jeweiligen Hauptgeschäftsstellen nennen. Die meisten der genannten Organisationen haben jedoch Niederlassungen und Arbeitsgruppen in allen größeren Städten Deutschlands. Die Hauptgeschäftsstellen geben euch sicher gern Auskunft, wenn ihr erfahren wollt, wo sich in eurer Nähe die Tier- oder Naturschutzorganisation befindet, bei der ihr mitmachen wollt.

Eure
Ursula Isbel

Hier die Adressen:

Verein Pferdehilfe e. V.
Buttermelcherstraße 1 · 80469 München
Tel.: 0 89 / 2 91 30 43

Deutscher Tierschutzbund e. V.
Baumschulallee 12 · 53005 Bonn
Tel.: 02 28 / 60 49 60

Bund Naturschutz e. V.
Im Rheingarten 7 · 53225 Bonn
Tel.: 02 28 / 40 09 70

Bund gegen den Missbrauch der Tiere e. V.
Viktor-Scheffel-Straße 15 · 80803 München
Tel.: 0 89 / 3 83 95 20

World Wildlife Fund for Nature e. V.
Hedderichstraße 110 · 60591 Frankfurt/Main
Tel.: 0 69 / 6 05 00 30

Greenpeace Deutschland e. V.
Große Elbstraße 39 · 22767 Hamburg
Tel.: 0 40 / 30 61 80

Robin Wood
Gewaltfreie Aktionsgemeinschaft
für Natur und Umwelt e. V.
Langemarckstraße 210 · 28199 Bremen
Tel.: 04 21 / 59 82 88

Pferdeheimat im Hochland
Für Leser ab 12

OMNIBUS Nr. 20121

OMNIBUS Nr. 20478

OMNIBUS Nr. 20534

Keine leichte Aufgabe erwartet die sechzehnjährige Laura, als sie sich entschließt, ein Jahr auf der Farm ihres Onkels im schottischen Hochland zu arbeiten. Denn *The Laurels* ist keine gewöhnliche Farm. Alte und misshandelte Pferde werden hier mit Sachkenntnis und Liebe gepflegt. Laura setzt sich mit Herz und Verstand für ihre Schützlinge ein und findet in dem Nachbarsjungen Danny einen engagierten Mitstreiter und ihre große Liebe.

OMNIBUS

Der Taschenbuchverlag
für Kinder und Jugendliche
von Bertelsmann